韦政通文集

人文主义的力量

韦政通 著
何卓恩 王立新 编

中华书局

图书在版编目(CIP)数据

人文主义的力量/韦政通著;何卓恩,王立新编. −北京:
中华书局,2011.1
　(韦政通文集)
　ISBN 978 − 7 − 101 − 07466 − 6

　Ⅰ.人…　　Ⅱ.①韦…②何…③王…　　Ⅲ.人道主义 −
中国 − 文集　　Ⅳ.B089

中国版本图书馆 CIP 数据核字(2010)第 117747 号

书　　　名	人文主义的力量	
著　　　者	韦政通	
编　　　者	何卓恩　王立新	
丛 书 名	韦政通文集	
责任编辑	王　芳	
出版发行	中华书局	
	(北京市丰台区太平桥西里 38 号　100073)	
	http://www.zhbc.com.cn	
	E − mail:zhbc@ zhbc.com.cn	
印　　　刷	北京天来印务有限公司	
版　　　次	2011 年 1 月北京第 1 版	
	2011 年 1 月北京第 1 次印刷	
规　　　格	开本/640×960 毫米　1/16	
	印张15¾　插页 4　字数 250 千字	
印　　　数	1 − 4000 册	
国际书号	ISBN 978 − 7 − 101 − 07466 − 6	
定　　　价	28.00 元	

1988 年 5 月作者在北京大学演讲,汤一介教授主持

1989 年 5 月作者在中国社会科学院召开五四运动研讨会期间与来自俄罗斯的学者合影

2003 年 11 月作者出席于南京东南大学召开的"中国人文教育高层论坛"并
发表专题演讲

2004 年 4 月作者在广州中山大学讲学,袁伟时教授主持

2005 年作者于台北市内湖自宅

因 2004、2005 年两度到杭州师范学院讲学结缘,作者决定把具学术价值的藏书捐给该校图书馆。2006 年 4 月 11 日在校长林正范主持的赠书仪式上,作者以"我与书的故事"为题即席发表讲话

2006 年 4 月作者在华中师范大学"博雅论坛"发表演讲

作者于 20 世纪最后一日与友人胡佛（后排左三）、杨国枢（后排左二）、张绍文（后排左一）、何怀硕（后排右一）、陈鼓应夫妇（前排）等共聚迎接新世纪

不熄的理想火焰

——写在"韦政通文集"出版之际

歌德曾说,"读一本好书,就如同和一个高尚的智者在交谈"。陈列在你面前的这部文集,就是当代中国(台湾地区)著名学者、知识分子、思想家韦政通先生以毕生心力和热情,曲折探索和思考的结晶之一,是一部娓娓道来的传统与现代相交响、作者与读者相共鸣的好书。

自从西风东渐以来,社会转型的历史课题即在中国出现。围绕是否需要转型,采取何种路径转型,向哪个方向转型等亟需解决的大问题,相继出现几个思想高峰。一是维新时代的"新旧"之思(围绕变与不变、小变与大变而展开的思考与争论),一是革命时代的"主义"之思(民族主义、自由主义、共产主义之间的思想取舍),一是战后和平年代的"现代化"之思(致力于传统与现代的连接,个人、社会、国家价值的均衡)。韦政通先生的思想,是以现代化为中心来展开的。

先生致思的时代,变革已成为共识,"天不变道亦不变"的论调,不再能激起社会的涟漪;"主义"之争由于半个世纪理与势的竞争也已渐成定局,有略显过时之虞;而在战后和平发展的时机下,如何为海峡两岸的中国缔造一个光明的前途,遂成为最需要思考的问题。"文化大革命"结束后,尤其20世纪80、90年代以来的大陆思想界,开始全面讨论现代化的道路,而在此之前约二十年,随着台湾地区的经济起飞,现代化已经成为讨论热点。韦政通先生便是这一时期有代表性的思想者之一。韦先生所讨论的问题非常广泛,最主要的兴趣点是在传统思想的现代转化方面。

韦政通先生作为思想家,是中国现代思想史上的一个异数,他的学术思想道路充满坎坷和艰险。

先生出身苏南一个小商人家庭,童年时如果按照父亲的愿望,继承家业,依其天资,假以适当环境,或许会成为一个地方上较有实力和影响的企业家。但他不喜欢从商,竟违逆父亲的意愿,只身外出求学镇江、南京、上海,屡经周折,也没有读成一个完整的学历,而后又鬼使神差地跑到台湾去了。完全出乎意料,早期在台湾无依无傍的生活,竟然成了他学术生涯的起点。在那个特殊的时代,不少在各自领域内颇有建树的学者和思想人物,千载难逢地齐聚台岛一隅,为他的学术生命提供了珍贵的营养和不竭的动力。劳思光、方东美、陈康、牟宗三、徐复观、殷海光等学人先后成为他学术生命的浇灌者,一个依靠自学的青年,有此幸运,真可谓生命中的奇遇。

先生在台湾大学旁听方东美先生的“人生哲学”、“印度哲学”课,陈康先生的“希腊哲学史”课,每两周参加一次牟宗三先生在台湾师范学院的“人文友会”,有时因缺车资,必须从火车站步行到台大和师院。“友会”是夜间举行,回到山麓的茅屋已是深夜。其间生活多次陷入绝境,有时仅赖院中木瓜充饥。依靠王船山精神的激励和陆王学说的提撕,先生度过了早期的艰困岁月。

先生是一个个性很强的人,在历经数年跟随牟宗三先生的“信仰之旅”之后,越来越感觉到不满足,遂将自己置于超越师门情感,独自探险的挑战程中。就在此时,自由主义思想家殷海光先生出现在先生的生活世界里。与殷海光先生的交往颇不同于和牟宗三先生的交往,“在牟先生那里,我只认识他(应该说是崇敬他),不认识自己;在殷先生那里,我认识了我自己”(王赞源《韦政通教授访问录》)。

总结自己的学术生涯,先生自认扮演过三种角色:学者、思想家、知识分子。“做一个学者,是我年轻时的愿望,其他两种角色,绝非当年所敢想象,而是由于不寻常的学思历程,和一些意外的人生机遇塑造而成。"先生的著述,按照这三种角色,可分为学术、思想和社会关怀三部分。具体说,学术部分,专题研究包括"荀子研究"、"朱熹研究"、"董仲舒研究"、"孔子研究"、"毛泽东研究"等,通史撰述包括《中国思想史》、《中国十九世纪思想史》,体现学术通俗化的著作包括《中国文化概论》、《先秦七大哲学家》、《中国的智慧》等;思想部分,儒家思想批判著作包括《传统的透视》、《儒家与现代化》、《中国哲学思想批判》、《儒家与现代中国》、"儒家在台湾经验中的角色"的系列文章等,从传统到现代的思想探索著作包括"以传统批判现代化"系列论文、《中国文化与现代生活》、《中国思想传统的现代反思》等,现代伦理道德问题探索著作包括《伦理思想的突破》、"当代伦理诊断与重建"系列论文;社会关怀部分,包括有关知识分子、台湾政治与文化、中国未来的系列论文。"著述等身",也许可以用来描述先生勤奋笔耕的量,却实在不足以概括先生蔚为大观的学术思想成就和宠博气象,不足以体现他贡献给时人和后世的活生生的智慧。

先生以学术为生命,他的治学,最重客观的精神。先生所献身的学问,是面对活生生的时代问题的学问,他总是以开放的心态,面对中西文化和中西历史,既不妄自菲薄,又不固步自封。

先生以开放的心态,意识到"中国缺乏独立的学统,缺乏为知识而知识、为真理而真理,和这个根本缺陷(逻辑、知识论不发达)是密不可分的。这个缺陷不但长期延误了我国对西方文化的吸收,对中国文化的重建工作,也产生了很大的阻力"。先生此种说法,一方面点出了我国知识分子仍然难于摆脱的自封心态,同时也可看作是对牟宗三先生将儒家当成学问的努力和所做出的杰出贡献的再度提示。

客观的精神导引开放的心态,开放的心态推助客观的精神。先生借助对近代中国不幸遭遇的客观了解,进而再度达成了对近代史上的一些重要历史人物的深切"同情"。"鸦片战后,由于帝国主义列强的侵略本质和中国国力的日益衰微,在这种内外交逼的情况下,使用任何外交策略,基本上都没有获胜的机会。在这期间,我们抵御外侮的条件各方面都非常薄弱,唯一突出的现象,是出了一批杰出人才,这些人才稍早有林则徐,然后是曾国藩、李鸿章、张之洞、郭嵩焘、曾纪泽,他们凭着极有限而又模糊的国际知识,在对交往对手的强度、意向缺乏资讯作为判断依据的情况下,依然要折冲樽俎于列强之间,可谓备极艰辛。""所谓'弱国无外交'","鸦片战争后,在外交上接受残酷考验的不只是少数人才,而是几千年的中国文化"。以当时文化衰落、社会解体、民心涣散的中国,面对强劲无比的西方列强,"不管使用任何外交政策",都同样避免不了一败涂地的结局(《19世纪中国与西方》)。

古往今来,真正的大学问,总是离不开历史的责任和对现实的关怀,这一点在先生的所有文字中都有充分的体现。先生提倡为知识而知识,不是为了让大家脱离生活实际,只是为了培养知识分子独立不屈之品格,意在争取知识本身独立不倚之地位,意在追求热爱真理的新知识传统,而并不是要知识分子放弃对社会、对民族和对人类的责任。先生研习古代思想文化,并不是为了获得一个安宁的栖息场所,从而高枕无忧地安睡其中,往而不返。先生不喜空谈玄理,一言一说必求中的,中历史文化之的,中社会生活之的,中人心风俗之的,中国家民族之的,中人类命运之的。其为现代社会和人生立言的目的性随处流溢。

先生将自己的这种责任情怀称作"现实的关怀",先生对现实的关怀是多角度、多方面的,诸如政治、伦理、教育甚至环境等问题,无不在先生的视野之内,关怀之中。这种关怀充分展现了先生对社会和人生的深挚之爱。

除了在学术、思想上所获得的重大成就之外,先生还以永不停息的追求、坚持不懈的努力,鼓荡理想,燃烧激情,创造了一个生命的奇迹,在自然生命的基础上,不断重新铸造自己,使自己的精神生命不断升级,不断放射出令人艳羡的耀目光辉。也许这才是先生最有感染力和诱惑力的成功。人的一生无论从事什么职业,其所获得的成就,归根到底都是在自然生命的基础上,创造价值生命的成功。这种成功无不在价值原则的导引下进行,无时无刻不受理想光辉的指引。点燃起理想的火焰,让它永不熄灭,并按照它的指引前行,生命的潜能就会得到最大程度的发挥,生命的意义就能在最大的限度内展现。先生的成功,就是理想实现的典范,先生就是一团永不熄灭的理想的火焰。

先生的著作,二十多年前开始在大陆出版。这些著作在大陆读者中引起广泛反响,不少读者意犹未尽,在不清楚联系地址的情况下仍然辗转去信求购先生的其他著作,甚至产生浓厚的研究热情。日益增加的阅读需要,使迄今为止大陆出版的上述著作已经显得难以满足。正是基于这样的背景,在先生的全集目前尚不具备出版条件的情形下,我们认为在先生的全部文字中精选一部分有代表性的文章,编成一套较能反映先生思想各个面向的多卷本文集,也许是一个可解一时之急的办法。我们向先生请示,征得同意,终于有了这套文集的出版。

这部"韦政通文集",基本的选编思路,是希望在尽量体现先生著作结构的同时,能够照顾到大陆读者希望了解先生的实际需要,所以在选材上,采取"论学"、"论世"、"评人"、"自述"的思路分卷。

《传统与现代之间》"论学"部分,列两个专题:一是"儒学新探与方法革新",收录先生研究孔子、荀子、董仲舒、朱熹的几篇文章以及若干讨论研究方法的文章,力图反映先生中国思想史研究的基本主题和风格,使读者了解先生学术研究的基本面貌;二是"传统思想的现代转化",收录先生在学术研究基础上的思想创造作品,包括创造性转化传统的思想和对新伦理问题的思考。

《人文主义的力量》为"论世"部分,列三个专题:"巨变与传统"专题主要体现先生对时代变迁的体认;"知识分子的责任"专题意图体现先生对知识分子使命感的呼唤;"迈出五四的幽灵"专题希望呈现先生对知识分子努力方向的理解。

《时代人物各风流》为"论人"部分,重点突出对人格问题的关注。列传统人物"古典人格的光辉"、近代人物"危机时代的探路者"、当代人物"坚毅的魅力"三专题。本着薄古厚今的原则,传统人物只选取了四篇,近代人物收六篇,当代人物收九篇。

　　《知识人生三大调》为"自述"部分,除了收录学术自传《思想的探险》,同时收录几篇补充性的文章。为显示伦理思想在先生思想中的突出地位,并考虑到各卷篇幅大致平衡,本拟收入"论学"之卷的几篇关于伦理思想的文章和演讲,也作为"我的伦理思想"收录到了这里。本卷最后,附录了一篇概述先生学术思想的文章。

　　由于我们的水平所限和其他种种原因,先生还有许多精彩文字一时尚无法纳入这套文集,这是编者的遗憾,也是编者需要向广大读者致以歉意的。

编者

2008 年 5 月

目 录

巨变与传统

知识分子的责任

迈出五四的幽灵

巨变与传统

巨变与传统①

一　传统的意义

由于过去的六十年来,中国曾经历过一个长期反传统的潮流,其间又激起一个反"反传统"的思潮,前者不免把传统丑化,后者则反其道而行,又不免把传统神圣化。传统经由这两种情绪化的染色之后,所引起的反应是两个极端,不是拒绝,就是拥抱,使传统早已面目全非,失去了它应有的意义。

传统是什么?

(1)传统是人类社会独有的特色,构成的基要条件,一在时间的绵延性,一在空间的广被性。短暂的时间里,绝不能形成一个传统,一个民族对传统感觉的深浅,和它历史的长短成正比。就空间方面而言,一些散见的、地方性的、在历史上仅占次要地位的文化元素,只足以构成小传统的要件。通常所说的"历史传统"和"文化传统",大抵是指大传统,它是行为的方式和标准,能凭借之加强一个民族的意识和团结。

(2)传统是不是价值中立? 如果说是,乃是得之语义学的抽离。文明社会的每一分子都必然生长于传统,在这个意义上,人在生活的许多

---

① 编注:本文选自韦著《中国思想传统的现代反思》,台北,桂冠图书公司,1990 年,第四章。

方面,都须受传统的约制,不得任意而行。但个人与传统的关系,不限于这一种自然的关系,它还可以产出再生的关系,即个人可以透过心智活动超越传统,对传统重新予以认知和选择,或对传统文化的要件做轻重取舍,这时候我们所从事的文化活动,同时也就是一种价值的活动。自然的关系,是传统赖以稳定的主要因素,再生的关系,则能使传统更新,以适应代代不同的处境。

(3)凡是能被称为传统的,都已是历史的过去。但在人类社会,过去的并不真正过去,其中许多要件依然是我们生活中的力量。如果能理智而有效地运用这股力量,则传统成为进步的工具;反之,则传统成为进步的障碍。如果我们传递传统的方式是属于传统的,那么,传统的稳定性高,但易趋于僵化;如果我们传递传统的方式不再是属于传统的,那么,传统将逐渐变质,其中有些要件也会缓慢地消失。

传统主义代表一种态度、一种心态,主要的目的是在护卫传统中有关行为价值的要件,并企图使它神圣化,对它建立起坚定的信仰。传统主义不重视对事实的认知,一旦事实的认知妨害到神圣化、权威化的时候,它宁可忽视事实以曲从,再加上它的独断性和教条性,使它所表现的精神与宗教极为近似。

由于传统主义对传统有高度的选择性,所以在强调一部分的同时,也就贬抑了另一部分。被强调的部分,他们视之为正统,被贬抑的部分,有时径视为异端,有时则被安排在较低的价值层次上。他们对传统或对世界的了解,完全笼罩在价值意识之下,所以任何意义的"价值中立"之说,在他们都是无法想象,也无法接受。

传统主义不同于国粹主义,也与一般所谓的保守派不一样。国粹主义只不过一种心灵僵化的表现,只能保持一个极为简陋的形式。而一般所谓的保守派是缺乏理想的。传统主义则不然,他们不但有理想,且富使命感,对新知识、新观念能做选择性的接受,不过这些都是为了服务预定的目的,不会因新观念和新事实的刺激,而修正或放弃原有的信念。

　　根据以上对传统所了解的意义,传统本身并不告诉也不要求我们对它应抱什么态度,当人们对传统产生态度问题时,多半是因传统与新处境之间发生了失调的现象。不同态度的争论,不但影响对传统的了解,甚至影响到它的命运,百年来巨变中的中国,就正严重地遭遇到这样的问题。传统主义所代表的态度,是几种主要的态度之一。此外,依据一般的分类,还有与传统主义针锋相对的西化主义,和调和于二者之间的折衷主义。使这个问题产生的最主要的原因,是由于西方文化的侵入,这是中国有史以来从未遭遇过的情势,这种情势要把一个古老、孤立而又建基于农业基础上的大帝国,一下子拉到国际社会中去,因此产生极严重的适应上的难题。据经济学家肯尼斯·包定(Kenneth E. Boulding)的观察和分析,人类对巨变的态度,可分为:

　　(1)从拒绝到怀恨地接受;

　　(2)狂热地、无批评地接受;

　　(3)谨慎地、批评地接受。

　　任何一个社会,对外来的新事物,一开始总不免予以拒绝,这是相当一致的态度。但拒绝不成,以后的反应,就不会再一样了,包氏所说的第一种态度,与现代中国史上出现的传统主义与折衷主义所经历的有些相似,第二种态度则完全和我们的西化主义相合。至于第三种态度,是我们认为比较健全的,在以往的长时期里,这种态度纵然有,也是零星的,缺乏影响力的,直到最近,才有了真正的发展,不久的将来,终必成为主要的趋势,并取代前两种态度。

　　前两种态度与传统的关系,表面上看,一是拥抱传统,一是拒绝传统。深一层观察,其间的关系,并不如想象中的单纯,尤其是一个有悠久历史和深具黏合力的传统的国家如中国者,面对传统,在迎拒之间,并不是你想如何就能如何的。同样的,你想拥有它并和它建立起再生的关系,也并不如主观意愿所希望的那样容易,其间实隐藏着许多问题,我们如对这些问题没有深入的认识,就很难真正了解它们的缺点,并进一步去改正它。

二　西化主义

西化主义、传统主义、折衷主义,目前似乎已成为对现代中国思想常用的分类法,但所指的内容并不很确定,像倡导"中体西用"说甚力的张之洞,有人视之为传统主义,也有人认为他是折衷派,但相对于清季的顽固派,他似乎又是西化派。又如严复、梁启超,因前后思想有转变,无论你称之为何派,都难以概括他们的一生。所以派别、主义的方法,对某些人虽能与事实相符,对另一些人就只有部分的真实性,但对讨论问题的人来说,就思想的某些特性及其主要倾向加以分类,却又是不能缺少的。

我这里讨论的西化主义,主要是指新文化运动时代的陈独秀、胡适,以及于 1930 年初提倡"全盘西化"的陈序经。在陈、胡等人的言论尚未风行之前,自由、民主、科学等新思想在清末早有人提倡,对传统旧文化不满的言论也时有所闻。那时候,仍在满清统治之下,政治体制未改,新文化运动的时机尚未成熟。到了 1916 至 1917 年间,全国接受新教育的人数直线上升,民初政局的混乱,已引起社会广大的不安,主持《新青年》的陈独秀,终于利用反对袁世凯的有利情势,揭开新文化运动序幕。《新青年》的思想,与清末主张新思想者最大的不同,是态度上走向极端,企图把新旧文化之间的关系,一刀劈成两半,只取其新而舍其旧,对西方文化主张全盘接受,对固有文化则予以全盘否定。陈独秀说:"欧洲输入之文化,与吾华固有之文化,其根本性质极端相反。"[1]因此他认为:"吾人倘以新输入之欧化为是,则不得不以旧有之孔教为非;倘以旧有之孔教为是,则不得不以新输入之欧化为非;新旧之间绝无调和两存之余地。"[2]

这种偏激言论的产生,大部分的原因是受制于当时的特殊情境,一

---

[1]　陈独秀:《宪法与孔教》,《新青年》第 2 卷第 3 号。
[2]　陈独秀:《答佩剑青年》,《新青年》第 3 卷第 1 号。

方面袁氏称帝是在利用孔教，另一方面民初拥护孔教者，多属败德无行的旧官僚。但就言论本身看，他的论断，是没有什么道理的。《新青年》的作者群，虽然热烈地颂赞西方近代文明，却不知道西方近代文明正如罗素所说，乃圣经、希腊文化、科学方法等三种因素的产品，是有效运用传统而获得成功的佳例。文化是有绵延性的，它可以不断新生，可以不断综合新的文化因素，以充实它自己，但永不能与原来的根干完全脱离。企图全盘否定固有文化，无异是幻想着一个文化的真空，试想外来的新文化，又如何能在一片真空的地带获得生根、成长？

　　这一批激进的文化分子，他们所表现的只是因受了特殊情境的刺激而产生的情绪要求而已，他们热衷于西方的民主与科学，而科学的认知心态和民主性格，他们是完全不具备的。相反的，他们的独断性和运思的方式，依旧是中国传统的。所以他们虽提倡民主、科学，可是在精神和性格上，却具有反民主、反科学的明显倾向。清末保守派所保卫的仅是一些传统的教条，他们是一群教条主义者，教条主义与民主、科学的精神相悖，是应该批评的。讵料这些新文化运动者，他们颂扬民主，竟奉民主为绝对真理，不允许怀疑与批评，这是新教条主义。新教条主义也是反民主的。他们提倡科学，可是他们讨论问题，却缺乏科学的认知态度。陈独秀认为只有民主与科学才可以救治中国政治上、道德上、学术上、思想上一切的黑暗，这是科学万能的信仰，与胡适所提倡的所谓科学的人生观，都属于一种科学主义的信仰，也同属于一元论的思想模式，富有强烈的排他性。科学主义与道德主义，名称上虽有不同，基本精神却是一根而发。

　　《新青年》时代的陈独秀，有强烈的"全盘西化"的倾向，同一时期赞同钱玄同和陈独秀废弃汉文，使中国文字拼音化的胡适，也具有同一倾向，但能为"全盘西化"说提出一套主张的，现代中国只有一个陈序经，他为了说明他的主张，曾写了三本书①。在他看来，陈独秀所要的西化，

---

① 陈序经宣扬"全盘西化"所写的三本书是：(1)《中国文化的出路》；(2)《南北文化观》；(3)《东西文化观》。后两本书原来是发表在《岭南学报》中的论文，1977 年台湾牧童出版社重印了这三本书。

不外是民主和科学,不能算是主张"全盘西化"。对胡适,认为他说的"我们必须承认自己百事不如人"这句话,要比陈独秀进了一步,"是我们一位最好的医师"。可是胡先生却又认为中国近三百年来的学术,是合乎科学方法的,同时又以为东西哲学在互相接触、影响之后,可能产生一种世界的哲学。因此,胡先生的西化,也不是全盘的西化[①]。什么才是"全盘西化"? 放弃已成陈迹的老古董,一心一意向西走。陈序经曾为"全盘西化"的必要,提两个理由:

(1)欧洲近代文化的确比我们进步;

(2)西洋现代文化,无论我们喜欢不喜欢,它是现世的趋势[②]。

就第一点说,假如我们知道 17、18 世纪时,西方人对中国文化也曾发出过同样的赞语,就可了解,陈序经和那时的西方人,实表达了同一情绪,都相当缺乏客观的认知。就第二点说,西洋现代文化,虽代表现世的趋势,"趋势"并不就等于说全是好的,更不能说不论好坏都要一概吸收。在旧有的文化基础上吸收外来的文化,一定是有选择的,这不是理论,而是事实。在全盘的前提下,一切的理由都是不能成立的。全盘乃经验的不可能。"全盘西化"的背面就是全盘否定,这种思想的底子上,是一种虚无主义,是在长期屈辱中完全丧失信心的表征。

三 传统主义

在中国现代史上出现的传统主义,被指称的事象,至今并未确定,有人把清季的"中体西用"论称为传统主义,而把 1919 年以后的梁启超、梁漱溟,以及 1940 年以后崛起的新儒学派称为新传统主义。也有人仅把梁漱溟视之为新传统论的代表,而把"中体西用"论列为第一期的折衷论。我这里讨论的传统主义,仅系指梁漱溟和后起新儒家中的少数代表。

---

① 陈序经:《中国文化的出路》,台北,牧童出版社,1977 年,第 88、91 页。

② 陈序经:《中国文化的出路》,第 98 页。

以梁漱溟先生为例,与前面第一节所列应付巨变的三种态度,都不相符。撇开他年轻时期思想上的变幻不谈,他自己的思想形成之后,所代表的是一个封闭的传统论,他认为西方文化和中国文化根本是走的两条不能相交的路,一切欧化、俄化的努力,徒然为中国带来纷扰、混乱,终必失败。中国民族要自救,必须先有民族精神的自觉,走它原来自己的路。所以他对代表近代文明的科学与工业,很少谈到,而把他的理想落实到村治或乡治的运动,就原有的社会组织,加强其互助合作的效果。主要的方法是采取传统教化的手段,"化社会为学校",以孔子的人生态度,培养圣贤型的教员,然后由他们去帮助乡民开出人生向上的精神。梁氏的封闭和晚清的保守派毕竟不同,晚清守旧士大夫,是为了保护既得利益而拒变,梁先生是有文化理想的,不过形成他理想的资源,仍囿于固有的观念、方式和精神,他不能了解 19 世纪中叶以后侵入的西方文化,已将古老的中国推向一个前所未有的新处境,陷入空前的危机,仅靠民族精神,是不能克服危机的。

起于 1940 年的新儒家,思考工具和新知识的凭借,胜过他们的前辈,这时期正经历过民族主义运动的高潮,已使传统主义进入成熟期。和梁漱溟不同,他们不但肯定科学、民主的价值,也深刻地理解到这方面确是中国文化的缺陷,中国文化要有前途,这方面的缺陷必须补正。但他们认为,要发展中国的科学与民主,必须先重建传统儒家的道德主体,民主必须整合于道德主体之下,才能获得其发展,同时传统的道德精神也必须透过这新的架构,才能重新获得伸张。因此在新儒家,民主、科学虽能得到重视,但在文化上并不能安排它们一个独立的地位,仅在道德文化的价值层级之中,居于一个次要的位置,它们真正的价值,最后只不过是发扬道德精神的工具而已。他们坚信,道德是一切文化的核心、主宰,道德精神必须贯穿于一切的文化领域之中,为此他们建立了以道德为中心的文化哲学,完成了传统儒家泛道德主义的现代版。他们不知道传统的泛道德主义,曾造成其他文化领域的萎缩,尤其严重的是,它曾妨碍了中国客观认知精神的发展。所以在现代中国认知精神刚萌芽之际,竟又急着去批判西方认知的传统,企图也要把它们纳入儒家的价值网络之中。余英时说:"儒家的现代课题主要是如何建立一种客观认知的精神,因为非如此便无法抵得住西方文化的冲击。"①要完成这一时代的课题,积极方面是要学习科学精神,消极方面则应该对传统的道德心或道德主义予以批判,把知识从价值的"第二义"中解放出来,使它能有独立的发展。传统主义的工作,显然没有能配合这一需要,这也就是他们未能完成儒家新生任务的一个重要的关键。

传统主义兴起的历史,自梁漱溟以来,就一直受着西化派的压力,梁氏个人由于从事乡治工作,在社会上尚能独树一帜,他自信心很强,又能独立思考,所以受西化派的牵制还不大。后起的新儒学派,和现实政治保有相当距离,在社会上仅能靠教职谋生,他们面对反儒家的潮流,一开始就抱有强烈的敌对意识,此后二三十年间,这种对局一直不能消除。

一种思想同另一种思想如长期陷入敌对状态,就很难不为其所局限,不容易有自由而独立的发展。西化派对传统儒家的攻击,集中在社会政治的文化现实层面。保卫儒家的人士,很少也很难在这个层面与之争辩,因为这方面的传统文化,在认知态度的检讨下,的确暴露了许多严重的缺点。新儒家所特别强调的,是以道德为其内涵的历史文化精神,落实的工作则在"心性之学"的重建,这是属于文化的理想层次。这无异是在西化派攻击的阵地上撤退。不仅如此,他们为了使儒学逃避认知的考验,复于"心性之学"内部再做价值的选择,以陆、王为正统,以程、朱为歧出,最后使儒学退缩到一个形而上的点上,一块纯由心灵构造的安全之岛上。退守到这里,安全是安全了,但原始儒家的精神尽失,和现代中国社会文化急速变迁的趋势,其间的距离也越来越远。

儒家的道德精神,它的精髓一方面表现在个体人格的创造,一方面表现在社会政治的强烈责任感,现代儒者中,能遥契此一精神的,是梁漱溟,后起的是属于哲学家型的人物,在儒家的传统里,这是一个新的

---

① 余英时:《历史与思想》,台北,联经出版事业公司,1976 年,第 162 页。

人格形态,对应着儒家的现代课题而言,也是一步必要的发展,但是相应于这一步发展,基本心态上,必须从道德主义转出来,以客观认知做起点。以现代哲学家形态的人格,要去完成传统儒家的使命,固然是不相应;以发扬道德精神,并仍坚持道德为"第一义",要去完成儒家的现代课题,也同样是不能相应的。这样看起来,他们在儒家新生的工作上,可以说是两头落空。

传统主义与西化主义,在心态上有很大的差异,这种差异,非常明显地反应在对传统的了解上,下面且举两个例子:

（一）传统是否能解决我们现在的问题?

（1）传统主义者说:

今人率言革新,然革新固当知旧。不识病象,何施刀药。仅为一种凭空抽象之理想,蛮干强为,求其实现,卤莽灭裂,于现状有破坏无改进。凡对于已往历史抱一种革命的蔑视者,此皆一切真正进步之劲敌也。惟借过去乃可认识现在,亦惟对过去有真实之认识,乃能对现在有真实之改进。①

（2）西化主义者说:

宗教教条,文化传统,祖宗遗训,和这样那样的主义,这一类的东西,可以引起人的向往,可以引起人的怀念,可以使人觉得自己是历史中的一个角色,可以激起人众的狂热之情。这些东西,也许是人所喜欢或不可缺少的,但是却不能代替知识,不能据之以解决实际的问题。知识的建立,靠信仰的地方非常之少。知识与权威尤其不相干。实际问题之解决,须靠知识与技术。②

----

① 钱穆:《国史大纲》,台北,商务印书馆,1956年台五版,《引论》,第2页。
② 殷海光:《思想与方法》,台北,文星书店,1964年,第30页。

(二)对汉高祖刘邦的看法。
(1)传统主义者说:

> 其生命之挥洒无赖,固足以俯视一切,亦非任何成规所能束缚。……天才之表现,原在其生命之充沛,元气之无碍。惟天才为能尽气,惟尽气者,为能受理想。此只是其一颗天真之心,与生机之不滞也。[1]

(2)西化主义者说:

> 刘邦本是一个无赖,最看不起文士儒生,甚至于"诸客冠儒冠来者,沛公辄解其冠,溲溺其中,与人言常大骂"。叔孙通用他的圆滑委屈的手段,居然能巴结上那位无赖的皇帝。
>
> 刘邦是个不事生产的无赖。[2]

就前一个例子看,传统主义者认为只有借过去的传统,才可以认识现在,才可以对现实有真实的改进。这表示对传统是否能解决我们现在的问题,是全盘肯定的态度,但要使这一陈述为真,必须假定历史是静态的、不变的,现在就等于是过去。事实上,历史是不断在变的,现在也绝不等于过去,所以只借过去,不一定就能认识现在。如换以认知的态度,应该是这样说:过去的传统,有时候可以帮助我们认识现在,有时候不能,要视具体的问题而定。譬如道德修养方面的问题,我们的传统有丰富的经验,足以提供我们解决问题的一些途径;但在民主政治的实施方面如发生问题,就必须吸取新的经验,提出新的办法,才能解决问题。西化主义者对同一个问题的态度正相反,认为文化传统、祖宗遗训,不能据之以解

---

① 牟宗三:《历史哲学》,香港,人生出版社,1962年,第149页。
② 胡适:《中国中古思想史长编》,台北,胡适纪念馆,1971年,第251、284页。

决实际的问题。说实际问题的解决，须靠知识与技术，这话是对的，但有的知识与技术，却是由传统累积而来的。二者的态度虽相反，有一点却是相同，不论是肯定或否定，对传统都是情绪化的反应。

再就后一个例子看，二者之为情绪化的反应尤其明显。传统主义强调应以"同情而存敬意的态度"看历史，西化主义者则主张以"客观冷静的态度"看历史，结果前者把刘邦看成不世出的天才，后者把刘邦看作一个无赖，这样的了解，既不是真正同情的了解，也不是真正的客观。不同的态度，对同一个对象，看法竟有天壤之别。怀抱着这两种不同态度的人，撞在一起，如何能互相了解？如何能不争吵？前者是企图把传统美化、神圣化，后者则有故意鄙视、丑化的嫌疑。

四　折衷主义

中国自晚清以来，除了少数拒变的国粹派之外，其各色各样的主张，都或多或少富有折衷、调和论的色彩。像西化主义，除非它真能走向"全盘西化"，否则必仍保留若干自己的传统，只是在它的调和中，西方文化的地位、成分占得较重较多而已。传统主义的情形与西化主义正相反，从来没有一个传统主义者是完全拒绝西化的，他们所争的是，绝不可以因西化而动摇自己传统的根本，同时强调，对西方的民主、科学，不能只从外部吸收，中国要有民主、科学，那完全是中国文化自身的要求。他们和清末"中体西用"论的不同是在，中国文化并不单单有"体"，也一样重视"用"，与"西用"之间，仅是程度上的差别。

基于以上的了解，如果我们把张之洞的"旧学为体，新学为用"的主张，视为折衷主义的代表，那也只是因为他的主张，折衷、调和的色彩最明显，从文字上就可以一望而知，不像我们说西化主义、传统主义也是一种折衷时，还要为它们去做一番解释。张之洞是存心要调和的，西化主义、传统主义，并不存心要调和，这一点就表现出他们之间的差异。

张之洞所谓的旧学，指四书、五经、史事、政书、地图等，新学指西政、西艺、西史等①。西政并非指民主政制,因张氏是存三纲反民权的。他所说的新、旧学的内容究竟包括些什么,并不重要,"中体西用"说的历史意义,是在中西、新旧争论不休之际,提出了一种足以平息双方的意气,又能给予双方心理上相当满足的调和的思想模式。这个思想模式,一方面要和极端的保守分子取得妥协,另一方面又不得不和因西方文化冲击造成的新处境取得适应。这种应付巨变的态度,与包定所说由拒变到怀恨地接受的心理十分符合,它亦仅能止于上述的历史意义,因为这个中西、体用凑合的模式,在经验的运作上根本无效,所以它不能作为文化创造性的领导原理。

在民国的思想史上,集体性表现的思想模式中,与晚清"中体西用"说比较接近的,是1935年的《中国本位的文化宣言》,这一宣言出现的历史背景,是1931年的九一八事变之后,民族主义的情绪高涨,在科玄论战中,代表传统派的张君劢,及时(1933年)写成《民族复兴运动》和《民族复兴的学术基础》两书,接着又有《中华民族复兴之精神的基础》及《中华民族性之养成》两文。五四时代《新潮》的重要角色傅斯年,也撰文主张中华民族是整个的,以促进民族的团结。国府也趁机提倡发扬民族精神,恢复固有道德,当时(1934年)推行的"新生活运动",是建基于传统伦理之上的。同一年,国府恢复了1912年被教育总长蔡元培废除的孔子诞辰纪念,在纪念会上,应邀演讲孔子学说的,就是在新文化运动高潮中就主张研究孔子学说的梁漱溟。

在这样的背景下,用十教授名义发表的《中国本位的文化宣言》,自然会引起广泛的注意。这篇历史性文献的第一句就说:"在文化的领域中,我们看不见现在的中国了。"这显然不是本诸认知的态度来讨论文化问题,仅是表达了主观的情绪和感受,假如中国文化真如他们所说,那么中国本位的文化建设,岂不成了空中楼阁?

胡适批评这个宣言,不过是"中体西用"的最新式的化装,只能说大

_____

① 张之洞:《劝学篇》序。

抵不差,胡先生并没有注意到它们之间的不同。宣言说:"中国本位的文化建设,是迎头赶上去的创造,创造的目的,是中国不仅与别国人在文化领域并驾齐驱,并且对于世界的文化,能有最珍贵的贡献。"这个目标是正确的,是"中体西用"说中所没有的思想。宣言又说:"那我们文化建设就应是:不守旧,不盲从,根据中国本位,采取批评态度,应用科学方法来检讨过去,把握现在,创造将来。"如把其中部分意思单提出来看,是相当不错的,但就"根据中国本位"来看,就知道宣言的作者,不过是把"采取批评态度,应用科学方法来检讨过去",当作好听的话头说说罢了!试想,我们如当真要采取批评的态度,要用科学方法检讨过去,又怎么能够根据中国本位呢?因整个的中国和整个的过去,都是批评检讨的对象啊!宣言中提到创造的目的,要真正朝向这个目标去努力,必须先培养或发扬批评和检讨的精神。如果说"中体"或"中国本位"不允许批评、检讨,那无异是阻止我们用理智的光去照亮旧传统并促其新生的努力。科学、民主在中国,早已越过口号的阶段,进入实践的努力,这两项目标,在整个文化中,不是孤离而单项的活动,它们关联到基本的人生态度和生活的方式,一旦我们学习到科学认知和民主的生活,整个的人格和价值系统,都会跟着一起改变,所以中国文化的新生,不论是体用、本末,都必须经过创造性的变迁,才有希望达成。

五　有助于完成巨变的态度

以上三节,在依据史实说明怀恨地接受和无条件、不带批判地接受这两种态度,在应付巨变上所以失败的部分原因。当包定提出这几种态度时,曾一一加以评述,他的见解,有的可以与前述的史实相印证,有的则可以补充我们没有检讨到的部分①。

---

① 以下有关包定的介绍和引文,均见其《二十世纪的意义》一书的最后一章,该书由孙庆余译,台湾长河出版社1977年出版。

包定认为怀恨地接受,这种态度比完全拒绝的态度,更可能招致严重的灾难,原因是用这种态度应付巨变,往往只想获得发展的成果,而并不预备付出发展所需的代价。包氏举的例子是"热带地区",他还不知道这正是中国清末所谓洋务运动的特色,以及这个长达三十年的运动仍告彻底失败的主因之一。民国以后,怀抱这种态度的知识分子,表面上看好像是逐渐在减少,实际上外表思想虽形形色色,而意识深处仍自觉或不自觉地隐藏着"天朝型的世界观"的人依旧不少,这些人大多仍受着这种态度和情绪的支配。

狂热地、无批评地接受,包定说这种态度在共产国家最为常见,它不像怀恨地接受或完全拒绝的态度那样危险,因为它不会导致绝对的失败或灾祸。但这种态度也有其特殊危险,尤其当它带有一种严苛的"意理",并采取一种专断的态度时为然,这时候就会造成"高成本"的发展,导致社会解体,珍贵价值的丧失,甚至退化。包氏以苏联1920至1932年首次实施农业集体化所招致的大灾难为例。

在批评了以上两种态度之后,他毫不迟疑地向世人推荐带有批评地接受的态度:"既然世界已在巨变(过渡)中,我们除了勇往直前外,更无他途。我们必须学习如何把巨大的潜能用于善良而非邪恶的方面,我们必须学习如何减少,最后并消除巨变(大过渡)本身所蕴含的危险。如果我必须把人类(目前的)处境用一个句子概括,我将说:人类今日的成就,乃是过去人类将各种试验现实的方法用于我们对自然的意像上造成的。因此,如果我们想完成这次巨变(大过渡),我们也必须将类似的试验现实的方法用到我们对人类和社会的意像上。"可见批评地接受的态度,主要在运用科学的或客观认知的方法,不论是传统的、现代的,或是中国的、西方的,都需要用这种方法加以审视,既不存在呵护,也不故意曲解,这样才能真正切入问题,并找出解答的途径。不幸中国在过去的五六十年中,这种方法虽有人提倡,但认真去实践的知识分子很少。西化主义者中,提倡科学方法和客观认知颇具功绩,一旦涉及到文化问题的敏锐部分,在中西间,立即反应出强烈的爱憎情绪。传统主义者一直在回避用这种方法去面对传统,尤其是对核心的价值部分,科学与人生观论战时,站在传统一边的人就是很好的例子。于是价值观念远跟不上社会变迁,结果呢? 传统的价值系统被冻结,现实生活却陷入盲动的紊乱中。

在巨变与传统的复杂纠结中,百年来我们在护卫传统的抗争中,一直是在西方近代文明的重压下步步撤退,最后留下的一个堡垒,是"固有道德",但也始终想不出有效策略,使"固有道德"保持它在社会大众生活中的普遍效准。维护道德是件大事,任何社会如没有大家共许的道德准绳,就失去维持秩序的一个深层支柱。可是从人类文明史的发展看,从来就没有一个社会它的道德是始终保持固有状态而又静止不变的。美德的名称倒是不常变,它的内涵是不能不变的,社会演进到不同的阶段,必然有它不同的美德。在狩猎时期的社会,好斗、残暴、贪婪、好色,在生存的竞争中是有利的优点,到了农业时代,为了适应新的环境和新生活形态的需要,于是勤勉比勇敢重要,规律生活与节俭比暴戾更有利,和平比战争更合算。小孩是经济的资产,节育被视为不道德。工业社会引起的变动更大,人类学有关这方面的记录很多,而我们也正生活在这个社会的后期,每个人都感受到道德观念的变化。种种避孕方法的出现,改变了性道德,也影响到婚姻观。谋生方式的改变,非传统性知识的吸收,以及民主理念的陶养,使父亲的权威坠落,单行道式的孝道很难再维持。人口爆炸的压力,不节育将渐渐演成一项罪恶的观念①。

生活在工业社会的人,实际的生活里,道德观念多少都会改变的,不变的只是一些抽象的观念。所以如此②的原因,可能只是一种恋旧的心理;可能是由于对传统文化的优越感,在长期的屈辱下,不愿意再放

---

① 关于人类道德的演变,是参考威尔·杜兰《世界文明史》的结论部分《历史的教训》,第七章《道德与历史》。此书台湾有两个译本:(1)幼狮文化公司 1973 年版;(2)大江出版社 1969 年版。

② 编注:指维护"固有道德"。

弃最后一道防线;也可能是为了管教孩子、对付青年,使用旧观念、旧方式比较习惯,比较方便。原因可能是很多的,却没有一个充分的理由。既然生存于现代社会,就必须培养感受变化的能力,有了具有弹性的心灵结构,才能学习如包定所要求于现代人的:"从新的角度和以更审慎的态度观察或甚至处理旧的事物。"道德的内涵和表达的方式会变,道德的需要则永不会变,但新的需要,要有新的角度才能了解;新的规范,要有新的经验、知识才能建立。什么是美德,什么是罪恶,处在现代高度复杂化的社会政治的机构中,已相当难以辨识,科技和财势,不知掩饰了多少罪恶,工商社会真不知有多少伪装的美德,道德的观察和判断,已不能单依赖直觉,也一样需要现代的知识。

启蒙运动与当代中国思想发展[①]

据我所知,以"启蒙运动"来解释民国初年那一段文化思想的发展,还不很普遍,近年来少数学者如张玉法、郑学稼等是采用这个观点的。江金太、成中英两位先生已提供了相当丰富的有关启蒙运动的背景知识,现在我们可以进入启蒙运动的本身来看问题。

成先生提到中国启蒙运动就整体而言,其政治性远大于文学性及思想性,这点十分重要,因为这种性格与后来的演变有很大关系。与中国启蒙运动后来未能发展令人满意的成果,也有莫大的关系。中国启蒙运动开始的时期,正是以西方浪漫主义为时代背景,当时中国要求17、18世纪启蒙运动的一些元素,事实上却受到19世纪反启蒙运动的浪漫主义的影响,这种历史差距,相当程度地影响到中国这个运动的性格。今天,我就打算从浪漫精神的角度开始来了解中国启蒙运动的特性,与成先生所采的理性角度刚好相对。

中国启蒙运动的特色,我想可以从两点来加以掌握:一是浪漫精神;二是充满矛盾的思想组合。我先举一些当时的文化现象为例,来说明浪漫的意思。

浪漫精神在这个运动中最直接的表现是"文学革命",有的学者检讨当时的新文学认为只有浪漫的气质与浪漫的生活,而缺乏真正的浪漫精神,也就是缺乏理想性与创造的想象力。不过当时的"文学革命"

---

① 编注:本文选自韦著《思想的贫困》,台北,东大图书公司,1985年。

表现出一种浪漫的精神是不错的,而且这方面有较显著的成就。其次,当时知识分子极力反传统的态度,也是一种浪漫精神的表现。他们不加深思地抨击传统的权威。早在晚清,少数激进的知识分子即已表现出这种倾向,例如谭嗣同的《仁学》、康有为的《大同书》、章太炎的《五无论》,以及吴稚晖等人提出的无政府主义,大体都属于浪漫的思想。再看五四时期的自由主义,它最突出的意义是"解放",也就是谭嗣同所谓的"冲决网罗"。自由主义偏向于这方面的表现,所以可称之为浪漫的自由主义。再看看当时一项很重要的思想表现——民族主义。民族主义在西欧是一种内发的精神力量,本不排外。德、俄两国由于承受外来的刺激而产生的民族主义,虽带有排外性,但歌颂自己的传统文化。中国的民族主义很特殊,一方面对自己的民族自尊有强烈的需求,一方面对自己的文化传统却采强烈的攻击态度,既要打倒帝国主义又极力歌颂西洋文明,这时就使中国的民族主义丧失内聚的动力。歌颂也好,打倒也好,基本上都是浪漫精神的表现。

为什么在中国启蒙运动时代会有浪漫精神的表现呢?一方面固然是受了西方19世纪浪漫主义时代的影响;另一方面在中国传统本身也可以找到根源:我以为从孟子所开出的儒家传统的主流,认为可以撇开知识谈道德实践,特别迷信意志的力量,相信凭借德化的思想就足以改造社会,这都是富有浪漫精神的想法。后来陆象山、王阳明延续了这个传统,使中国知识理性无从滋长。陆、王哲学表现的特色是重视了人的自觉,有反权威的倾向,解决束缚的要求也很强烈,而陆、王哲学正是清末民初流行的传统哲学思想,康有为在万木草堂讲学时,即以陆王心学教梁启超和陈千秋,他的《新学伪经考》被称之为"考证学中的陆王"。我们固无从据此推断陆、王哲学与启蒙运动的浪漫精神有直接的因果关系,而只是指出当时有利于浪漫精神发展的部分思想背景。此外,直接从启蒙运动中发展出来的新史学,如顾颉刚的《古史辨》,也是极具浪漫色彩的史学运动。

关于思想上矛盾的组合,我们可以从民族主义、自由主义和社会主义三方面略加以探讨。

启蒙运动时期的民族主义,它的推动者主要是学生和工人。学生在受了巴黎和会的刺激后,力主外抗强权,但他们本身接受西式教育,对于自己民族的信心已经日渐动摇。这两种情绪带给他们内心相当大的矛盾。至于工人,在五四以后的群众运动中,扮演相当重要的角色,中国工运也在此时期成型。他们一方面响应民族主义的大纛,但在稍后,中国工运与"工人无祖国"的国际工运挂钩上,岂不也形成一种矛盾。

再看当时的自由主义,他们主张自由民主,但本身的言论既不理性也不宽容。所谓自由,对他们而言只是一种攻击传统权威的工具。此外,当时的科学鼓吹者,提倡的是科学主义,启蒙思想教人怀疑,科学主义却是对科学崇拜。他们一方面竭力趋新,另一方面又十分念旧,充满边际人的苦闷和矛盾。

当时社会主义者的口号是反帝又反封建。反帝,与民族主义同调,必须在传统的力量支持之下才能产生动力。但他们却把中国传统文化视为封建,而加以否定了。关于这些矛盾,梁漱溟在1930年时就说过:近二三十年来,我们是自己捣乱、自己否认的滑稽史。

了解中国启蒙运动的两点特色之后,让我们来检讨一下它在思想方面的影响。在中国启蒙运动中蕴育出来的三种意识形态:传统主义对新思潮是反动的;自由主义则受到左右两方的夹击,只在教育方面发生较大影响;而社会主义反而有较广泛的影响。

启蒙运动追求的主要目标是民主、科学。为什么这个在清末已经相当清晰的目标,在经历近百年后的今天,仍然无法在中国落实生根呢?要解答这个大问题,恐怕必须从政治、社会、思想、文化等各方面加以检讨,但我们今天只讨论思想部分,并且仅以社会主义做主要的线索。

在五四启蒙运动之前,社会主义原只是一潜流,为什么在运动的高潮期,竟然演变成一股思想的巨潮呢?我想第一点,这与中国传统中一部分的理想有关。中国传统要接受自由、民主相当困难,但接受理想性的社会主义相当容易,因为中国一直有"均平"的理想传统,为历代许多重要思想家所强调。近代引进的社会主义被许多重要知识分子认为是实现这个理想的有效途径。十几年前我在一个收藏旧杂志的图书馆里翻阅五四后期杂志,注意到一个现象,就是几乎很少有批评马克思主义的文章,宣扬的文字却很多。当时一般知识分子似乎没有能力去检讨这股既浪漫又革命的思潮。

除了传统背景之外,国父孙中山先生是近代中国最了解社会主义的思想家,因此,他对社会主义有深刻的批判,中山先生把 socialism 翻译成民生主义,1905 年同盟会的誓辞"驱除鞑虏,恢复中华,建立民国,平均地权",其中"平均地权"就是社会主义或民生主义落实下来的具体目标。1906 年在《民报》发刊词上,又阐述社会革命的民生主义。民国元年(1912)中山先生解总统职后,在同盟会老会员的欢送宴上,曾以实行社会革命号召同志。接着他到上海在江亢虎的社会党总部演讲三次,讲题是"社会主义的派别及批评"。

在五四时代,北京大学是自由学风很盛的学府,各种社团在其中蓬勃发展。与社会主义有关的,有工团社会主义社团、基尔特社会主义社团、马克思主义社团,这些社团培养了一些激进的青年。

但是,社会主义能在中国风行最具决定性的一点,是革命后的苏联对中国的态度。第一次世界大战结束后的巴黎和会期间,中国遭受列强欺侮,苏联却雪中送炭,于 1919 年 7 月发表对华宣言:放弃在华特权,取消庚子赔款并归还中东铁路。

苏联革命成功及对中国主动示好的行动对中国现代史影响很大。它影响了当时的两位政治领袖——陈独秀与孙中山。陈独秀受苏联革命的刺激,正式成立了中国共产党,孙中山则改组国民党,并决定采联俄容共的政策。联俄容共的利弊得失,目前学者们仍在继续研究中,但无论如何,这个政策的推行,曾助长了共产主义在中国的发展。

联俄容共后,社会主义的理想已变质。在五四前知识分子所宣扬的社会主义具有强烈的人道主义精神,使人很难抗拒。后来中国共产主义所标榜的社会主义,则已布尔什维克化了,它已成为现实政治夺权斗争中的工具。

从清末到民国十几年这段时期,知识分子很难排拒社会主义的诱惑,再举两个有代表性的例子:梁启超民国八年(1919)欧游归来发表观感,认为资本主义已没落,社会主义不能避免,但指出布尔什维克不适于中国。在自由主义知识分子中最具代表性的胡适,1926 年也以为社会主义是 19 世纪中叶以后的新宗教,是人类社会共同的潮流。

为什么启蒙运动在中国未能获得顺畅的发展?为什么启蒙运动时代所提倡的自由、民主、科学这些新文化理想,至今大都仍停在理想的阶段?为什么启蒙运动在西方本是一个以理性为主导的运动,而在中国理性的成分竟如此稀薄?为什么社会主义对中国知识分子有如此强大的吸引力?我上面的谈话,特别提出社会主义作主要线索,就是想趁机把这些问题提出来,使上述问题逐一获得合理的答案。不能忠实地了解过去历史的民族,很难找到前进的正确方向。

孔子成德之学及其前景[①]

一 从徐复观《向孔子的思想性格回归》一文说起

1979 年徐复观先生为纪念孔子诞辰,曾发表一篇《向孔子的思想性格回归》的文章[②],一开头他说:

> 儒学是中国文化的主流,孔子是由古代文化的集大成而奠定儒学的基础,《论语》是研究孔子的最可信的材料,这是得到许多人所共许的,但现代谈中国哲学史的人,几乎没有人能从正面谈孔子的哲学,更没有人能从《论语》谈孔子的哲学。虽然这些先生们,不像方东美先生那样,公开贬斥《论语》,但心里并瞧不起《论语》,认为里面形而上的意味太少,不够"哲学"。

如单独看上面这段文字,一时间似乎还看不出他所说的"这些先生们"指的是哪些人,再看下面这段,就完全明白了:

---

① 编注:本文乃 1996 年 7 月,作者参加台湾中研院文哲所召开"儒学与现代世界"国际研讨会的论文,选自韦著《中国思想传统的创造转化》,台北,洪叶出版公司,2000 年。

② 此文原刊香港《中国人》月刊第 1 卷第 8 期,后收入氏著《中国思想史论集续编》、《徐复观杂文续集》、《徐复观最后杂文集》。

讲中国哲学的先生们……即使非常爱护中国文化,对中国文化用功很勤、所得很精的哲学家,有如熊师十力,以及唐君毅先生,却是反其道而行,要从具体生命、行为,层层向上推,推到形而上的天命天道处立足,以为不如此,便立足不稳。

　　徐先生是当代治中国思想史极有成就的史学家,他不喜欢形上学(其实是不了解),尤其对由形上学进路诠释传统儒学的做法,一向不表认同,这是他写《回归》一文的主要动机。所谓回归,就是"要扣紧《论语》,把握住孔子思想的性格,用现代语言把它讲出来,以显现孔子的本来面目"。要如何才能把握住孔子思想的性格呢?他认为"从具体生命、生活上去接近孔子,较之从形而上学,从思辩(辨)逻辑上去接近孔子,远为正确而亲切,由此而可以'升堂'。若从形而上学入手,则自以为'入室',但实际连'升堂'也感到困难了"①。他甚至用肯定的语气说:"以卑俗和超越两种态度,都不能了解《论语》,不能了解《论语》,便不能了解孔子。"②所谓"卑俗",是指那些"公开贬斥《论语》",以及"抱着《论语》来糟蹋《论语》"③者;所谓"超越",当然就是指形上学进路。

　　徐先生《回归》一文,的确很清楚地表达了他治孔学的态度和立场,但对所批评的对象,就"卑俗"者而言,自然很有道理,就"超越"者而言,显然缺乏同情的了解。以唐先生为例,我想无人能否认,他不但对孔子的基本精神有相应的理解,而且是当代儒家中最重视体验的哲学家。关于孔子和《论语》,他早年就说过:"中国哲学著述,自以《论语》为第一……孔子极高明而道中庸,与柏拉图之欲由庸凡以渐进于高明不同。孔子之言,皆不离日用寻常,即事言理,应答无方,下学上达,言近旨远,随读者之高低,而各得其所得。"④这与徐先生的态度有何不同?

———————————

①　徐复观:《徐复观杂文》,台北,时报文化出版公司,1980年,第303页。
②　徐复观:《徐复观杂文》,台北,时报文化出版公司,1980年,第303页。
③　徐复观:《中国思想史论集续编》,台北,时报文化出版公司,1982年,第433页。
④　唐君毅:《人生之体验》,香港,人生出版社,1956年,第14页。

　　唐先生于中年以后,"喜用西方式之造句","曲折繁密缴绕"的表达方式,是因他有见于"当今之世,简易者不加以界划敷陈,多方烘托,则干枯而无生命,人不易得所持循"①。"多方烘托"的思想资源,虽多借助于西方不同学派的哲学,但无论是对中国思想传统的诠释,或建构自己的哲学系统,始终本诸儒家的基本精神。在他所有的著作中,内容、形式与儒家传统的距离最远的,要算是《生命存在与心灵境界》一书,然在《自序》中,他说此书仍为离《中庸》"本诸身,征诸庶民"为始,"温故知新,敦厚崇礼"为终之旨②。在《后序》中,他又说中年以后的工作,"千回百转,仍在原来之道上"③。则所有运用西方式之造句、西方式之严密论证,包括形上学进路的诠释,都不过是"化世之言"、"方便巧立"④而已。

　　近代中国,在西方文化凌厉的挑战之下,站在儒家的立场,不论是思想的回应,或是儒学传统的重建,新学统的建立,都是这个时代最迫切、最重要的课题。当代儒家人物中,在这方面成就最大的是牟宗三先生,他使儒学发展达到一新的高峰。他之所以能获得如此重大的成就,其中一个重要的因素,正是由形上学进路,对儒家传统做了创造性的诠释。牟先生的工作,不是向孔子的思想性格回归,而是孔子思想性格的突破。徐先生《回归》之文所批评的恰当对象,应该是牟先生,但牟、徐两位先生,在 1949 年以后的三十多年中,曾是为护卫儒家共同奋斗的伙伴,而竟然对老友建立新学统在这个时代的意义和价值,缺乏同情的了解,纵然可能受限于史学的立场,但以徐先生思想上的宏观与慧识,仍不免令人费解。

　　由牟先生开创的儒家新学统,在当代中国哲学界,虽非独领风骚,但已俨然形成一最大学派,其功效显而已见者:第一,在学院中已有稳

① 唐君毅:《中国文化之精神价值》,台北,正中书局,1953 年,《自序》,第 5 页。
② 唐君毅:《生命存在与心灵境界》,台北,台湾学生书局,1977 年,《自序》,第 4 页。
③ 唐君毅:《生命存在与心灵境界》,第 1157 页。
④ 唐君毅:《人生之体验》,第 16 页。

定的地位。第二,凭借这套系统,可以使中国的儒家学者,与世界各大宗教、各大哲学学派展开高层次的对话,同时也可将儒学提升到与其他文化在学理上交流的层面。这一学派目前追随者众,如能再加强中西学养,必可继续发展下去,也应该发展下去,因为这是使儒学世界化必经之路。我之所以相信这一学派必可继续发展下去的另一个理由,是因它系统化的建构,早已超脱了"化世之言"的目的性和"方便巧立"的工具性,这新学统本身已具有独立的生命,这是儒家"道问学"的传统从未达到的境界。

唐君毅先生的思想,经历"千回百转,仍在原来之道上",换言之,就是基本上未能对孔子的思想模式有所突破,这是他一生虽有为儒家建立新学统的意愿,最终却无法取得实质上重大成就的根本原因。牟先生的思想,也同样经历了"千回百转",但他早已充分自觉到,要为儒家建立新学统,必须畅发认知理性,并经由认知理性来显现道德理性的光辉,这是间接曲成的途径。在这条道路上,必须暂时远离传统儒家修身为本、实践优先的原来轨迹。如果我们了解这一点,就可以知道徐先生的批评并不是很相干的。

这一学派依照所谓后牟宗三时期的发展趋势来看,似乎已很难再回到传统儒家的原来轨迹上去了。就个别的学者而言,他当然可以顺着知性探求之路一直走下去,但就儒家整体的发展而言,借用朱熹的比喻,终必陷入"一轮转,一轮不转"的困境,终必产生当儒学已赋予儒家传统以学术生命之外,要如何才能再使儒家传统中的道德生命获得新生的问题。假如我们不希望当代新儒家的影响,仅局限于学院和少数知识分子,而希望深入社会大众和日常生活,这将是必须面对的问题。在这个问题上,我觉得徐复观先生《向孔子的思想性格回归》的呼声,对儒家发展的现阶段,的确有一番新义,值得我们重新体会。所谓"回归",就是要回到传统儒家修身为本、实践优先的原来轨迹上去,这如何可能?

二　修身：成德的工夫

在解答这个问题之前，必须先对孔子的思想性格做扼要的展示。要了解孔子的思想性格，又必须先把握孔子学说的基本特性。如果我们说孔子学说的基本特性是一种成德之学，应该不会引起什么争议。下文就根据这一基本特性，来展现孔子思想中最重要的几个面相。

首先来探讨修身。修身是成德的工夫，也是孔学的命脉，因道德生命的成长、道德人格的提升，莫不由修身的工夫。这不仅是孔子对道德问题的独特关怀，也是他承先启后、继往开来的志业中最主要的贡献，如没有修身工夫的开发，所谓圣贤学问便无从说起，这也是当代学者所谓"生命的学问"的本义。

《论语》里虽无"修身"一词，但有"修己"的观念，如"修己以敬"（14·42）。曾子所说"吾日三省吾身"（1·4）的"身"字与"己"同义，所以"修己"即同于"修身"。"修"字在孔子的观念中，有消极义，有积极义，前者如樊迟从游于舞雩之下，曰："敢问崇德、修慝、辨惑？"（12·21）"修慝"的"慝"字，据朱注引胡氏说，乃藏于心中的恶念，"修"在这里是"消除"的意思。樊迟问孔子要如何才能消除心中的恶念？孔子回答："攻其恶，无攻人之恶，非修慝与？"这是修身消极一面的工夫。后者如"子曰：德之不修，学之不讲，闻义不能徙，不善不能改，是吾忧也"（7·3）。这一章依照竹添光鸿《论语会笺》的了解："修德是主脑，讲学是致知工夫，徙义、改不善是力行工夫，皆修德之实事也。"若然，则讲学、徙义、改不善是具体指点我们修德要如何修法。依孔子，人有天生之德（"天生德于予"），这天生之德在一般人的生命中是潜在的，必须经由讲学、徙义、改不善等修养工夫，方能体之于身，见之于行，这是"增饰"，是"进德"，不是"消除"，是修身积极一面的工夫。消极工夫是去恶，积极工夫是为善，这两种工夫在性质上虽有不同，在实际的过程中却同时进行，如迁善改过并非两事，也不是先改过后迁善，而是在改过的同时便已迁善。这是因为二者都是心的活动,人之所以能自省其过,是由于仁心或本诸仁心,因此在自省其过的同时,便可体认到仁的存在与仁的道理,所谓"观过,斯知仁矣"(4·7)。

在为善与去恶之间,孔子的修身工夫,显然更着重在积极的为善上,如谓:"苟志于仁矣,无恶也。"(4·4)又说:"好仁者,无以尚之。"(4·6)这是说人只要有成德的意愿,一心向善,不断充长善端,恶念与恶行自然消除。因孔子深信人具有天生之德,它是内在于人生命之中的无限潜能,这种潜能必须经由道德的自觉,才能唤醒,必须经由修身的工夫,方能引发。这种工夫如能日长月益,持续不懈,一旦使"我"与"德"融而为一,结为一体,这时刻人的生命便成为纯善而无恶的生命,就个体而言,这已是修身工夫的理想境,所以说:"好仁者,无以尚之。"

孔子的修身工夫,既着重在积极为善上,接下去的问题必然是,这种工夫要如何下手、如何进行?"子曰:志于道,据于德,依于仁,游于艺"(7·6)。这是孔子对成德工夫要如何进行,做了纲要式的提示,下面就根据这个提示一探其内涵。

"志于道"只是原则性的提示,孔子在别处又说:"士志于道,而耻恶衣恶食者,未足与议也。"(4·9)由此可知,"志于道",不是泛泛而言,而是针对当时新崛起的士人来说的。孔子生于春秋末纪的无道之世,他以有教无类的博大胸怀,一生尽心尽力,所希望培养的新兴士人,是要以明道行道为终身志业者,用孟子的话来说,就是"得志,泽加于民;不得志,修身见于世"①。得志与否,不是个人主观上可以决定的,因此,孔子教育士人的重点,是放在"修身见于世"上,也就是要为世间树立起独立、自尊、自信、自足的崇高人格。"士志于道",是培养这种人格必须跨出的第一步。

《论语》中所用的"道"字,诚如徐复观先生所说,有层次的不同,有

---

① 《孟子·尽心上》。

方向的各异,尤以用在政治上者为多①。由"士志于道",不但使我们知道"志于道"的要求,有其特定的对象,同时也规范了道的范围。这个道既不可能是天道之道,也不能是政治上的道,它究竟是什么意义,仍有赖读者的默会,因此不免言人人殊。孟子不愧为孔子成德之学的最佳诠释者,孔子一些过分简约的观念与表述,一经孟子的诠释,便豁然而明。例如:"王子垫问曰:士何事? 孟子曰:尚志。曰:何谓尚志? 曰:仁义而已矣!"②"士志于道",经由孟子的诠释,使道有了十分明确的内涵。孔、孟都认为,生于道德沦丧的时代,作为一代的新士人,首先必须立志使自己成为一"居仁由义"之士,此不仅安身立命于仁义之上,还必须经由道德自我实现的过程,使一己成为顶天立地的人物。

这是一种创造人格的理想与实践,此如何可能? 这就逼出修身的问题,以及成德工夫的必要性。孔子谈修养工夫的一大特色,是就日常生活的言行加以指点,没有什么深奥的理论,如改过、如慎言、如谦恭、如内省、如安贫乐道等等。正因为具此特色,因此孔子所说的修养工夫,人人可学可行。虽然人人可学可行,但要彻底做到,且贯彻始终,绝非易事。就成德而言,多言不如一诺,千言万语,如不能落实在行为上,亦是枉然。

一个立志献身于道德理想者,首要的修身工夫,就是要做到不耻恶衣恶食。此外,"君子谋道不谋食……君子忧道不忧贫"(15·32),所要求的并无不同。不耻恶衣恶食,至少有两层涵义:一是具有道德理想者,难免要多忍受一些低水平的生活,生活在贫苦之中,并不以此为耻,这需要有坚定的自信——这本身就是一种精神的修养。一是具有崇高人生理想的人,必须借淡泊的生活锻炼心志,培养出不为物役的气概——如孟子所说的大丈夫。荀子不也说过"士君子不为贫穷怠乎道"③,贫穷本身并无价值可言,但为道而贫,生命的意义和价值便完全

① 徐复观:《中国思想史论集续编》,台北,时报文化出版公司,1982 年,第 434 页。
② 《孟子·尽心上》。
③ 《荀子·修身》。

不同。作为一道德理想主义者,如不具备坚定的自信,如缺乏不为物役的大丈夫气概,就不可能成为"人能弘道"(15·29)之"人",更不可能达到"守死善道"(8·13)的境界。在这里,可使我们看到修身与道之间不可分离的关系,《中庸》所谓"修身以道"、"修身则道立"是也。

　　修身与道不可分的关系,在孔子的言论中,也可以得到证实。"子曰:君子道者三,我无能焉:仁者不忧,知者不惑,勇者不惧。子贡曰:夫子自道也"(14·28)。在这里,仁、知(智)、勇(《子罕》篇的顺序是知(智)、仁、勇)与《中庸》所谓"三达德"者,都是道的内容。道与三者相比,是属于更高层次的概念,它代表道德的总体,用朱熹的话来说,道同于"理一",仁、智、勇则为"分殊"之德。当然,分殊之德不止三,礼、义、廉、耻、忠、恕、孝、悌、信、俭、清、直、让等皆是,这也显示出修身工夫的复杂性与多面性。在实际的工夫中,必须落实在分殊之德上,工夫才能深入、才能精微,才能对实际的行为产生作用。

　　不忧、不惑、不惧,是修身达到的境界,也是修身获得的成果。这种境界与成果,是怎样达成的? 依邢昺疏的了解是:"仁者乐天知命,内省不疚,故不忧也;知者明于事,故不惑;勇者折冲御侮,故不惧。""乐天知命,内省不疚",确是达到不忧的工夫,但"明于事"、"折冲御侮",不过是对不惑、不惧的形容,这仍然是修身的成果,不是修身的工夫。针对上述的问题,孔子自己已提出答案:"子曰:好学近乎知,力行近乎仁,知耻近乎勇。知斯三者,则知所以修身。"①依据前引竹添光鸿的解释,好学是致知工夫,力行中包括徙义、改不善的工夫,此"皆修德之实事"。至于"知耻",盖同于"行己有耻"(13·20)之"有耻"。"行己有耻",而后能有所不为;有所不为,而后能专心致力于修德之事;修德即所以养勇,因"仁者必有勇"(14·4)。为何说"近乎"知(智)、仁、勇? 是说经由好学、力行、知耻等修身工夫,便可逐渐逼近不忧、不惑、不惧的目标,知(智)、仁、勇既必须由修身才能达到,而知(智)、仁、勇又都是道的内容,自然

───────────────

① 《中庸》,第二十章。

也就证明,修身与道有不可分的关系。

修身与道的关系既明,则"据于德,依于仁"在工夫上虽有补强作用,但不可能违离"修身以道"这一基本模式。如把"德"、"仁"等具工夫涵义的文字加以分析,不论其内容如何变化,亦不过"皆修德之实事也"。孔子的成德之学中,所有的分殊之德,在工夫上不论其如何复杂与多面,都只是为了完成一个目标,即将个体的普通生命,脱胎换骨成为"充实而有光辉"的道德生命,修身就是脱胎换骨的工夫。这是传统儒学的活水源头,儒家在中国两千多年的历史上,所以能源远流长,除了代有大儒做见证之外,其为人之道早已深植于一般老百姓的信念与价值观之中。儒学要在现代世界获得新生,在建构新学统之外,这仍然是我们今后必须努力的方向。

孔子所说"游于艺",虽然也是成德工夫的纲领之一,但性质与"志于道,据于德,依于仁"显然有所不同:此三者不能不从心(主体意识中的自觉与反省)上下工夫,而"游于艺"之"艺",是指礼、乐、射、御、书、数之六艺,所以是借文化来陶冶性情,以收潜移默化之效。六艺在孔子的时代,本是贵族子弟以及家臣、邑宰的基本教养和技能。在贵族或只是一种生活方式,在家臣、邑宰,则是"通礼乐以相赞诸侯贵族,精射御以争战防卫,习书数以管理贵族之家或庄园"①。为了谋生或有机会出仕,孔子也以六艺教弟子。但孔子所要培养的人才,不只是家臣、邑宰,他理想中的人才,是"以道事君,不可则止"的"大臣"(11·24);为了这种需要,于是孔子将六艺之教,从文化教养和技能的层次提升到"辅仁"、修德的层次。提升以后的六艺,或如徐幹(171—218)所说:"礼以考敬,乐以敦爱,射以平志,御以和心,书以缀事,数以理烦。"②刘伯骥先生,因徐幹的启发,遂下一转语,他说:"礼乐是养仁,射御是养勇,书数是养智。"③这样六艺之教,不仅与"修身以道"的目标完全一致,且可使成德

---

① 杜正胜:《周代城邦》,台北,联经出版事业公司,1977 年,《自序》,第 10 页。
② 徐幹:《中论·艺纪》。
③ 刘伯骥:《六艺通论》,台北,台湾中华书局,1956 年,第 43 页。

工夫收到朱注所说"本末兼该(赅),内外交养"的效果。

至于为何要说"游"于艺？盖因在六艺作为文化教养和技能的学习活动中,心智必须有所专注,精神必须有所系缚,方能有成。六艺之教一旦提升到"辅仁"、修德的层次,因目标的转化,其精神必须从原来的系缚中超脱出来,"游"就是指这种无所系缚的精神状态——一种能与成德工夫相应的精神状态。

三　君子:成德的理想

有关修身的精神活动,基本上是"反求诸己"的活动,这种精神活动,如继续向内向上发展,或可通向宗教。孔子的思想虽有此倾向(如"知天命"、"畏天命"等),但并未凸显。学者解释"命"与"天命",有偏向于宗教义者①,也有认为"此'命'即指当时能否行'道'的客观条件"②。这两种解释并非不能相通,就孔子整体的思想性格来看,"命"与"天命"的问题,似因行道的要求而逼出来的成分居多。

修身的精神活动,是为了建立道德的根本,这是立大本的工作,也是"先立乎其大"的"大"之所指。基于孔子所凸显的人间性与伦理性的思想性格,志道之士必须在修身之外,勇于面对人世间复杂而又艰险生活的挑战,使修身工夫能在不断的挑战中接受考验。孔子心目中的理想人格——君子——不单单在修身,而是要在无止境地迎接挑战、接受考验的过程中,才可能完成。在无论多么艰险生活的挑战下,都能经得起考验,使各种道德原则皆坚守而不失,这才算达到成德的理想。毫无疑问,孔子是这一理想的开创者,也为君子这种理想人格树立了第一个典范。

这样的理想人格,除及门弟子,已无从亲身体验,但我们仍可由孔

---

① 林义正:《孔子学说探微》,台北,东大图书公司,1987年,第106页。
② 余英时:《中国思想传统的现代诠释》,台北,联经出版事业公司,1987年,第157页。

子有关君子的理论以及相关的道德观念中,对他究竟如何达到这一理想,获知一个大概。这些理论和观念,既有历史的根源,又是他一生经历无数考验所得的心血结晶,这才是使成德理想经过两千多年,至今仍具有感召力的真正原因。

"子曰:君子义以为质,礼以行之,孙以出之,信以成之,君子哉!"(15·18)这是针对如何成为君子的一次比较完整的表达。要如何才能成为君子呢?他必须以义作为言行的基本准则,行为合于礼,言论的表达谦逊,才能合乎义的基本准则。"信以成之",子曰:"人而无信,不知其可也。大车无輗,小车无軏,其何以行之哉?"(2·22)可知人生在世,不论为人或处事,如缺乏诚信,都是不可行的。所以这句虽然最后举出,却是贯彻始终的,因为唯有诚信,则礼不致成为虚文,义不致变为假义,言语也不致流于巧言①。

除了"君子义以为质"之外,孔子又说:"君子义以为上。"(17·23)甚至说:"君子之于天下也,无适也,无莫也,义之与比。"(4·10)"天下"指"事",也表示没有例外。无可无不可,一方面表示不拘泥、不固执;另一方面是因天下事极复杂,人处其中,难免会遭遇不知如何定夺、如何抉择的情境。人一旦遭到如此情境,照孔子的意思,如是普通人,可能有不同的考虑,但要成为君子,就只能做一个决定,那便是唯义是从。由此可知,义在成德的理想中,扮演着至高无上的角色,所谓"君子义以为上",就是这个意思。上引两则言论,很重要的一点,是在说明,孔子思想中的"义",是对应"事"而言。天下事可包括人类的一切言行,政治社会的事务也在其中,如是离群索居的隐士,不涉政治社会事务,仍可有修身的问题,但已没有义不义的问题。子路批评荷蓧丈人这位隐者"不仕无义"(18·7),就透露出这个道理。

"无适也,无莫也",只是虚拟一种情况,当孔子回答子路"成人"(相当于君子的一种理想人格)之问时,以"见利思义"(14·12)为成人必要

---

① 王熙元:《论语通释》,台北,台湾学生书局,1981年,第942页。

的条件之一。此外,孔子又以"见得思义"为"君子有九思"(16·10)之一,才使情况显得比较具体。"得"与"利"可能是财富,可能是名位。财富、名位对任何人都是很大的诱惑,即使对"志道之士",也是一大挑战、一大考验。要成为一个君子,就必须经得起考验,坚守住"义"这个做人的原则。孔子是一位通情达理的人,他从未矫情地教人不要追求财富、名位。相反的,他深知"富与贵,是人之所欲也",但因他对新兴的士人阶层有很高的期许,总希望能从中培养出一批能以道自任的士或君子,所以在辞受取予之间,不能不有"不以其道得之,不处也"(4·5)的高标准要求。孔子自身是一位经得起考验的人物,他自述"不义而富且贵,于我如浮云"(7·16)。正因他对自己的主张能身体力行,才令人对他的要求并不觉得过分。

　　前面说过,"无适也,无莫也"有不拘泥、不固执的涵义,拘泥、固执为孔子一向所反对,由此而孳生出通权达变的"权"的观念,"权"乃"义"于"对应事"、"作为抉择依据"之外,另一重要的特性。人间之事复杂万端,在道德问题上,人都可能遭遇特殊情况和特殊难题,"权"这一观念的提出,就是教人面对特殊情况和特殊难题时,要如何处理。

　　"子曰:可与共学,未可与适道;可与适道,未可与立;可与立,未可与权"(9·30)。"适道"即"志于道","立"同于《中庸》"修身则道立"的"立",也是颜回所说"夫子循循然善诱人,博我以文,约我以礼,欲罢不能。既竭吾才,如有所立,卓尔"(9·11)的"立",指修德有成,已达欲罢不能、强立不反的境界。"可与立,未可与权",是说行权比修身还要难。朱熹解"可与权"为"遭变事而知其宜"[1];"变事",言事之非常态者。举一个最简单的例子,如《孟子·离娄上》:"男女授受不亲,礼也;嫂溺,援之以手者,权也。""男女授受不亲"是事之常,"嫂溺援之以手"是事之变。变事之来,往往事起仓促,这时刻仍知以最合宜的行动去做、去解决难题,便是行权。宜不宜取决于义,"知其宜"必合于义,所以行权绝

---

[1]　《朱子语类》卷三七,台北,正中书局,1962 年,第三册,第 1633 页。

非为了便宜行事,而是义在应对特殊情况和特殊难题时一种通权达变的表现;也就是说,当我们的行为明显违反了社会既定的规范时,仍要做出合于义的道德的决定,这才是真正困难的所在。作为权衡轻重得失最终依据的义,并非客观存在足以取法的规范(此所以义不同于礼)。义者宜也,这是要诉诸个人道德判断的;道德判断的恰当与否,有赖于个人的精神修养。孔子虽认为行权比修身还要难,但由整章文义看,他也必定认为:如不经由"共学"、"适道"、"与立"等一层层的由易而难的修身工夫,是不能行权的。

"樊迟问知。子曰:务民之义,敬鬼神而远之,可谓知矣"(6·22)。《论语》里,"知"作动词,取"知晓"义,作名词,取"知识"之"知"与"智慧"之"智"两义①。樊迟所问之"知",究是何义,不得而知。孔子所答之"知",则可以确定为"智慧"之"智"。朱注:"民亦人也……专用力于人道之所宜,而不惑于鬼神之不可知,知者之事也。"只有有智慧的人才能行义,才能"不惑于鬼神之不可知"——此乃是"知者不惑"之一例,而"知者不惑"又是君子所行之道三者之一(14·28)。根据前文对行义、行权的分析,在行义、行权的过程中,随时都可能面对抉择,并行使道德判断。即以"务民之义"为例,有关人民的事务很复杂,其中有"于人道之所宜"者,也有于人道之所不宜者,智者行义,必定已经过一番道德的抉择和道德的判断,所以行义若无"智"的介入,根本是行不成的。

在道德实践中,该做抉择时,却难做抉择,该下判断时,却犹豫不决,这种心理状况即孔子所说的"惑"。"子张问崇德、辨惑"(12·10),樊迟也"问崇德、修慝、辨惑"(12·21),可见弟子们也被这种问题所困扰。"辨惑"是为了解惑,孔子回答子张:"爱之欲其生,恶之欲其死,既欲其生,又欲其死,是惑也。"回答樊迟:"一朝之忿,忘其身以及其亲,非惑与?"只举例说明什么是"惑","知者不惑"才是如何解惑的答案。由于道德上所遭遇的困惑,可能因人、因时、因地的不同而有异,无论有多

---

① 林义正:《孔子学说探微》,第103页。

少实例,也未必能有助于解决个别的难题,因此孔子把解惑的重点放在如何成为一个有智慧的人上(这是君子的必要条件之一)。

"子曰:由!诲汝知之乎?知之为知之,不知为不知,是知也"(2·17)。最后一"知"字指"智慧"之"智",人能知道自己知道些什么,不知道些什么,对自己的"知"有了更高一层的反省①,加上"毋意、毋必、毋固、毋我"(9·4),都是培养道德智慧的方法(其实也是获得正确认识的方法)。由"唯仁者,能好人,能恶人"(4·3)看,要成为一个不惑的智者,除了好学(《中庸》:"好学近乎知。"《孟子·公孙丑上》引子贡:"学不厌,智也。"),最后仍不能不归结到道德修养,道德修养是达到成德理想的唯一保证。

四 以身作则:成德之教

以上两节已探讨过成德的工夫和成德的理想,下面将继续探讨成德之教。这三部分合起来,才能使孔子的成德之学,有完整的呈现,缺一不可。这三部分分开来看,似乎角色不同,各有所司,但在实际成德的过程中,三者之间,不但具有互动互依、相辅而成的密切关系,而且都是为了一个共同的目标,这目标就是成就孔子心目中道德的理想人格。成德之教即是经由教育的程序,将个体的成德经验,推广到群体之中,以促进群体道德生命的成长、道德人格的提升。

在《论语》里,足以代表成德之教的教育程序和教育方针的,只有孔子自己说的"君子博学于文,约之以礼,亦可以弗畔矣夫"(6·27)。从颜渊回顾长期从学于孔子的经验和内心的感受时,也提到"夫子循循然善诱人,博我以文,约我以礼"(9·11),这不止证明孔子平日确实是以这种教育程序和教育方针在教弟子,同时也证明孔子的成德之教并非空谈,而是具有实效的道德经验。对孔子而言,一切的道德教诲,如不

---

① 林义正:《孔子学说探微》,第103页。

能激发人成德的意愿,如不能使彼此感通,相互印证,都是没有意义的空话头。颜回对孔子伟大人格及所受教诲的感动与赞叹,应该也是孔子始终"诲人不倦"的一种动力吧!

要了解孔子这一章的自述,首先得注意这是就"君子"而言,而君子代表道德的理想人格,因此,"博学于文,约之以礼",乃表示成德之教的程序和方针,这一点应无可疑。"亦可以弗畔矣夫"之"矣夫",是十分肯定的语气,可见孔子对自己所揭示的这条教学纲要充满自信。但后人要对这八字真言有恰当理解,并不简单。

历来传统注解,盖因体例所限,都不免失之过简,例如朱注:"君子学欲其博,故于文无不考;守欲其要,故其动必以礼。"对这个解释,陈大齐先生有所批评:"朱注所释,虽若文从字顺,但未能触及孔子立言的本意。因其将博学与约礼,说成两件平列的事,未说及其两相关涉的密切情形……原文所欲阐发的,是治学的始终两端,谓始于'博学于文'终于'约之以礼'。"①陈氏因是从治学上来理解这八字真言,因此得出"'约之以礼'意即简化以成抽象的原则,择其善者以充造作具体制度的张本"②。若然,则文首的"君子"所指,已不是理想人格,而是指在上位者。陈氏之所以偏向这方面去理解,关键在"约之以礼"的"之"字,他以为"之"字是"博学于文"的代词③,显然有误。其中"之"字是指上文的"君子",因此颜回以第一人称转述时,就成为"博我以文,约我以礼"。所以陈氏批评朱注"未能触及孔子立言的本意",也是不对的。但指出朱注"未说及其两相关涉的密切情形",这一点是对的。不过朱子一生对博约问题曾不断思考,有过多方讨论,要真正了解他的解释,不能仅限于《集注》。

《朱子语类》:"博我以文,约我以礼,圣门教人,只此两事,须是互相发明:约礼底工夫深,则博文底工夫愈明;博文底工夫至,则约礼底工夫

---

① 陈大齐:《孟子言论贯通集》,台北,台湾商务印书馆,1982年,第25页。
② 徐复观:《中国思想史论集续编》,第433页。
③ 徐复观:《孟子言论贯通集》,第25页。

愈密。"①这不仅说明"两相关涉的密切情形",且说明二者之间是一种互依并进、互相增强的关系。

如问博文、约礼,何者为先? 朱子似有两种答案:其一:"学者当自博而约,自易而难,自近而远,自下而高,乃得其序。"②盖指一般性的顺序。其二:"观古今圣贤立言垂训,亦未始不以孝弟忠信、收敛身心为先务,然后即吾日用之间,参以往训之指,反复推穷,以求其理之所在。"③这有先约后博之意。不论是自博而约,或先约后博,在成德之教中,当因人而异:如学者质胜于文,即当先博后约;反之,即当先约后博。以德行著称的颜渊、闵子骞,恐怕要在"博文"上多下点工夫;以文学著称(熟悉古代文献)的子游、子夏,又必须在"约礼"上多加努力。就二者互依并进、互相增强的关系来看,并无固定的先后可言,而应如钱穆先生所说:"惟学欲博而践履则贵约,亦非先博文,再约礼,二者齐头并进,正相成,非相矫也。"④

在此我们还可以再问:欲使二者齐头并进,要从何处着力、如何进行呢? 这是一个不容易回答的问题。朱子下面这段话,虽非针对博约而发,但对孔子揭示的教学纲要实际上可能运作的情况,极具参考的价值,他说:"岁月易得,义理难明。但于日用之间,随时随处,提撕此心,勿令放逸,而于其中随事观理,讲求思索,沉潜反复,庶于圣贤之教渐有默相契处,则自然见得天道性命,真不外乎此身,而吾之所谓学者,舍是无别有用力处矣。"⑤

朱子这番话,有助于我们进一步理解到,所谓"博文",并非"泛然博览"(亦朱子语),而是传统文献(包括诗、书、礼、乐)中与"圣贤之教"相关者,也就是其中足为范式的嘉言懿行。"博"而必须反"约",博是手

---

① 《朱子语类》卷三六,第三册,第 1597 页。
② 《朱子大全》卷四一,台北,台湾中华书局,1970 年,第五册,第 8 页上。
③ 《朱子大全》卷六一,第八册,第 33 页上。
④ 钱穆:《论语新解》,香港,新亚研究所,1963 年,第 212 页。
⑤ 《朱子大全》卷六〇,第八册,第 21 页上。

段,约是目的,成德的目的,势必规范了求博的性质与范围。"博而反约"之"反",乃"反求诸己"、"反身而诚"之"反",是要使博文所得者,皆能一一体之于身,见之于行。朱子所说"但于日用之间,随时随处,提撕此心,勿令放逸",正好是对"约之以礼"做了简明贴切的解释。"约"是教学纲要中最具关键性的工夫,"礼"是"立于礼"、"不学礼,无以立"的"礼",它使人"德性坚定"(朱注),是作为立身之本的"礼"。"约之以礼",不只是孔子告诉颜回的"非礼勿视,非礼勿听,非礼勿言,非礼勿动"(12·1)而已,在成德之教中,这句话代表着全部的修身工夫。在这个背景下,我们才了解孔子为何说:"以约失之者,鲜矣!"(4·23)

　　孔子的教学纲要,经颜回的印证,证明确可行之而有效。其所以能行之有效,是因这个纲要并非出之于理论性的设想,而是得之孔子自己追求理想人格的经验。孔子说:"夫仁者,己欲立而立人,己欲达而达人。"(6·30)在成德之教中,如不先使己立、己达,是不可能立人、达人的。孔子成德之教之所以能行之有效,完全寄托在他能以身作则的身教上。"学而不厌,诲人不倦"(7·2),是孔子身教的最佳自白。他一生坎坷,为了得君行道,行走列国的十余年间,危难重重,有时不免饥寒交迫。在如此艰困的岁月中,始终有一批弟子患难与共,所能凭借的,就是他道德人格的感召力量。《韩诗外传》:"智如泉源,行可以为表仪者,人师也。"[①]孔子是中国民间讲学的鼻祖,也是中国史上第一位人师。

五　成德之学的前景

　　徐复观先生说:"今日中国哲学家的主要任务,是要扣紧《论语》,把握住孔子思想的性格,用现代语言把它讲出来,以显现孔子的本来面目,不让浮浅不学之徒,把自己的思想行为,套进《论语》中去,抱着《论语》来糟蹋《论语》。孔子的本来面貌显出来了,时代对他作何评价,只

---

① 《汉魏丛书》,台北,新兴书局,1959 年,第一册,第 108 页。

有一委之于人类自身的命运。"①以上三节的讨论,是否足以显现孔子的本来面目,不敢肯定,但自信成德的工夫、成德的理想与成德之教这三个部分,确是扣紧《论语》,把握到孔子思想的核心与精华;至于孔子的社会政治思想,不过是这核心部分的衍申。成德是本,是儒学的活水源头;政治社会是末,是成德之学的扩充。《大学》云:"物有本末,事有始终,知所先后,则近道矣。""培元固本",应该才是徐氏发出"回归"呼声的真义所在。成德之学是否仍有前景,端看信奉儒学之士今后能否在立本方面多下点功夫。

基于孔子特重"人间性"的精神,因此立本的工作绝不可能脱离社会现实。可是我们今天却生活在一个向往丰裕经济,崇尚物欲享受,忽视精神修养的社会;生活在一个商业文化泛滥,市场型人格横行,并不重视道德人格的社会;生活在一个重理工、轻人文,形成教育的本末倒置,不知身教为何物的社会。如从这方面去看,今日奢谈孔子成德之学的立本工作,岂非天方夜谭般不切实际?

但上述的社会现象,尽管相当普遍,毕竟不是社会的全貌。不久前新闻工作者唐光华先生有篇文章,从社会心理或精神面貌,指出解严后的台湾可分为两个截然不同的精神世界:一是"显性台湾",也就是外国媒体所称的"贪婪之岛"、"最粗暴的民主"的台湾。一是"隐性台湾":"无数不认同拼斗、金权为人生最高价值的台湾人,在不同宗教和道德的指引、鼓舞下,虽然信仰有别,皆不认同物质价值高于精神价值,皆强调博爱、慈悲、正义、公道、智慧、谦让、祥和,这近八百万虔诚的佛教徒、道教徒、基督徒所形成的精神力量,经过十年来的成长,已有逐渐和拼逐金权的力量相抗衡乃至压过的迹象。"②记者的观察虽敏锐,但用语不会像学术研究讲求严谨、精确,今日台湾纵然真有两个精神世界存在,也不可能"截然不同"。人性很复杂,在黑道的社会中,盗亦有道;在以

---

① 徐复观:《中国思想史论集续编》,第 433 页。
② 唐光华:《陈履安和"隐性台湾"》,台北《中国时报》1995 年 8 月 19 日第 11 版。

慈善、功德为名的团体中,不乏伪善者。这不是问题的所在。这篇文章的重要意义,是指出我们这个社会,在道德上同时存在着衰败和再生的两股力量,这是台湾这么多年来,虽然社会失序,人心动荡,多数民众的生活依旧安然有序的重要原因。

道德再生的力量究竟有多大,虽难以估计,但它确实存在,这一点毋庸置疑。只要它存在,社会就有生机,社会就有更新的动力。这股力量也为孔子成德之学在社会现实中从事立本的工作提供契机。

1992年以来,国际佛光会就在台湾社会推动"把心找回来"的运动,进行的方式,除了系列演讲之外,为了配合环保,有净山活动,为了吸引社会大众的参与,也办园游会。所谓"把心找回来",岂不是孔子"反求诸己"、孟子"求放心"的一种更通俗的表达吗?这个运动还有一个具有社教意义且切中时弊的观念,即大力宣导"清贫思想"。这个观念盖由日人中野孝次一本同名的著作所引进,根据原作者的解释,"清贫不是一般的贫穷,这是由自己思想与意志积极创出之简单朴实的生活形态"[1]。它劝导并鼓励世人,去过一种精神自由不为物役的生活。据星云法师的了解,《清贫思想》这本书,略可归纳为四种理念:(1)回归简朴;(2)活在当下;(3)喜舍感恩;(4)同体共生[2]。这四点在中国传统中,早已是儒、道、释三家(或三教),经由精神修养的共法中,所产生的共有的人生智慧。这种修养和智慧在现代社会并未失传,只是没有受到普遍的重视。

中野孝次在书中提到,目前"清贫"一词在日语中已是死字[3]。作为孔子心目中理想人格的"君子"一词,到今天在我们的社会,有时虽被用作"傻瓜"的异称,但它不仅不是一个死概念,一经提起,总不免令人联想到,它仍代表着一个人的单纯、诚恳、可信赖的品质。不久前,在"选举"的热潮中,高希均先生因有见于政治人物光怪陆离的行径,发表了

---

① 中野孝次著、李永炽译:《清贫思想》,台北,张老师文化公司,1995年,第29页。
② 中野孝次著、李永炽译:《清贫思想》,星云序。
③ 中野孝次著、李永炽译:《清贫思想》,第29页。

一篇副题为《先做君子再做大人物》的文章,他认为现代社会中的"君子",须具有下列的特质:"做事上,专注、出色、有原则。做人上,敦厚、谦和、有诚信。态度上,不争、不贪、不献媚。品德上,有格、有节、有分寸。见解上,有创意、有包容、有执着。"①高先生所列举的特质,无一不与两千五百多年前,孔子心目中的"君子"以及孔子自己所表现的人格吻合。我相信这些特质不见得是因熟读《论语》才归纳出来的,而是因为孔子所塑造的理想人格的典范,早已在传统中深入人心,形成共识,至今仍为有教养的知识分子所向往。在今日社会里,千万不要再把"君子"朝"圣人"方面去联想。人间并无圣人,"君子"却是人人可欲的理想。孔子所说"君子",一点也不玄虚,本来就是属于庸言庸行的层次,人人可学可行,只是今日社会流行的价值观中,不是很鼓励人朝这方面去努力。

在台湾的精神世界里,能代表道德再生的一股力量,慈济功德会是一显著的例子。他的主持人证严法师,以其羸弱之躯、平易之貌,却能号召二三百万徒众,出钱出力,奉献社会,这股力量主要来自他以身作则的身教。不论是道德或宗教,要对社会大众的日常生活有影响力,身教或见证是不可或缺的动力。

近十年来,台湾在政治风潮之外,正有一些团体和个人,默默地在推动社会更新的工作。儒家要想在这方面不做历史缺席者,必须为成德之学的立本工作,开发新的着力点。这工作要如何进行?下面是一点初步的构想,希望能引起人文学者的共鸣和讨论。

这工作可从学院内与社会两方面来看。学院方面,目前大学教育正在进行大规模的改革,今后大学的自主性越来越高,希望有创意的大学,能突破现有体制,担负起人文教师再教育的工作。这种教育的宗旨是"人"优先于"文","以友辅仁"重于"以文会友"。经由这种教育的过

---

① 高希均:《何时才有灿烂的日出?——先做君子再做大人物》,《联合报》1995 年 11 月 15 日第 11 版。

程,希望能激发人文教师的成德意愿,并以文质彬彬的君子自我期许。这样的教师,重回到讲台上,可能产生的效果,必不同于往昔。初期可利用假期试行,长远的目标望能做到把传统书院的精神,扎根于现代学制之中,使每一位人文教师,在研究工作之外,在人生的某一阶段,有机会在一特殊的场合,互相砥砺品德,所谓"相观而善之谓摩"。负责再教育工作的单位,在财源上必须独立,并聘请有学养、有热情的学者来主持,同时能号召优秀的人文学者来参与和支持。

社会方面,是把校内人文教师再教育的工作,向社会大众推广。希望社会上有财力的企业家或基金会来募集资金,详细规划,热心推动,聘请富有人文理想和人文素养的教师,定期以小众的方式进行讲学,使社会大众重新认识精神修养、道德人格以及身教,对一个国家社会、文化长远发展的重要性。现在台湾社会富有了,但生活品质并未相对地提高,反而有日渐恶化的趋势。丰富社会大众的精神生活,改善社会大众的生活品质,人文学者责无旁贷。社会性的人文讲学,如有一天能蔚为风潮,对改变全社会的风气,必有助益。至于讲学的场地,不必有固定的房舍,文化中心的一角、学校的一间教室、办公大楼中的一个小会议室、咖啡屋、书屋,都可作为自由讲学的场所。近年来终身教育的理念似已形成共识,终身教育当然不再是为了资格和文凭,正可以使它落实在社会性的人文讲学之中。

以上是我们对孔子成德之学的前景,提出一些粗略的构想,是否可行,望与会学者们来共同讨论。

当代新儒家的心态[①]

一　新儒家的共性与殊性

当代新儒家依照目前研究中国现代思想史者的看法，大抵包括梁漱溟、张君劢、熊十力、钱穆、牟宗三、唐君毅、徐复观这些人物和思想。其中梁先生早年由佛入儒，以比较中西印三支文化之作成名，而以从事乡村建设闻名国内，并曾参与政治，晚年专心于中国文化问题的探讨。张先生早期留学德国，为政治学者，曾参与缔造宪政，晚年精研宋明理学。熊先生曾学佛，因契悟《易经》生生不息之旨，卒归宗于儒，博通经子之学，为一有创见的哲学家。钱先生乃一史学家，戛戛独造，以弘扬中国历史文化为职志，于当代"史料"与"史观"两大学派（从余英时说）之外独树一帜，晚年潜心于理学。牟先生乃一富原创力的哲学家，早年喜数理逻辑，并精读康德，以康德一家之言贯通中西，重建儒学，乃其一生努力的主要目标。唐先生学博愿宏，为一文化意识与道德意识特强的哲学家，早年受黑格尔《精神现象学》的启迪，以宗教的心灵与宗教家的热忱弘扬中国文化的精神价值，一生最大的愿望在倡导一个以儒家人文精神为基调的文化运动。徐先生是中国思想史专家，对传统思想

① 　编注：本文作于 1982 年 10 月 15 日，选自韦著《儒家与现代中国》，台北，东大图书公司，1984 年。

能做切近资料的分析,虽宗于儒家人文理想,由于现实政治的经验,对传统专制文化在现实历史中造成的种种弊端与罪恶揭发颇多。

以上这些人物,个别地看他们的思想各有所专注而有相当大的差别。虽然有差别,但他们在心态上、方向上以及基本肯定上,如略其异取其同,大抵仍有一些共同的特征可资描述,否则以"新儒家"的名号称谓就失去意义。下面列举的各点是初步的尝试:

(1)以儒家为中国文化的正统和主干,在儒家传统里又特重其心性之学;

(2)以中国历史文化为一精神实体,历史文化之流程即此精神实体之展现;

(3)肯定道统,以道统为立国之本,文化创造之源;

(4)强调对历史文化的了解应有敬意和同情;

(5)富根源感,因此强调中国文化的独创性或一本性;

(6)有很深的文化危机意识,但认为危机的造成主要在国人丧失自信;

(7)富宗教情绪,对复兴中国文化有使命感。

当然还有其他的特征,但列举再多,也难避免出现例外,就以上列七点而言,梁先生和徐先生对道统似乎并不重视。此外,现代中国最大的文化课题是民主与科学,新儒家并没有忽略,不过他们对科学的了解和胡适等西化派一样,不要说缺乏真知灼见,连健全的常识也不足,这方面最近林毓生在《中国人文的重建》一文中有很深刻的批评。民主由于新文化运动以来,在知识界一直是热门话题,因此新儒家对产生民主的要件,以及中国所以没有出现民主的原因,远比科学有相应的了解。但对民主与传统文化的关系,看法就不一致,梁先生一方面认为"新中国之建设,必自其政治上有办法始",也就是要走民主的路;另一方面他和晚年的梁启超一样,对中国民主的前途很悲观,宣称"中国不是尚未进于德谟克拉西,而是不能进于德谟克拉西"。唐先生与牟先生则认为,民主乃中国文化的内在要求,内圣外王的基本格局不变,民主是要在内圣基础上开出"新外王"。张先生因是一政治学者,又曾是民主政党的党魁,他说"自孔孟以至宋明儒者之所提倡者,皆偏于道德论,言乎今日之政治,以民主为精神,非可求之于古代典籍中也。……与其今后徘徊于古人之墓前,反不如坦白承认今后文化之应出于新创"。徐先生虽也认为儒家精神可与民主、自由相通,但更重视民主的现实奋斗。

具有上述"殊性"和"共性"的新儒家,崛起于五四新文化运动高潮期中,嗣后二三十年间,一直处于西化派的压力之下。九一八以后虽然民族主义高涨,并未能完全改变现实处境的劣势。1949 年以后,七人中有五位流亡海外,分散于台港和美国,他们以流浪天涯的凄苦心境,在困境中沉潜奋发,经过二三十年的努力,终于为中国文化建立了一个发言台,并延续了中国哲学的一线生机。未来的演变虽难预知,但在这一历史阶段中,新儒家在纠正新文化运动的偏向上已尽了历史的责任。这方面的努力,连一直反对新儒家的殷海光先生,也承认"他们能从非党派性的文化传统中豁出一个醒觉,这在目前的知识分子中是难能而可贵的"。

新儒家虽纠正了五四新文化运动全面否定传统的偏向,但对这个运动中表现的启蒙精神,并没有认真去了解,如五四人物主张思想与知识的多元主义,因而反对思想的定于一尊;主张中国传统的改变,不应只止于政治和法律制度,作为文化核心部分的价值系统也要革新;他们因重视个人权利而主张个性解放。这些对促进中国的现代化都有重大的意义。新儒家应该知道,六十年来所宣扬的中国文化理想以及人文精神,如不经由启蒙精神的洗礼,很难引起这一代知识分子的普遍向往和共鸣。一个社会一旦接受自由、民主的价值,不论过去和现在,无论多么伟大的思想,都必须在自由竞争中接受考验,历史上难以磨灭的真理无不经过重重的考验。

由于新儒家对五四的启蒙精神缺乏体认,于是有意无意间放大五四对传统文化否定的一面,觉其罪孽深重,也不愿深究激发反传统思潮的历史背景,这样不但引起了长期的意气之争,也不免在观念上形成一些自限,今日看来和西化派在心态上、观念上竟然有若干相同的格调,例如:(1)双方的思想内容尽管不同,但并未带动思维方式起革命性变化;(2)由于彼此对立,也难以互相超越;(3)西化派对西方文化传统,新儒家对中国文化传统,都未能就历史的深度探究中西文化传统的多样性与复杂性;(4)就其争论或攻击的言论看,双方皆不免偏狭武断,缺乏开放的心灵,视野和胸襟也不够开阔;(5)不能宽容异见,也缺乏自我批判的精神;(6)过分看重思想的效能,忽略一历史现象的形成,还有思想以外的复杂因素;(7)除了学术性和哲学性的活动之外,双方对传统文化的争议,主要由情感作用、心理联想和价值判断所组成;(8)都喜欢谈大问题,很少反省到是否具有足够的相干知识,因而也不能培养研究问题的风气;(9)都具有使命感和排他性,因此道虽不同,却都以卫道者自居。假如以上指陈的各点能大抵不误,那么我们今后的努力,除了继承双方已有的成果之外,针对以上所表现的心态和观念,我们就不仅要超越五四,同时也要超越新儒家。

二　历史文化观

　　新儒家思想中把上述心态和观念表现得最为突出者,是他们的中国历史文化观。他们对历史文化的主要观点可约之为:(1)历史文化乃"仁心"的充量表现;(2)历史文化是圣贤豪杰精神的表现,为他们的精神所贯注;(3)历史文化乃中国民族之客观精神生命之表现。总起来说即中国历史文化乃精神实体的展现。在进一步讨论之前,我们必须承认新儒家提出这样的历史文化观,完全出于真诚。他们的观点与卡莱尔(Thomas Carlyle)于《英雄与英雄崇拜》中所表现的英雄史观基本上相类似,卡氏不仅具有虔诚的宗教感情,对精神宇宙的真实也有牢不可破的信仰。倡导上述历史文化观的新儒家大抵也具备这些特质。这样的历史文化观出现在思想上全面鄙弃传统之后(事实上中国传统社会文化也在全面崩溃中),在此背景下,为传统的历史文化建立起精神的完美图像,并不是完全不能理解的。凯特布(George Kateb)在他编的《现代人论乌托邦》一书导言中问道:"乌托邦会不会是一种骗局?"新儒家的历史文化观,尽管可能在中国文化的挫败中,唤起某些人乌托邦式的希望,但他们真诚的动机毋庸置疑。

对如此真诚复又感人的观点,为什么要提出来讨论? 最重要的理由,是因这样的历史文化观,不仅无助于对历史文化真相的了解,且可能产生反面的效果,即妨碍对历史文化进行客观的认知。当新儒家宣扬他们的历史文化观时,就曾坚决反对用客观冷静的态度以及科学方法去研究,以为那样就会把历史文化视如死的化石。他们主张对历史文化要抱"同情",尤其要存有"敬意",以为"敬意向前伸展增加一分,智慧的运用亦随之增加一分,了解亦随之增加一分"。新儒家在这里实在是把"研究"或"了解"这个相当复杂的问题过分简化了,很容易引起严重的误解。也许他们这样说只是为了强调"敬意",因为现代中国的知识分子多已对自己的文化传统失去信仰。但既然容易引起误解,就有必要做一简单的解说,何况新儒家至今已有六十多年的历史,虽著书盈屋,但真能帮助当代人了解中国历史文化真相的,似乎尚不多见,一部分的原因就出在研究或了解的方法以及态度上。

不论历史和文化有多复杂,了解其中不同的对象须持不同的态度和方法,尤其应知了解人文方面的态度与方法,多半是在严格的学术训练和长期累积的功力中,慢慢摸索悟出来的。"敬意"只是一种主观的心情,这种心情可能有助于研究对象的选择,一旦进入研究过程,这种心情自然淡忘,研究愈深入,可能因此而增加敬意,也可能因此而减少敬意,不论增加或减少,对研究的学术品质而言都不是决定性因素。历史上有不少大奸巨恶的人物,我们很难对他抱什么敬意,但在研究价值上并不见得有逊于圣贤豪杰。"同情的了解"更主要有赖于认知的训练以及敏感和透入的能力,如仅有道德意义的同情,不一定就有助于同情的了解。过分强调敬意易于使学术研究流于口号且不说,即使有了长期累积的功力,如以敬意为优先,很可能因此而妨碍到知识的诚实与判断。

"敬意"最合适应用的对象，自然是历史上的少数伟人，抱着满怀敬意是否就能对伟人做有效的了解呢？也许不妨就以新儒家中最重视敬意的唐君毅先生对孔子的了解做个例子，他在《孔子与人格世界》一文中，称穆罕默德、释迦、甘地、耶稣、武训为"偏至的圣贤型"，以孔子为"圆满的圣贤型"。既被尊为圣，对尊之者而言，圣人都是最高的，不能再比高下。把孔子推崇到圣人中之圣人的地位，不仅会引起崇敬其他圣人的信徒的排拒，也不可避免地把孔子神秘化、神圣化。从春秋时代发展的历史脉络看，孔子之所以伟大，主要的一点正在他人格的基本特质是排斥神秘化、神圣化的，他领导发展的是一个人文思想的运动，不是宗教运动，他不是教主，他是道德、人文的象征。把孔子推崇太过，使他远离了人群，甚至远离历史，孔子死矣！对孔子人格的本质而言，欲尊反抑，可见敬意伸展，未必真能帮助我们了解圣贤。存在主义哲学家雅斯贝尔斯写过一部《大哲学家》，包括苏格拉底、佛陀、孔子和耶稣，不但有深刻的分析，且有相应的体验，不但注意到他们的独特性，也因他们都能超越了有限的自我，并就他们关切的终极问题彰显他们的普遍意义。雅斯贝尔斯所凭借的主要恐怕不是敬意，而是因为他是一个识解宏通的哲学家。朱熹对孔子的敬意，当不在新儒家之下，他在《答李季札书》中说："不要说高了圣人，高，后学者如何企及？越说得圣人低，越有意思。"他的话对今日崇拜孔子的人，仍值得玩味。

如果新儒家所说中国历史文化是仁心或圣贤豪杰精神的表现，那么与朱熹所说"而尧舜三王周公孔子所传之道，未尝一日得行于天地之间"的话（见《朱文公文集》卷三六《答陈同甫》），恰相反，究竟哪一种看法比较可信呢？萧公权先生三十六年前在《圣教与异端》一文中，讨论过类似的问题，他提出的问题是："但是在儒术独尊的时候，例如汉唐的盛世，孔子之道是否果然实行于政治而为全国大多数人安身立命的领导原则？"萧先生引朱子上面的话代表极端的否定答复，同时引述张之洞、康有为之言代表极端的肯定答复。张之洞在晚清鼓吹保教，因为他相信"我圣教行于中土数千年而无改",从五帝三王到明清,一贯地"政教相维",崇尚儒术。康氏主张立孔圣为国教,因为他相信"孔子为万世制宪",孔子"所为经传,立于学官,国民诵之,以为率由;朝廷奉之,以为宪法"。"中国能晏然一统政治二千年者何哉? 诚以半部《论语》治之也"。萧氏根据史实,就历代帝王的行事作为朱说的佐证,结论是:照我们看来,张、康仅着眼于形式,朱子独严论历代君相的心术及其政事的内容。比较之下,似乎朱说更加确切可信。

也许新儒家对上面的问题根本不感兴趣,因为他们的历史文化观,不是采取历史的观点,而是哲学的观点,由哲学的观点论断文化传统最重要的是所持的中心观念。余英时在《从史学看传统》(《史学与传统》自序)一文中提到,由这种观点看传统,会发生一个无可避免的困难,"即每一位哲学家或思想家所持以衡论文化传统的一组中心观念都是个别的、特殊的。我们究竟何所取舍呢? 取舍的标准又是什么呢?"因此,"这里我们不难看到哲学观点本身所蕴藏的内在限制"。

我们的祖先两千年来一直保持着"天朝型模的世界观"(此为殷海光《中国文化的展望》第一章标题),19世纪中期以后在多次对外战争的屈辱中,这种世界观已一去不复返,新儒家似乎要建立一个"文化中的天朝"以弥补这种意识上的空缺。有的新儒家的确相信,儒家式的人文精神如能转出或融摄西方的民主和科学,不但能救西方之自毁,且足以成为文化生命前进的最高原则,并为人类提示一新的方向。无论如何,这种想法是为了护卫民族文化的自尊,也多少会带给保守主义者情绪上一点满足。可是我们今天的问题,正如林毓生指出的,是"在保存儒家道德传统时所面临的,如何对付历史变迁的重大课题","如果不经历基本的改变(实质意义的),儒家道德传统对新社会是否仍旧有用、有意义"? 林先生是在讨论梁巨川(梁漱溟之父)时提出这些问题的,针对现代的新儒家,这些问题依然有效,因为他们始终没有认真正视过这些关键性的问题。

新儒家在历史文化观中所表露的心态,或许正如心理学家葛登纳

(John W. Gardner)所说:"那些企图逃避转变之潮流的人有一个想法,即立足于高高在上的道德基地,他们断言固有的一切紧紧系于道德和精神之上,改变它们将威胁到这些道德和精神。"中国自清末以来,西方的科技首先获得胜利,接着是政治制度,最后固守的堡垒,就正是在这"道德和精神之上"。如果没有工业文明的冲击,至少在这方面我们根本不必改变,当然也没有固守不固守的问题。可是工业文明业已成为世界性的潮流,已将人类历史推进到一个新的阶段,这个潮流使所有的非西方传统都面临生死存亡的考验,一个国家如不能进入这个潮流——由工业化而现代化,未来的命运将愈来愈坎坷。一个国家的现代化,绝不能止于科技与政治制度(我国即使这两方面仍旧困难重重),价值系统的调整,尤其是道德价值的调整,才是最基本的。

三 民主之根与民主之花

新儒家对民主采取十分肯定的态度,此无可疑,因他们深知,中国如不走上民主之路,不能解决中国一治一乱的循环之局,不能使政权和平转移,也无法限制当政者滥用权力,而这几点正是几千年来造成最大人祸的原因。新儒家对民主问题的思考值得我们重新检讨的,是在民主与中国传统文化的关系上。这种纵贯性联想式的思考方式,不只是新儒家如此,从晚清到现在,已使知识分子的思想纠缠了一百多年,最主要的原因是因为我们有一个民本思想的传统。这个传统到 17 世纪的黄梨洲发展到最高峰,梨洲说"天下之治乱,不在一姓之兴亡,而在万民之忧乐"。这个观念仍是民本而非民主。同时梨洲还提出"有治法而后有治人"的主张,他想到治法的优先性,以及"有治法而后有治人"的先后程序,就克制专制的毒害而言,已属对路的思考。可惜梨洲仅冒出一个孤立的理念,当他论及变法这样重要的问题时,仍然不能不回到"以复井田、封建、学校"的老办法上去,他理想中的政府,依旧只是一个封建、郡县并重的政府。思想家不能不受历史条件的限制,黄梨洲在三百年前未能从民本思想中转出民主，不能责怪他。今天我们的历史条件与三百年前不同，民主早已突破理想的阶段，目前世界上不论西方或东方，都有民主制的国家，我们中国在这条道路上走得虽相当曲折而辛酸，但毕竟已累积了近百年的经验，检讨失败的经验，比"传统—现代"这种纵贯性联想式的思考可能更有效。

　　运用这种思考方式，新儒家可作为一个典型的例子。他们认为中国文化在本源上并无不足，中国文化里也有不少民主思想的种子，因此，民主根本就是中国文化中的道德精神自身发展所要求。这个说法如果为真，必须证明在中国的传统道德精神中，确曾要求过民主，事实上不能证明。不要说在道德精神中从无此要求，即在受道德精神影响，而又比道德精神更落实一层的民本思想中也无此要求。在这一点上新儒家的先驱梁漱溟先生的看法比较合乎事实，他认为中国文化是另走一路，顺着原有的历史条件，中国不会走向民主。新儒家要求我们不要只以一外在的标准，来衡量中国文化之价值，在某些方面这个要求是对的，但民主，或许还可以加上近代的科学，恰恰是"外在的标准"，在这两个标准衡量之下，中国文化的价值绝对不及西方。近代科学和民主未能在中国历史中出现，这个事实已足够证明中国文化在本源上确有所不足。与其恋恋不忘中国传统中那些从未发芽的民主种子，何不多多发掘近百年来中国人民追求民主的痛苦经验！中国的民主前途，毋须再等待中国传统中的民主种子培育成芽，因为近百年来的中国人民为民主奋斗所流的泪与血，早已使民主在中国现代史中生根发芽。中国人追求民主最深的理由，乃在彻底根除中国几千年的祸乱之源，不必是如新儒家所说，是为了中国文化中的道德精神的进一步发展。殷海光先生曾批评新儒家"较富于根源感而缺乏展望力"，以上的分析足为佐证。

　　当然，在当代中国既热爱传统文化又喜思考民主问题的知识分子中，并不是没有人能跳出上述思考方式，前文提过主张"以民主为精神，非可求之于古代典籍中"的张君劢先生，另外一个就是说过"除张君劢先生外,最配在言论上对于民主来说话的恐怕就是区区小子了"的张东荪先生,他在国民党清党后坚持"党外无党"走一党专政路线的时代,因激愤遂与张君劢合组国家社会党。在同时代的知识分子中,他对中国的民主问题是想得比较深刻的一个,他从中国历史文化和当代发展情势加以反省,认为从反省中"可指示我们一条出路,这条出路可以约而言之,是必须彻底实行民主主义,因为民主主义和中国历史上的传统办法完全相反。如果中国仍走历史上的老路,则不仅中国永远不能变为现代国家,并且中国人亦永久得不着人生幸福"。他深知"中国要变为民主却不是一件容易的事,就是因为这样的文明在中国历史上没有十分可靠的根基"。东荪先生在这方面最重要的思考,是他已想到"中国今后要实行民主政治不仅是一个政治上的制度之问题,乃确是涉及全部文化的一个问题",因此中国要走上民主,"亦不仅是在历史上另划一个新纪元的事情,乃必是把中国从历史的旧轨道中搬出而另外摆在一个新的轨道上"(以上引文均见张氏《理性与民主》的《序论》及第六章《中国的过去与将来》)。

如果把中国的民主问题看作是一个涉及全部文化的问题,那么在检讨中国走向民主的过程中所以困难重重的原因时,传统文化里那种根深蒂固的泛道德意识可能很值得我们去分析。由于这种意识,使中国传统的政治被塑造成一个"政治伦理化"的特殊形态,结果儒家内圣外王的一套,在历史上形成空中楼阁,专制帝王变成实际的圣王,作之君作之师,在政教合一的运用下,教成为专制权力一元化合理的根据。中国人民绝不是天生的奴才性格,但三纲五常的教化,长期在专制帝王别有用心的利用下,成为培养驯服性格的工具。泛道德意识对国人生活的影响,恐怕很难避免余英时下面所说的弊病,余先生在《有感于"悼唐风波"》一文中说:"不幸在中国的传统中,一旦形成任何对立,双方(或多方)总是要把它加以道德化,使己方代表正义,而将对方在道德上判处死刑。己方既为正义的化身,骂起对方来自然就气壮山河;至于其中究有几分'理'在,那就不暇顾及了。从中国传统中转出民主精神来

（尤其是容忍异己的精神），所以如此困难重重，其中难道没有可以使我们深刻反省的所在吗?"小至少数人之间是如此，大至政治上的斗争，我们中国人不也总是"使己方代表正义，而将对方在道德上判处死刑"吗?张东荪说："革命派外表上新而内里旧，立宪派外表旧而内里新。"其言真堪玩味。

要矫正传统的泛道德意识，根本之图只有全力推行自由、民主的教育。针对实现民主而言，必须把政治从道德中独立出来（刘述先在近作《从民本到民主》一文中也提到这一点），道德固然不能政治化，政治也不能道德化（当然不是说政治与道德无关），政府替老百姓解决问题不是"德政"，而是责任，中国几千年的历史没有建立起一个向百姓负责的政府，政府不对百姓负责，为何百姓只能容忍？因为主宰政府的皇权是独占的，任谁想侵犯皇权，就是"冒天下之大不韪"，其罪在一切可赦者之外。权力独占是专制一切病祸之源，也是实现民主要解决的最大难题。

四　批判地继承及创造地发展

以上三节我们已率直地指出当代新儒家心态和观念上的一些限制，所以要这样做，是为了对这个新传统有较高的期待，希望今后在中国文化重建工作上能更上一层楼。回顾新文化运动以来，在吸收西学方面，至今没有出过一部西方重要哲学家的中译全集（想想历史上佛教的译经伟业），也没有对任何一位重要哲学家做过全面而深入的研究。大多数学哲学的人，对西方思想传统里那套分析、解释、推论、系统化的思想步骤，仍多停留在口号阶段，没有认真学习。在传统思想的继承与发扬方面，量不能说少，由于训练和功力两者不足，又缺乏学术的严格要求，因此品质普遍低劣。就整个大环境看，六十多年来，学术界始终为服务于政治的意识形态气流所笼罩，学者自弃立场，政治干预学术，结果两方面都深受其害：学术思想贫困，政治不上轨道。在一切的短长之外,新儒家在当代中国学界,是比较能沉潜而真诚的,他们超名利,耐寂寞,力图延续儒家薪火。如果说在心态和观念上表现出一些限制,一部分的原因是由于历史的条件造成,另外则当归咎于新儒家在发展过程中与现代学术思想潮流有所隔阂,因而内部不易培养自我检讨、自我批判的风气。

　　重建中国文化是一历史性的艰巨工程,工作的方式有多种,人文科学、社会科学、自然科学的学者,每一个人都有责任,都可以做出贡献。不论用什么方式工作,都必须培养开放的心灵,并努力消除文化约束与文化偏见,否则很难用客观的态度了解及评价自己的思想传统,也无法真正理解别人的观点。"重建"不是"复兴",也不能老停在"本土运动"的意识,强调本土往往不免要与外来的对抗。重建不是为了对抗,而是要在现代社会、现代生活中革新传统文化的精神与面貌,使我们的社会与生活能朝更合理的方向去发展。在革新的过程中,不可避免地加以扬弃的必然要多于保留的。目前我们的社会,到处都有坏习气和有害的观念,追根究底,大部分与传统有关。新儒家最大的愿望之一,是希望现实政权能由儒家的思想和精神来领导,这是过去两千多年都没有能达到的理想,现在可能更难。在现实上不管愿与不愿,也不管是什么性质的政权,民主、科学、工业化都是中国现阶段文化上既定的方向,任何政权无论遭遇多大困难都必须努力达成这些目标。在这些目标上如想直接以儒家的思想和精神来领导,显然有其困难,如仅图在新的目标上加一个抽象的旧帽子,也没有多大实质的意义。首先的工作,须使传统经典里的思想(不限于儒家)能展现使现代各科知识分子都可以接受的表达方式,不腐朽,不教条,不掩饰是非功过,透过各种方式去表达。现代教育里,凡是专业领域的课程,大部分的知识不是固有的,这个事实说明在现代社会里,传统文化不可能再像过去那样居于绝对主宰的地位,如果表达方式做得好,又能做恰当的提炼,传统的一些智慧,依然可以成为我们的精神资源,依然是国人之间心灵沟通的基础。真正要做好这些工作,必须要有深厚的学术工作作为基础。重建中国文化如不从学术方面打基础,将如无源之水。下面就谈谈站在学术立场对传统文化思想的继承和发扬应采取什么样的态度与方法。

我一向推荐一种批判的态度与方法,我自己的工作多年来一直朝这方面摸索前进。我的经验略同于雅斯贝尔斯所建议的研读哲学的方法,不妨即以此为例,他说:"我们应该用一种对作者有信心,而且对所研究的学科有热爱的态度去从事阅读。在开始的时候,我必须把正文中所讲的全部认为真实而加以研读。惟有让自己完全地被它吸引,以及完全进入那门学科,而再从它的中心挣脱出来之后,才能够产生确具意义的批判。"(见《智慧之路》)可见思想上的批判要奠基于真实的了解上,其中包括热情的投入、信任地跟随,以及尽可能地全部加以理解。这虽已是一个艰难的过程,但主要地还只是考验耐力。更难的是还要能从信服的权威中挣脱出来。明代王阳明的思想能由朱熹的系统中奋斗而转出,就曾经历过类似的历程,阳明是凭借了朱熹在学术上的雄厚资源才能批判朱熹。为什么一定要从信服过的权威中挣脱出来?因为没有一个人或一个学派能独占真理,就如同没有一个民族能独占文明一样,人类的文明是世界所有民族共同创造的业绩,历史上的真理也是由无数终身献身于学术思想的哲人(不限于哲学家),出入于千门万户,在交光互影中才能显现它的光辉。熟习不同的观点,深入不同的思路,然后能进行批判。达到这一步,不仅需要耐力,还需要勇气与识见。学术思想的发展、创新,批判是必经之路。朱熹的学思传统,是因经由阳明的批判,才使它在官方的利用中仍能免于僵固。阳明以后数百年,尊朱也好,抑朱也好,朱学大抵居于学术中心的地位。先秦诸子为什么能号称中国学术思想的黄金时代,主要是因为诸子百家在彼此抗衡中敢于显露自己的见解和思路,因此互相批判,争论不休,所谓百家争鸣、百花齐放,正是思想活力充沛之象。有位政治学者说过:异见是社会进步的工具。在学术的领域里,也不例外。有志于从事批判和创新工作者,应该学习容忍异见。容忍异见,不只是表现雅量,而是对代表人类理智和自由精神最高表现的学术的尊重。

傅伟勋最近给我的信中,提到"批判地继承及创造地发展",恰好把我多年所思以及想要做的,用最简约的文字表示出来。伟勋对这方面的问题,有许多独到的见解,可惜还没有机会写出来。回信中我忘了告诉他,去年张灏写《再认"传统与现代化"——以传统批判现代化,以现代化批判传统》一文,已为我们的想法提供了一个很好的例样。张灏为了矫正从本世纪初的梁启超到殷海光"以现代化批判传统"的偏向而撰此文,文章从两个不同的角度,就传统与近代二者之间的关系,做一种"辩证的"、"双轨的"讨论。他对前辈批判的再批判,也正点出我多年来工作的缺失,促使我的反省,深觉这种双轨式的讨论,不仅颇有助于达成"批判地继承"的目标,也更能为完成中国文化"创造地发展"培养出更好的条件。

林毓生于 1967 年给他老师殷海光先生的信中,就曾提出 creative reformism 的观念,后来又修正为 creative transformation of Chinese tradition,近年在台湾"创造地转化"一观念已渐流行,这个观念在我看来似是"批判地继承及创造地发展"的凝缩,《中国人文的重建》一文毓生现身说法,为他深思熟虑的观念,做了一次精彩的展现。

去年初余英时发表《试论中国文化的重建问题》,文中也提到"中国文化重建的问题事实上可以归结为中国传统的基本价值与中心观念在现代化的要求之下如何调整与转化的问题",针对这个问题,他扼要地检讨了新文化运动以后思想界的成就与缺点,毫不隐讳地一再指出中国现代思想贫困这一事实,他说:"七十年来,我们都在'临渊羡鱼'的心理状态下蹉跎过去了,但'退而结网'的工作却始终没有认真地进行,这是今后必须补足的一课";"即使是对学术思想有真正兴趣的人也不免看事太易,往往根据西方某一家之言便要想贯通中西,以达到陈(寅恪)先生所谓'思想上自成系统'的境界。杜威、罗素、马克思、黑格尔、康德等等都曾先后在中国现代思想史上扮演过'西方圣人'的角色。这种浮薄的学风一直流传到今天,还没有完全矫正过来"。英时在文中再三阐述的"退而结网"、"退而更化"的观念,我想与"批判地继承及创造地发展"之意当亦不相远。

英时、毓生、张灏三位先生的文章，都使我获益匪浅。更重要的是，它们代表一种思想的自觉，得来非易，本于这种自觉，将使中国文化的重建工作进入一个新的阶段。

儒家伦理在"台湾经验"中的角色[①]

一 引言

台湾在过去四十年中,"儒家传统与现代化"这个论题,不但经过很繁复的讨论,而且在不同的年代里,也有过很大的变化。如不涉及其繁复的内容,仅由大趋向来看它的变化,大抵可分为下列几个阶段:

(一)1950 年代与 1960 年代,这个论题基本上是西化主义与传统主义之争,是五四新文化运动以来,反传统主义潮流的延续。因此二者之间是属于两种不同意识形态的争论,西化主义者笼统地认为儒家传统有碍于中国的现代化,而传统主义者在论争中,无异是在打一场传统保卫之战,彼此强烈地对立,互相攻击对方。这一类型的争论,集中而典型地表现在 1960 年代的"中西文化论战"之中。

(二)1970 年代,美国的现代化理论,在台湾的学术界和知识界相当流行。提倡现代化理论的学者,主要的关怀在促进台湾社会的现代化,"儒家传统与现代化"虽不是他们研究的主题,但对这个论题却产生了实质性的影响。首先,他们把以往意识形态化的争论,转变为学术问题来研究,凡是受过专业训练的现代化的学术工作者,都知道要吸收西方现代的成果,必须在传统的基础上进行,因此,传统与现代不可能再是

---

① 编注:本文选自韦著《中国思想传统的创造转化》,台北,洪叶文化公司,2000 年。

敌对的。到 1980 年代初,这一派学者经由自我检讨与反省,而正式提出"中国化"问题时①,很自然地会产生出一种更为同情的态度去理解传统。

差不多在同一时期,一些思想史学者,从中国近代思想史的研究中,不断指出传统与现代之间有着复杂曲折的辩证关系,并认为"传统"与"现代"之间的纠缠关系的解决,必须对历史的、社会的具体问题做具体的分析与考察,并以此为根据"对中国传统进行创造的转化"②。在整个 1980 年代里,"创造转化"的观念,不仅在思想史领域被广为引用,社会科学的学者也有讨论。很显然,这个观念比"现代化"更能切入论题的核心。

(三)在 1980 年代里,与上述论题最为贴近的,是由"韦伯理论"、"儒家伦理"、"东亚经济发展"三者交织而成的热门话题,在中外学者联手炒作下,这个话题所引起关注的范围,仍在扩张之中,在一些弘扬儒学人士的心目中,儒家伦理成为推动"东亚四小龙"(台湾、韩国、香港、新加坡)经济发展的动力,几乎已是无可质疑的事实③。这种现象并不难理解,儒家传统受挫至少已有大半个世纪,而今在一般人的印象中,儒家伦理业已解体的情况下,这一源自西方的学术讯息,自然令人振奋。

事实上"儒家伦理与东亚经济发展"这个话题,它的声势远大于实质的意义,因为至今这方面还很少实证性的研究,即使在少数相关的实证性研究中,可以知道一些确凿的证据,能证明儒家伦理有助于东亚经济发展,我们也应知道它只不过是促成东亚经济发展的众多因素之一。

---

① 有关这方面的问题,可看李亦园为《现代化与中国化论集》所写的序文,该书 1985 年由台北桂冠图书公司出版。

② 杭之:《一苇集——现代化发展的反省断片》(续篇),台北,允晨文化公司,1987 年,第 249—250 页。

③ 例如傅佩荣:《儒家为现代化提供伦理基础——从韦伯对儒家的批评谈起》,台北《中国时报》1986 年 8 月 19 日第 2 版。又如牟宗三:《九十年来中国人的思想活动》(下),台北《联合报》1990 年 7 月 10 日副刊。

本文的主要目的,是希望透过包括经济、政治、家庭、社会在内的"台湾经验",看看作为经济发展众多因素之一的儒家伦理,在其中究竟扮演何种角色,我相信这是澄清甚至解决长期以来儒家伦理与现代之间的纠缠关系,一条比较有效的途径。讨论的范围因包括四方面,所以也可了解儒家伦理在不同的领域里,扮演的角色是否也有所不同?

　　本文原先的题目是"儒家伦理在台湾现代化过程中的角色",现在经过郑重考虑,决定以"台湾经验"取代"台湾现代化过程",理由是:不管你用什么眼光来看,"台湾经验"都是客观存在的事实,而"台湾现代化"却容易引起争议。例如:台湾是不是已经现代化? 如果是,它又是什么意义的现代化? 有人认为相对于西方,它是现代化的第二个例子①,也有人认为它是一种依赖性的现代化②,当然还可能有其他的看法。为了不卷入这些争论,我决定用"台湾经验"。

二　儒家伦理与经济

　　根据以往一些经济学家和社会科学家,对形成东亚经济奇迹原因的探讨,大抵可归结为三大类的因素:(1)政治及法律;(2)经济及地理;(3)社会及文化③。这三类因素究竟哪一类因素最为基本,到目前为止,仍是聚讼纷纭,有的偏向于地理,有的偏向于制度,有人在二者之间徘徊,也有人认为社会及文化的因素才是最基本的。

　　下面让我们参考这些因素,看看台湾的情况。

　　政治方面,在长期的威权体制和强人统治之下,对民主政治的发展相当不利,但对经济在大方向上则趋向于开放。法律方面与政治类似,四十年来对"选举"始终缺乏公正合理的游戏规则,对经济为了回避过

---

① 这是社会学家彼得·柏格的说法,见其讲稿《一个东亚发展的模型:战后台湾经验中的文化因素》,台北《中国论坛》第 222 期(1984 年 12 月 25 日),第 20 页。
② 杭之:《一苇集——现代化发展的反省断片》(续篇),第 269 页。
③ 黄光国:《儒家思想与东亚现代化》,台北,巨流图书公司,1988 年,第 5 页。

时或太繁琐法规的不利影响，而以"特别法"来处理。

　　经济方面，1960 年新经济政策的确立，是促使经济快速成长的一大关键。这一政策对出口经济具有最大影响的有三项：(1)奖励投资；(2)外汇改革；(3)创设加工出口区①。地理因素不只是因台湾与大陆隔离，据历史学家余英时先生指出，至少从 16、17 世纪以来，一个东南沿海的商业中国(简称为"海洋中国")便逐渐在成长中，而台湾愈到后来则愈成为这一新发展的最前哨。1868 至 1894 年之间，台湾对外贸易的成长速度，已在中国大陆之上。海洋的商业中国，是从中国文化传统内部逐步发展出来，台湾所以能够基本上完成从内陆向海洋的转化，与这一自然演变的过程有一定的关系②。

　　社会及文化因素，不只是因为二者不容易截然划分，而且牵涉广泛，如上述地理因素中就涉及文化因素，又如有助于经济发展的高储蓄率，它既有文化因素，又有社会因素。这方面下文将就其核心部分的伦理加以探讨。

　　有的经济学家认为，远比以上这些因素重要的是人的因素，"东亚四小龙"在开始快速经济成长之前，都曾从境外获得大批的企业家。中国大陆在 1930 年代及 1940 年代曾培养了大批企业家，但其中几乎半数的人于 1949 年都逃亡海外，散居于台湾、香港、新加坡。韩国亦复如此。这四个地区所集聚的企业家，人数占总人口的比例，远远超过了其他任何开发中的国家③。

　　在这里我所以要列举一些儒家伦理以外的因素，除了为前文所说，儒家伦理只不过是促成经济发展的众多因素之一提供佐证之外，更重要的是，希望今后针对这样的话题，应实事求是，不必予以夸大和膨胀。

---

① 林钟雄：《开放经济下的经济问题》，见《中国论坛》丛书：《台湾地区社会变迁与文化发展》，台北，联经出版事业公司，1985 年，第 215—216 页。
② 余英时：《台湾的认同与定位——一个历史的观察》，台北《中国时报》1990 年 2 月 11 日第 2 版。
③ 赵冈：《儒家思想与经济发展》，台北《中国论坛》第 307 期(1988 年 7 月 10 日)，第 80 页。

伦理因素在经济学家的心目中,相对于积极方面的人的因素而言,它不过是消极方面的因素而已①。

此外,儒家伦理若以五伦为例,它具有伦理学的意义,属于学术思想层次。五伦演变为三纲,它虽继承了五伦的关系,却转换了合理的依据,使原先相对伦理的性质转化为绝对伦理,而有了权威主义的性格。经过这一步演变,使儒家伦理具有意识形态的意义,再进一步的制度化,使三纲的伦理在法制上获得强制性的保证。最后一步是经由社会化(传统所谓教化)而成为风俗习惯——所谓化民成俗。

以上演变的区分,只期有助于我们认识与经济发展相关的儒家伦理究竟是什么意义。1984 年 9 月,美国波士顿大学社会学教授彼得·柏格来到台湾,我为《中国论坛》策划一个以"从台湾经验看世俗化儒家与资本主义发展"为题的讨论会②,会中柏格发言与本文相关的部分,提到"后儒家主义"与"庸俗化的儒家"。所谓"庸俗化的儒家",是指一套推动市井小民遵循的信仰与价值,其中主要的有:敬重上下之别、对家庭献身、工作纪律、节俭的美德、忠诚等③。在他看来,这些沿自传统的价值,与西方个人主义的观念大不相同,而且是以一种截然不同的方式来"反应"现代化的④。

李亦园教授接着发言,他一方面很欣赏柏格用"后儒家主义"的概念,另一方面觉得与其用"庸俗化的儒家",不如用人类学的"小传统"观念。就"小传统"来看,李教授认为柏格所说的那些,未必是真正的儒家思想,实际上只是中国人的基本生活态度⑤。他的意思是说,在一般中国人身上所表现的那些价值,不单单是来自儒家,也混合了其他各家的

---

① 赵冈:《儒家思想与经济发展》,台北《中国论坛》第 307 期(1988 年 7 月 10 日),第 80 页。
② 见台北《中国论坛》第 222 期(1984 年 12 月 25 日)。
③ 柏格在讨论会上发言,提到这两个观念,没有解释(也可能是记录不周),解释见《一个东亚发展的模型:战后台湾经验中的文化因素》,台北《中国论坛》第 222 期(1984 年 12 月 25 日),第 17 页。
④ 台北《中国论坛》第 222 期(1984 年 12 月 25 日),第 28 页。
⑤ 台北《中国论坛》第 222 期(1984 年 12 月 25 日),第 28 页。

思想,例如敬重上下之别、工作纪律、节俭、忠诚,墨家也同样强调,佛教虽传自印度,等它成为中国传统的一部分之后,也不能例外。由此可知,一般讨论与经济发展攸关的儒家时,"儒家"已成为中国文化传统中的价值系统和伦理精神的代号,不只是指那个与各家对立、分庭抗礼的儒家。五伦的观念,乃儒家思想主要特色之一,它并不与各家分享。以上所说"庸俗化的儒家"或"小传统",是"大传统"中的三纲伦理意识形态化之后,再经由制度化、社会化而形成;所谓"混合",所谓"中国人的基本生活态度",也是经过步步落实到社会大众生活的过程中才能进行、才能铸成。与经济发展攸关的儒家,主要指的是意识形态化以后的儒家,不是伦理学意义的儒家。

李亦园在发言中还提到,功利主义在台湾社会变迁中,尤其是在经济发展过程中,扮演相当重要的角色[1]。就理想主义的儒家而言,当然是重义轻利,不可能把"利"纳入伦理的价值之中。不过就孔子"君子喻于义,小人喻于利"所言来看,"义"与"利"应了解为两种不同角色的不同价值,在君子,重义轻利理所当然,可是对小人(众庶百姓)趋利的现象,照孔子之意,应该也是无可厚非。因此,把功利主义纳入儒家的伦理范围,并不奇怪。

在讨论会上,吴荣义教授根据他的实证研究,提出实际的例子,支持功利主义流行的说法。他指出,台湾农民对利润、对新品种的反应不但很快,而且追求的意愿很强烈,只要有赚钱的机会,只要新品种、新技术能获利,就很容易被接受。厂商也是如此,这就是台湾小工厂那么多的原因[2]。

不论是心理学或社会学,大抵已证实一项理论,即国民的成就动机,乃是促成一个国家经济发展及现代化的动力之一,国民成就动机越普遍、越强烈,经济的进步也越快[3]。所谓成就动机,是指个人对于自己

---

[1]　台北《中国论坛》第 222 期(1984 年 12 月 25 日),第 28 页。
[2]　台北《中国论坛》第 222 期(1984 年 12 月 25 日),第 30 页。
[3]　威纳尔编、林清江译:《现代化》,台北,台湾商务印书馆,1970 年,第 12 页。

所认为重要或是有价值的工作,去从事、去完成并欲达到完美地步的一种内在推动力量①。

黄光国教授在《儒家思想与东亚现代化》一书中,讨论到儒家伦理与成就动机的关系时,认为在儒家伦理影响下,促使个人追求成就动机的来源可能有三种:(1)个人从工作本身所获得的满足感,也就是西方心理学所谓的"内在动机"。(2)个人以其工作获取报酬后,以之满足个人及家庭成员之需求,所获致的满足感。(3)个人因为工作成就,受到关系网内其他人的尊重,自己觉得很有"面子",因而在精神方面产生的满足感②。

这种成就动机,最具体地表现于台湾数量惊人的家庭企业之中③。今日台湾经济的成就,家族企业(台湾地区中小企业的组织形态大多是属于此类)实功不可没。儒家伦理在家族企业中的运作,有以下几个特点:(1)企业所有权通常操握在某一家族手中,企业的经营者也就是其所有者,因缺乏规章制度,企业主为防止他人权力之滥用,往往大权独揽。(2)当企业组织成长到相当规模,通常企业主会指派他的家人或亲属担任重要职位,没有亲属关系的人只能做基层员工。(3)由于企业中缺乏明确的规章制度,经营者很难以具体客观的标准来评定员工的工作绩效,因此他们往往特别重视员工的"忠诚度"④。

在儒家伦理支配下的家族企业,因往往会把企业内的员工划分为"自己人"和"外人"两大类别,因此为企业经营造成一些问题:(1)因家族企业的用人往往是"牵亲引戚",不容易用到真正的人才。(2)企业中的员工既有"内""外"之别,业主很难把所有员工都视同自己人而尽力在各方面予以照顾,而员工也往往把公司视为业主的私人财产,谈不上

---

① 张春兴、杨国枢:《心理学》,台北,三民书局,1969年,第149页。
② 黄光国:《儒家思想与东亚现代化》,第285页。
③ 根据台北"行政院"主计处1983年出版的《1981年台闽地区工商业普查,第一卷:综合报告》,民营企业有520400家,其中绝大部分属家族企业。
④ 黄光国:《儒家思想与东亚现代化》,第313—314页。

对这个公司共同体的忠诚或牺牲。(3)因对公司认同感的缺乏,最直接的反应即在员工的流动率上,据熟悉台湾企业界的日本人西村敏夫就指出,台湾中小企业员工的平均转职率一年大抵有50%,有些甚至高达100%。(4)在流动的员工中,较有能力者,往往自立门户,"宁为鸡首,不为牛后",造成台湾被讥为"满街董事长"的现象①。

儒家伦理及家族观念的制度化,对传统中国的经济,曾产生三种不利的影响:(1)儒家的家族观念要求,造成了人口的膨胀。(2)长幼尊卑的伦理,对企业精神的发挥,有严重的妨碍。(3)家族观念在工商业中形成一种技术保密的传统,这个传统使生产单位无法享受规模经济②。在台湾由"经济挂帅"主导的社会变迁中,这些不利的影响,多已改变。近十年来台湾节育制度推行得很成功,现在担心的已不是人口膨胀,而是负成长带来的人口老化问题。所谓技术保密的传统,早已被专利制度所打破,但也产生了"企业间谍"的新问题。上下尊卑的伦理,在家族企业中,虽仍有影响,但家族企业的创业者,多是年轻人,所以这方面的影响,多半只存在于少数规模较大的家族企业中。

台湾能创造"经济奇迹",除了活力充沛的"人治式"家族企业之外,还有规模庞大的公营事业,还有引用西方式管理的"法治式"的民营企业和外资企业。法治式的企业,可减少人治式企业里造成的问题,当家族企业发展到相当规模时,往往设法弃"人治",就"法治",走向制度化③。台湾要想保持经济成长的优势,必须使产业升级,走高科技之路,而今数量庞大的家族企业,已成为产业转型、产业升级的绊脚石。可以预见到的是,台湾高科技之路如能成功,法治式企业将逐渐取代人治式企业,在这个过程中,儒家伦理在经济发展中扮演的角色及其发挥的功能,也将越来越式微。

---

① 陈其南:《中国人的家族与企业经营》,见文崇一、萧新煌主编:《中国人:观念与行为》,台北,巨流图书公司,1988年,第137、139、140页。
② 赵冈:《儒家思想与经济发展》,台北《中国论坛》第307期(1988年7月10日),第80页。
③ 黄光国:《儒家思想与东亚现代化》,第315页。

三 儒家伦理与政治

儒家伦理在"台湾经验"中政治方面的角色这个问题,以往不但未能像经济方面成为热门话题,实际上一直是个很忌讳的问题,因为它不可避免的,要涉及到国民党政治意识强烈的文化政策,和专权的政治形态。

1988 年 8 月,我在新加坡"儒学发展的问题及前景"的会议上,发表《儒家与台湾的民主运动》的论文,我获得的结论是:台湾所以能有持续性的民主运动,最重要的是依赖三个条件:(1)有一部相当符合民主精神的法律;(2)经济发展培养了充沛的社会力;(3)自由知识分子与党外政治运动家不懈的奋斗。所以朝野对今日已有的民主成果,都有直接或间接的贡献,但与儒家——不管是哪种意义的,并无直接的关系①。

这篇论文,主要是由民间社会发动的民主运动这个角度,来讨论儒家与民主的关系。现在讨论儒家伦理在政治方面的角色,就必须换个角度,从官方的意识形态和政治体制去看问题,由这个角度去看,儒家伦理与现实政治之间,有着很密切的关系。

1966 年 5 月,中国大陆开始"文化大革命",同年 11 月,台湾开始推行"中华文化复兴运动",这个运动诚如李亦园教授所说:"一方面是以重整固有伦理道德为重心,另一方面也是要以重整传统伦理的精神以对抗共产党政权,所以在本质上其所含的政治意义大于文化意义。"②

台湾的文化复兴运动,不能说完全没有正面作用,例如在整理经典古籍方面,由于官方提供巨额经费,确有贡献。同时,因学界受到奖励,也带给古典研究新的刺激。不过在倡导伦理教育方面,主要并不只是把儒家伦理当作一门伦理学去教,而是继承了传统与专制皇权相结合的三纲

---

① 韦政通:《历史转捩点上的反思》,台北,东大图书公司,1989 年,第 183 页。
② 李亦园:《文化建设工作的若干检讨》,见《中国论坛》丛书:《台湾地区社会变迁与文化发展》,第 309 页。

意义的权威伦理,并且有计划地透过教育政策,编入相关的课程之中。

　　根据《中华文化复兴运动纪要》,1966 年 11 月 14 日:"全国各界人士代表会商为响应中华文化复兴运动,决扩大表扬好人好事,并配合推动忠孝运动。"①毕竟时代不同了,像专制时代政治化的泛孝主义,已无从说起,所以孝道的提倡,大抵已回归到社会的意义。至于忠,在中国传统里,它的涵义本很复杂,且有多方面的功能②,与专制皇权结合之后,才把忠定位于效忠君王的绝对伦理。台湾国民党政权所提倡的忠之伦理,主要在要求人民效忠"党国",尤其在效忠领袖。为了配合这种需要,"教育部"于 1968 年 9 月修正了《青年训练大纲》,规定青年要"信仰并服从领袖"("领袖"上面要空格,保存了封建的陋习),在实施要点上,则要求教师们"讲述领袖之言行,激发其信仰领袖、服从领袖之情绪,使青年耳听心维,时时刻刻心领袖之心,行领袖之行"③。要求教师们讲述,不一定真有效,还要强制性地纳入国民教育课本。

　　靠政治力量贯彻下来的伦理教育,它的效果如何呢?叶启政教授的话,可帮助我们做一评估,他说:"我们必须明白,企图以政治上之权力运作来贯彻和肯定思想意识,往往只能达到行为表面的顺从。这种顺从本质上乃是在政治权力压力下的勉强认同,外力一出,反抗力就会浮现出来。"④所以,效果是有的,但很脆弱、很畸形、很表面,在民间政治运动未兴起之前,许多青年,一离开台湾便开始"反动",当局从未深切反省过这种教育方式之不当。等到民间政治力量壮大之后,尤其在解严后这几年,这种教育虽已遭到知识界严厉的批判,至今仍看不出有全面更张的迹象。

　　台湾的文化复兴运动,曾投入大量的财力与人力,因当道昧于文化对人的意义主要存在于无意识的内含层次,只有在自然而然地无意发

---

①　该书于 1981 年由"中华文化复兴运动"推行委员会主编、出版。
②　参看韦政通:《中国哲学辞典》,台北,大林出版社,1977 年,"忠"字条,第 409—411 页。
③　以上均见:《训导法规选辑》(非卖品),台北"教育部"训育委员会,1981 年编印,第 18 页。
④　参见叶启政:《三十年来台湾地区中国文化发展的检讨》。

展中,有意义的作用才会真正形成;也不了解寻找文化的发展最有效的方法,是要为它创造一个自由合理的环境,而不是企图要加上什么,或给予什么限制①。结果,推行中华文化二十多年,中华文化在社会大众的意识中却愈来愈"异化"。儒家伦理,在这个运动中成为僵化的教条,成为老官僚谋取私利的工具,成为现实政权的护身符,延误了从农业社会转向工业社会,必须重建新伦理的时机,结果导向今日伦理道德全面崩解的危机。

儒家的伦理思想是很丰富的,大抵可分为三大类:(1)个人伦理;(2)社会伦理;(3)政治伦理。希圣希贤的工夫,如格物、穷理、涵养、察识、克己、静、敬,属于第一类;孝顺父母、敬老慈幼、夫妇及朋友之道,属于第二类②。这两类的伦理,并不因时代的不同而丧失其意义。即就第三类而言,除了意识形态化的三纲绝对伦理之外,还有"自古皆有死,民无信不立"的重"信"的政治伦理,还有贵民、爱民、利民、重视民意、民为邦本的民本主义的政治伦理,这个传统虽与民主文化中自由、人权、法治不同,但并不冲突,不但不冲突,如善加运用并发挥,可有助于民主文化的建立。因新文化的吸收,如有类似的文化资源,又能在传统的架构中进行,将有事半功倍的效果。台湾当局,所以特别青睐于儒家传统中意识形态化的绝对伦理,与它的政治形态是分不开的。

国民党在大陆时,历经艰辛才制定了一部"宪法",退守台湾,在政局安定后,如肯下决心实行"宪政",无论是岛外的形象、地位,或是岛内民心的团结上,一定不致弄得像今天这样糟。可是,当外在压力日渐消除,它实行"宪政"的意愿也越来越低,首先是施行"戒严法",剥夺了人民法定的大半权利,接着又制定"动员戡乱时期临时条款",使"总统"任期改为终身,并享有无上权力,使中国几千年来,由"人治"转向"法治"的希望落空,而成为以个人意旨和性格为准据的强人统治的政治形态。

---

① 李亦园:《文化建设工作的若干检讨》,见《中国论坛》丛书:《台湾地区社会变迁与文化发展》,第336页。

② 参看杨慧杰:《朱熹伦理学》,台北,牧童出版社,1978年,《目录》。

　　在民主国家,文官及军事体系是超出政党之外的,在台湾由于一党独大和强人统治,文武机构皆仍属党的领导与运作的范围。精英分子想参与其中,获得较高的职位,最不可或缺的条件,就是要忠,对领袖、对党的绝对忠贞不二,要较个人自身的其他条件与成就,如学识、品德等,更为重要。这种传统的政治伦理,在现时还是相当地发生作用①。

　　尽管台湾已经过四十年从地方到"中央"的局部选举,尽管从1970年代中期以来,民间的民主运动蓬勃发展,但据政治学者近年来对台湾地区政治文化的实证研究,一般民众对五种权力关系(成员与成员之间、权威机构权力的来源、个人行使权力的范围、社团行使权力的范围、权威机构相互之间)指标的价值取向,仍停留在现代民主与传统极权之间的转型阶段,学者们通常称之为威权政治。特征是:在平等权、自主权、自由权(个人自由)、多元权(社会自由)及制衡权的五类取向中,对自由权、多元权取向,并没有达到文化的共识标准,而反面的共识却可达到。也就是说,台湾的政治文化,直到最近仍不在意政府机构的权力对民众的社会及个人自由的干预②。这说明儒家政治伦理中意识形态化的绝对伦理,因两千多年来内化到社会心理及个人人格,其影响迄今犹存。

四　儒家伦理与家庭、社会

　　在传统中国,家或家族与社会是重叠的,所谓社会关系网络,差不多就等于家族关系网络,因此,梁漱溟先生可以说"中国是伦理本位底社会",因为它是"以伦理组织社会"③。但在"台湾经验"中,家或家族的传统功能已逐渐减少,大半已不再是一个生产、消费、教育、娱乐及宗教

---

①　胡佛:《中国人的政治生活》,见文崇一、萧新煌主编:《中国人:观念与行为》,第102页。
②　胡佛:《民主政治的迷思与实践——促进中国民主政治的建议》,台北《中国时报》主办"中国民主前途研讨会"(1989年8月16—18日)论文。
③　梁漱溟:《中国文化要义》,香港,集成图书公司,1963年,第78页。

崇拜的单位①。所以下面讨论儒家伦理在社会中的角色,也不妨把家庭独立出来看,当然,儒家伦理在家庭和社会中的角色,二者之间并非全然无关。

传统五伦中,有三伦属于家庭:父子、夫妇、长幼,父子之间讲求父慈子孝,夫妇之间讲求相敬如宾,长幼之间讲求上下尊卑的礼节。旅美人类学家许烺光先生,曾就各民族家庭中各种人伦关系予以分析,而将中国家庭定位为以父子关系为主轴的文化,因此孝之伦理,受到特别的重视与强调②。

在传统社会受到特别重视与强调的孝道,在台湾日渐工业化、都市化的社会变迁影响下,它的角色是否也起了重大变化? 根据社会学者朱岑楼教授于 1977 年向家庭专业工作者(包括大专讲授有关家庭课程与报纸上和家庭有关的副刊编辑)的一项调查,在收回的 98 份问卷中,有一半以上认为台湾家庭的重大变迁是:(1)以夫妻及未婚子女组成之家庭增多,传统式大家庭相对减少;(2)父权夫权家庭趋向于平权家庭,长辈权威趋于低落;(3)职业妇女增多,妻之经济依赖减轻,家计趋向于共同负担;(4)传统家庭伦理式微,祖先崇拜不若过去之受重视;(5)家庭功能由普化趋向于特殊化,以满足家人情感需要为主,其余则转由社会负担;(6)传统孝道日趋淡薄,家庭非若以往以父母为中心,而趋向于以子女为中心;(7)夫妻不再受传统伦理的束缚,趋向于以感情为基础,稳定性减低,家庭纠纷增多,离婚率升高;(8)传宗接代观念减轻,家庭人数减少;(9)教养的方式,已由严格管制转向尊重子女人格的独特发展,且养儿不再全是为了防老,子女均受教育,轻重之别趋于淡薄;(10)家人相聚时间减少,关系趋于疏离,冲突增多③。

① 杨国枢:《中国人的蜕变》,台北,桂冠图书公司,1988 年,第 51 页。
② 李亦园:《中国人的家庭与家的文化》,见文崇一、萧新煌主编:《中国人:观念与行为》,第 132 页。
③ 朱岑楼:《中国家庭组织的演变》,见其主编:《我国社会的变迁与发展》,台北,东大图书公司,1981 年,第 260—261 页。

以上十项,虽仅是家庭专业工作者的印象,但距离事实盖亦不致太远。1977 年以后,台湾社会自由化的程度日增,妇女就业也更普遍,所以这种趋向的百分比,只有更高,不会减低。参考十项内容,如果说儒家伦理在现代台湾家庭中已日渐式微,应该可以成立。根据最新的资料,台湾离婚率已有窜升趋势①,可见家庭两性问题的严重。至于上下尊卑,在家庭里——特别是在中产阶级的家庭里,虽不致完全消失,在主观愿望上大概已很少人有这种需求。

孝道则比较特殊,据心理学者黄坚厚教授于 1977 年、1982 年两次对国中、高中、大专学生所做的问卷,就孝行是否有必要这一项,青少年几乎都认为在今日社会生活中,行孝仍然是必要的,只有极少数几个人,持反面的意见。在行孝的困难程度这一项,年龄增加时,认为行孝的困难程度亦随之增加,这固然和青年的独立性及活动范围随年龄增加而增大,有连带关系②,更重要的恐怕是因年纪越小,越受到父母的呵护,越大,父母对儿女的要求也越多。照这个趋势推论,成年以后,其困难的程度应会更大。

认为孝行有其必要,属于理智的判断,何况讲求孝道本来就是中国文化的一大特色,而事实上讲求孝道也没有什么不好。可是一落到实际行为上,就会发现窒碍难行,在上述问卷中,大专青年认为"不符合现代生活"、"不易实行","最不赞成"的孝行有"绝对顺从"、"传宗接代"、"和父母同住一处"、"物质方面的奉养"、"不远游"、"晨昏定省"、"由父母安排婚姻"③。其中只有"奉养",如果经济条件许可,较容易做到之外,其他各项,在工商社会,有的是事实上做不到的,如"绝对顺从"、"不远游"、"晨昏定省";有的是父母不应干预的,如"传宗接代"、"由父母安

---

① 根据统计,1981 年,台湾地区是 4.2‰,台北市 6.8‰,高雄市 5.7‰。到 1988 年,台湾地区是 6‰,台北市 8.3‰,高雄市 8‰。
② 黄坚厚:《现代生活中孝的实践》,见《传统文化与现代生活研讨会论文集》,"中华文化复兴运动"推行委员会 1982 年主编、出版,第 286、289 页。
③ 黄坚厚:《现代生活中孝的实践》,见《传统文化与现代生活研讨会论文集》,第 292 页。

排婚姻";有的即使愿意,在大都市谋生者,也不一定能办得到,如"和父母同住一处"。

1977年4月,"中华文化复兴运动"推行委员会,透过各社教机构,推行"教孝月"活动,连续推行了几年,便无疾而终。有的学者开始反省,觉得这方面的问题,可能出在传统的孝道内容、方式,已"不符合现代生活",于是有"新孝道"的主张。杨国枢教授在《中国人之孝道观的概念分析》一文中,认为"新孝道"应具有五项主要特征:(1)新孝道只涉及家庭内亲子(女)间的人际关系;(2)新孝道以亲子(女)间的了解与感情为基础;(3)新孝道特别强调自律性的道德原则;(4)新孝道强调亲子(女)间应以良好方式互相善待对方;(5)新孝道的态度内涵与表达方式具有多样性[①]。新孝道的内容,都非常合理,问题是这些做人的道理,并不单限于亲子(女)关系,至少还可以应用到朋友关系上。如孝道与友道可以不分,那么孝道就看不出有何特殊性,在现代生活里,孝道也将不可能再享有以往历史上那样特殊的地位。

此外,我们再从儒家伦理中的礼,看看它在台湾社会变迁中的角色。

礼在传统社会角色中的重要性,不亚于孝,它不但有复杂的涵义,而且在个人修养与政治、社会方面,都具有广泛的功能[②]。特别是在社会方面,礼一向居于主导的地位,连法律的制定,都是不能违背礼教精神的,所以中国传统社会,也可称之为礼治主义的社会。

新文化运动以来的反传统潮流,所反的主要对象,便是传统的礼教,摧毁得最彻底的也是礼。早已僵化且百弊丛生的礼教,当然该打倒,但传统的礼学与礼的文化,在中国文化中极具特色,与中国民族性、国民性的形成,息息相关,我们不能说人的视、听、言、动都要合乎仁、合乎孝,却要合乎礼[③],可见礼这种伦理更具普遍性和实用性,它是一个国

---

① 杨国枢:《中国人的蜕变》,第49—57页。
② 韦政通:《中国哲学辞典》,"礼"字条,第775—779页。
③ 杨慧杰:《朱熹伦理学》,第9页。

家的国民最基本的教养,也是你走到任何国家,都能使人清晰辨别出你是哪国人的文化要素。很不幸,今天的中国人似乎已丧失了这种国民特性和文化要素,今日台湾似已成为一个"富而无礼"的社会。

形成这种现象的原因是多方面的,不过我们多年来文化建设的工作,正如李亦园教授所说:"虽然多少对文化发展环境的塑造上做了一些事,但是着重之处仍然脱不了要在外表的层次上下功夫,我们的文化主管机构只管推行传统的伦理教条,而不管它对现代人产生了什么意义。"①这种"昧于文化真义"的做法,总是难以辞其咎的。

单以礼来说,"中华文化复兴运动"推行委员会,曾设计过一套《国民生活须知》,其目的显然是企图重整传统礼的伦理、礼的文化,希望台湾能成为一个"富而好礼"的社会。其存心是值得尊敬的,可惜主其事者,并不了解台湾经历了社会文化的变迁,其生活的内涵与节奏,早已不是农业时代的中国,结果闭门造车弄出来的一套东西,出门自然难以合辙,虽以"政府"的力量全面推行,而其效不彰。

八年前我在一本书里,曾将《国民生活须知》,与日本差不多同时期提出的《理想国民的典型》②,做了比较分析,发现二者之间对现代生活的精神自觉,有相当大的差距:

第一,日本《理想国民的典型》,对生活只做了原则性的要求,日本战后实行民主政治相当成功,因此在自由、民主的原则下,对国民生活主要在培养一种新的精神和新的态度,有了新的精神和新的态度,才能革新生活,建设符合现代生活的礼才有可能。我们的《国民生活须知》,却反其道而行,很少原则性的提示,共列六个部分、九十三条细目,从普通礼节到食、衣、住、行、育、乐等生活细节,都一一予以规定,甚至连如何打电话,怎样吃西餐也都详加说明,如当作国民小学学生的手册,或

---

①　李亦园:《文化建设工作的若干检讨》,见《中国论坛》丛书:《台湾地区社会变迁与文化发展》,第336页。

②　见帕新原著,刘焜辉、洪祖显译:《日本的现代化与教育》,台北,幼狮文化公司,1973年,第286—288页。

许有参考价值,如当作全体国民的生活规范,实无异是对国人自行学习、自行改正生活的能力缺乏信心。

第二,日本人所追求的,是自由、民主的生活,我们在礼节方面的规定,有不少仍类似传统理学家所要求的生活,上下尊卑的观念,仍受到特别的强调。

第三,日本方面所表现的思想是开放的,因此能深刻感受到所面临的问题,以及日本在现代文明和国际情势中应走的方向。比较起来,我们在思想上表现的是相当封闭的,根本未触及较深刻的生活问题,也缺乏中国人在当今世界处境的自觉[①]。

以上的比较,可以为李教授所说"我们的文化主管机构只管推行传统的伦理教条,而不管它对现代人产生了什么意义"提供一有力的佐证。在传统时代,知识分子面临文化危机会说:"礼失而求诸野。"今日台湾,连"野"也并不纯朴,和都市一样腐化无礼。儒家伦理真不知要从何说起!

五 结语

经过以上三节的讨论,我们对儒家伦理在"台湾经验"中经济、政治、家庭、社会等四方面的角色,可获得以下几点认识:

(一)影响台湾经济发展的因素是多方面的,儒家伦理只是其中之一。本文在伦理因素之外,提到新经济政策、地理环境和人才等因素,我们虽无法确知这些因素与儒家伦理相比,孰轻孰重,但有经济学家认为,相对于人才的积极因素,儒家伦理不过是消极因素。

本文所讨论的经济,重点是放在儒家伦理所运作的家族企业,而儒家伦理则是指三纲伦理意识形态化之后,经由制度化、社会化而形成的"小传统"。"小传统"的儒家伦理,对对台湾经济发展颇有贡献的家族企

---

① 韦政通:《伦理思想的突破》,台北,大林出版社,1982 年,第 144—148 页。

业,有很大影响,不过家族企业在产业转型、产业升级的趋势下,已面临困境,一旦台湾经济走向高科技之路,儒家伦理的角色可能也将随之式微。

(二)本文讨论儒家伦理在政治方面的角色,是从官方的意识形态和政治体制去看问题。为回应中国大陆的"文化大革命"而推动的"中华文化复兴运动",充分表现官方意识形态的作用:对外可显示大陆在破坏中国文化,而台湾则代表中国文化的"正统";对内则透过教育政策,强化权威主义的伦理教育,以达到领袖崇拜的目的。台湾官方所以特别青睐于儒家传统中意识形态化的绝对伦理,和它"人治"的专权统治的政治体制是分不开的,精英分子想进入这个体制中的较高职位,对领袖的绝对忠贞,是不可或缺的条件。因无意使政治形态由"人治"转向"法治",使台湾的政治文化始终无法顺利地朝民主方向发展。

(三)儒家伦理在台湾家庭中的角色,因受工业化、都市化的影响,已起了很大的变化,夫妇关系越来越不稳定,在传统社会视为天经地义的上下尊卑的伦理,已日渐被平权的观念所代替。比较特殊的,是孝之伦理,在学青少年,在理智上大都认为孝有其必要,可是实行起来感到困难的程度,却与年龄成正比。大抵看来,孝道在台湾,不论是在一般民众还是知识分子的意识中,仍具有相当的生命力,新孝道的主张,多少也说明了这一点。

儒家伦理中的礼,由于受到新文化运动以来打倒旧礼教,加上"经济挂帅"所导致的社会变迁的双重影响,旧礼教固然已荡然无存,一般日常生活中的礼节与礼貌,也若存若亡。政府虽力图重整传统礼的伦理、礼的文化,因昧于文化的真义,故其效不彰。

(四)总的来说,儒家伦理对台湾的经济有局部但属于正面的影响,对政治的影响是负面的。在家庭方面,负面影响已渐消失,正面影响虽存在,但影响的程度,则无从估计。社会方面,正面与负面的影响,则都在消逝之中。

知识分子的责任

知识分子的两种类型[①]

在中国的 20 世纪，一般上过学、在中学以上的人都被称作知识分子了。读过书的人都称作知识分子，那是一个泛称。我今天所讲的知识分子有一个特指的意义，因为有这些特殊的意义，我们才称之为知识分子。知识分子的特色在哪里？读过书并且从事知识性工作的人，为了精确，我们可以称他为"教授"、"学者"、"艺术家"、"画家"、"历史学家"等等，不能泛泛地称他为知识分子。一个教授、一个学者不一定是知识分子，一个历史学家、哲学家可能是知识分子，也可能不是知识分子。我们在这里所讲的知识分子是在 20 世纪世界形成的一个新的观念。这个观念强调社会的批判和改造。知识分子的特色，一个就是批判，另外一个就是从事一种所谓社会的改造。用知识批判社会的不合理现象，用新的思想、新的观念推动社会的改造，只有这样的读书人才能称作知识分子。

"知识分子"观念有两个来源：一个来源在法国，另外一个来源是老的俄国。

在法国，知识分子的起源，它的诞生的故事，是由一个事件造成的，这个事件叫作德勒斐斯事件。这个故事发生在 1894 年，也就是孙中山上书李鸿章的那一年。德勒斐斯是一个犹太人，当时是法国的一个陆军上尉。犹太人当时在欧洲是受到歧视的，因为自从两千多年前流亡

---

① 编注：本文为韦政通先生 2004 年 10 月在杭州师范学院的讲演，编者根据录音整理。

到世界各地以后,一直没有祖国。1894年这个上尉突然被政府认定为德国的间谍,德国和法国是世仇,这个罪名非常严重,结果被判了无期徒刑。过了两年有一个陆军上校向他的上级打报告,说这个上尉被判无期徒刑是冤枉的,真正提供情报给德国的另有其人。上校揭露了这个内幕,但是不为他的上司所接受,而且他的上司还把这个上校调职,把他调到殖民地去服务,免得他在这里罗嗦。就在这两三年当中,社会上就沸沸扬扬地传这件事情,很多学者也在报刊上发表文章揭发这件事情的真相,但是政府并没有理会,政府怕丧失自己的威信。政府可以犯错,但是它不可以认错,它认为会妨碍它的威信。由于这些学者名气不大,并没有引起政府的理会。后来在1898年,一些大作家如当时法国的大文豪左拉、得过文学诺贝尔奖的纪德等,还有巴黎大学的一批教授就出面了,他们联合发表了一篇宣言,要求政府重新审理这个案件。这个宣言就取名《知识分子宣言》。结果政府就利用一批御用文人出来打击他们,诬蔑他们这些文豪、作家不爱国,丧失了政府的公信力,丧失了政府的威信。但是这批作家发表的这个宣言影响很大,整个社会震动了,形成了强大的舆论,逼迫政府重新审理这个案子。就在这个案子闹得沸沸扬扬的时候,一个奇迹出现了,那个真正搞间谍的上校站了出来,承认了自己的过错,因为这件事闹得实在太大了,他觉得自己的良心不安,投案后自杀身亡。所以这个案件就开始重新再审。开始时政府还不肯马上判德勒斐斯无罪,改判十年,然后又搞总统特赦等名堂,表示他还有罪,而左拉他们要求无罪释放,因为他没有罪并不需要什么特赦,结果这个案件以德勒斐斯无罪释放告终。由于左拉、纪德和巴黎大学的那些教授扮演了政府的批判者的角色,并且在宣言中将这种角色称作知识分子,所以这个运动被视为近代知识分子诞生的运动,而他们站出来发表宣言的1898年,就被公认为现代知识分子诞生年。

而在沙皇俄国,一些文人在批评农奴制度的过程中,也产生了知识分子观念。列宁之所以能够在俄国革命成功,并不是列宁一个人的功劳,在他之前有很长的一段历史,有一群文学家,像托尔斯泰、屠格涅夫、果戈里、普希金等等，在他们的时代已经对农奴制度提出了非常严厉的批评。特别是屠格涅夫，他创造了几个典型，比如小说《罗亭》，罗亭就是那个时代创造的一个角色，我们后来把他叫作虚无主义。除了这部小说之外他还有一本小说叫《父与子》，这本小说一直到现在还有意义，因为我们现在父与子两代的问题还是一个新的问题，还没有得到解决。这部小说就是讲两代之间的冲突，这本书的男主角也是一个虚无主义者。虚无主义是一个不容易理解的概念，什么是虚无主义呢？就是有非常强烈的抗争性、叛逆性，几乎把所有东西都否定掉。俄国的农奴制度非常黑暗，文学家们勇敢地站出来抨击，并且用了"知识分子"的概念，所以对近代意义的知识分子来说，那个年代的俄国是一个起源。后来列宁领导的革命，最大的成就就是把农奴制度取消掉，但是知识分子很早就批判这种农奴制度了。

当然，知识分子的概念形成虽晚，知识分子的角色很早就有了。这种角色在中国古代早就有过，比如孟子所说的"大丈夫"就是近代人所说的知识分子，"富贵不淫，贫贱不移，威武不屈"，这就是孟子当时所讲的一个儒家所要培养的、追求儒家道德理想的人格应该具备的条件。"不淫"不仅指不淫乱，还指不腐败，富贵了以后不能腐败。"不移"就是在不得意的时候不要丧失自己的志向和理想。"不屈"就是在任何的压力之下为了自己的理想不屈服。要具备这些条件才可称作"大丈夫"。后来我们却把它理解为另外的意思了，其实它就是指近代我们所谓的知识分子。

中国除了"大丈夫"之外，还有儒家所讲的"士"，也是非常接近近代我们所说的知识分子的。不过近代我们所谓的知识分子与"大丈夫"和"士"略微有点不同，就是儒家讲的"大丈夫"偏重于道德，而近代知识分子除了道德之外还要强调知识，特别是运用知识进行社会批判的精神。而传统中国的"士"，是儒家的一个理想，后来专制政体形成以后，"士"的理想逐渐丧失。我们后来称之为"士大夫"阶层的人已经不合乎儒家的理想了，所谓"士大夫"就是做官，"士"要做官就要服从皇帝，而皇帝有一套政治伦理，所以"士"的理想就很难实现了。中国后来讲的"士大夫"阶层是从汉朝以后演变出来的，他是为了"出仕"，而不是为儒家理想而奋斗。

当然"士大夫"阶层也有很杰出的读书人，他们就是我们现在所说的传统知识分子，他们的任务就是维护社会的安定。"士大夫"阶层最重要的一个价值就是维护社会的秩序和安定，保卫儒家传统的价值、儒家教条的价值。现代知识分子最主要的特点是批判。儒家也有批判，孔子、孟子周游列国对当时的各国君主各国诸侯的批判是不客气的，他们常常当面地批评。如《孟子见梁惠王》里讲的故事，梁惠王见孟子说：你到我这里来有什么对我有利的事吗？孟子当时批评他说：我们儒家是讲义而不是讲利，作为国君你应该多讲义少讲利。儒家一辈子都不知道，你对有权的人讲义，只是对牛弹琴。在中国弹了两千年，都是对牛弹琴，一点用处都没有的。因为你跟他讲这些道理，他根本不会关心这些道理，如果心肠好一点可能敷衍你几句，心肠不好就把你赶走。如历史上的汉高祖就有这种"出人"的本色，他最讨厌儒家的这些读书人，他看到这些读书人，就拿下他们的儒冠（帽子）用来撒尿，他认为这些人是没有用的，打天下是靠我们这些人，靠你们这些读书人是没有用的。从这就可以看出一个政治人物他们所想的和读书人所想的是有一定距离的。可是我们中国历代的大哲学家、大儒只要有一天被皇帝召见，总是讲仁义道德这一套。这就是传统知识分子的批判。现代知识分子的批判，有更大的独立性，有独立的思想、独立思考的能力。用自己的一套看法对面对的问题重新解释，独立思考，独立判断，不受任何权威的影响。之所以能够如此，与现代知识分子的经济独立有关。经济独立就是绝对不要靠任何人抚养，更不会靠官方来抚养，完全要靠自己的创作，靠出售自己的著作来养活自己。

知识分子角色不仅古代中国有，古代希腊也不例外，如苏格拉底就是一个典型的知识分子，他不是一个系统的哲学家，他不像柏拉图、亚理士多德那样非常系统地讲哲学。我们可以叫他为"街头哲学家"，他常在街头拉住一些年轻人聊天谈问题,和孔子一样并没有留下任何直接著作,我们现在所了解的是根据柏拉图的回忆录里的对话来的。苏格拉底最终为了他的理念而殉道了,在被判刑的时候,他最大的罪行就是批评了当时希腊的宗教。当时宗教对于统治者有非常重大的意义,就像中国历史上最信仰佛教的唐代一样,韩愈为了批佛差一点被砍了脑袋。韩愈针对当时供奉"佛骨"进行了批评,指出当时从印度把"佛骨"引进来供奉是没有任何意义的。但是宗教信仰是超出理性的,不能只用理性去想的,你跟一个有信仰的人讲道理是不容易讲得通的。讲别的可以,一到信仰的层次就无理可说,信仰的人有这个心理需要。所以不但是中国,还有希腊很古老的时候也有了知识分子。顺便补充一点,西方的民主萌芽是从苏格拉底开始的,但是当时苏格拉底却是批评当时的民主的,他怀疑宗教,怀疑当时的民主。

作为现代的知识分子,一个最大的特色就是批判。而批判,经过"文化大革命",把这个名词污化、丑化了,好像一批判就是斗争,就是否定,就是打倒。其实批判的原意并非如此。最早在哲学史上流行批判这个词是从康德开始,康德一生最大的成就是写三大批判。他的批判原来是针对以前的哲学传统,一个是理性主义的传统,一个是经验主义的传统。在这两个传统中,他发现了它们的局限,就是各执一偏。康德整个的批判就是来解决这个问题,指出它们双方这个传统都是有局限的。局限跟缺点不一样,局限不代表有缺点,我们任何人的知识都有局限,没有一个人的知识是没有局限的,就是说你用一个观点把一个东西讲到一定的地步,其他的你照顾不到,这就是局限。但是批判不止是讲局限,同时也指出它的价值。它的价值在哪里?它的局限在哪里?好坏都在里头,这就是批判的意思,最简单的讲就是肯定它的价值,了解它的局限,这是批判的原意。我们后来却把这个批判乱用,用于一种斗争、打倒、否定。所以一个知识分子的批判,它不是指否定,不是打倒,不是把人丑化,你只有真正的了解才有资格批判。

知识分子非常注意批判有权的人。这一点中国古代儒家就有了,像孔子在《论语》里对当时的很多国君都有批判,如他说齐桓公"振而不躓",晋文公"躓而不振"。

还有一种批判,知识分子也非常注意,就是批判一种流行的价值。一般社会上流行的价值大概都有些问题,常常是官方所提倡的观念。这种观念不是不对,我们要了解它的问题在哪里。比如大陆现在最红的一个观念就是"创新",创新有很多层次,物质文明的创新不是很困难,比如建高速公路,通过这二十来年建的太多太多了,建一栋高楼大厦也不是太困难,甚至于发展一个新的都市都不是很困难的事,像深圳经过二十几年的发展现在完全是一个新的都市。可是我们在思想上、观念上讲创新没有那么简单,没有那么容易,如果你像搞经济那样来搞学术、搞思想,那么这个就有问题了。所以我们批判流行价值可以这样来看,创新有它的价值,看你从哪一方面去讲,但是讲到思想观念、学术文化就不能再像发展经济那样来讲了,那样的要求"快"是做不到的。所以知识分子就不能屈从于这样的流行观念。

批判,这就是知识分子的一个特色。

当然,做一个知识分子,除了能够批判,还需要具备一些条件。

英国当代作家鲍罗·约翰逊写了一本书,叫《所谓知识分子》,最早在大陆出版,后来在台湾出版。在"知识分子"前加上个"所谓"就表示有问题了。在这本书里他讨论了 18 世纪 19 世纪十几位轰动世界的大人物,包括一些作家、哲学家。像 18 世纪的启蒙大师卢梭,俄国的托尔斯泰,法国的萨特,英国的罗素,还有挪威作家易卜生。这位英国作家花费了一生的心血,把这十几位大人物的真实历史做了考证,发现这些人物在品德上、做人处事上很有问题。例如,托尔斯泰是非常有名的人物,但他对他的妻子非常无情,他是个贵族,家里有很多农奴,最后托尔斯泰抛弃了他的家庭离家出走,在风雪当中死在一个小火车站上。在这本书里,作者提出了作为知识分子应该具备的一些条件。他说的第一个是人品,第二个条件是对周围亲友的态度,第三个条件是对自己的理念的一种行动能力。其他如里外一致的诚实,言行一致,也是非常重要的一个条件。还有就是对暴力的态度,鲍罗·约翰逊认为对暴力的态度也是衡量一个知识分子的条件。

无论是东方还是西方,作为知识分子,第一个讲的是人品。要作为一个好的知识分子人品很重要。像台湾的李敖,在大陆很受欢迎,他也很博学多识,但他是一个典型的虚无主义者,打倒一切,没有一个人在他心目中是有价值的,经常公开说自己最伟大,谁的文章也没有他的好,谁的学问也没有他的好。这不是一个好知识分子的表率。

从对周围亲人的态度,也可以看出你这个人是不是一个合格的知识分子。我们中国人都相信,假如你对你的家人都很坏,都你周围的人都很坏,那么你不会真正对朋友好。

你有没有能力把自己的理念付诸行动,这就是我们要说的社会实践的能力。做到这一点非常困难。一般人可以有自己的思想观念,要教育社会大众就一定要有社会的行动能力,所以有把自己的理念付诸行动的能力也是一个知识分子应具备的条件。

总之,人品、对周围亲友的态度、对自己理念行动的能力、表里一致的诚实、对暴力的态度,在这本书的作者看来,这些都是知识分子的条件。

现在大陆出版的一套"海外学者自选集"里有我的一本自选集,其中收录有一篇文章,叫《批判的心灵·社会的关怀——形塑知识分子的新典范》。文章里提到在中国塑造一个新的知识分子需要什么样的条件? 重点在哪里? 我特别对儒家的"身教"做了一个诠释。

"身教"是非常重要的,我们中国人讲"身教"就是"以身作则",我认为年轻人无论在知识、在道德方面,他学习的榜样、模范,不是从抽象的文字和原理学习,而是从讲这些抽象文字和原理的那个人的态度和习惯中学习。真正学习的是人的一种态度、一种习惯。还强调,在任何社会真正的劝人为善,这种能力不是从道德原理中学习,行善的能力是从有善行的人那里学习的。

台湾的一个有名的佛教女尼姑证严法师,现在六十多岁,她可以说是台湾最有影响力的人，有三百多万信徒。她的信徒大部分都是有钱的人，在她的影响感化下都转向了为社会服务的人，一到礼拜六、礼拜天这些有钱的太太们都会到社会上去为穷人服务，到独居老人的家里为他们打扫卫生、洗衣服，帮助那些行动不便的人洗澡。这位法师的影响不止是在台湾，她的足迹遍布全世界。在台湾和大陆关系没有恶化之前，安徽曾发生过一场大的水灾，她组织了一个团体捐献了七百多万，还派了台湾工程师和监工去大陆利用现成的材料建造了七百多户的房屋。她的组织和团体都穿着深蓝色的衣服，已经遍布全世界。美国的9·11事件发生之后，第一个赶到现场去救难的是她的组织。她每年还发动台湾的一些著名的医生带着药品和技术，到非洲那些最落后的国家为那些贫穷的人服务。现在全世界几乎所有的灾区，都有她的团体的人在那里服务。尽管她有很大的影响力和号召力，但是她自己的生活却过得非常的清苦，所以她成了一个榜样。别人捐给她的钱拿来服务全世界，自己过得还是非常清苦。这就是榜样，她就是靠这种力量来影响她的信徒，使信徒很甘心把钱捐给她用来为大众服务，这就是榜样的价值。所以在台湾真正统治精神世界的其实是他们这样的人，她是精神世界的典范，没有人不佩服她。她不参与政治，但是任何一个参与总统选举的人都要去拜访她，拜访她她也从来不因此去支持谁。从这个榜样我们可以看出，真正的道德是这样学的，这样影响的。知识分子就应该做这样的榜样。

如果一个社会没有知识分子的典范和模范，那么这个社会要创造新的知识分子是不容易的，是相当困难的。所以真正知识分子的特质我们可以这样总结：

他必须要有丰富的知识；

要相当程度地没有私心；

思想非常独立，对所提出来的问题有批判的能力；

有高度的责任心；

还要有一个抗拒压迫的能力。

　　作为一个知识分子，批判社会，揭露事情真相，一定会遇到很多压力，甚至是压迫。这时就要看一个人的抗压能力强不强，如果抗压性不强，压力一来就很容易变掉。我们拿中国 20 世纪老一代的两个人做一下对比，一个是梁漱溟，被称作出土人物，因为他在毛泽东时代被埋没了几十年，没有人敢提他的名字。毛泽东曾经写文章批评过他，从此没人敢再提他。文革后才成了新的出土人物，于 1988 年去世。他就是一个抗压性很强的人，当年他与毛泽东在言论上对抗激烈，结果遭到极大的打击。而另外一个是名气更大的冯友兰，但是他的抗压性很低，谁一压他就跟着谁跑，学问再好，但是他这一方面有很大的问题。

　　具备了这些条件，就可以说是一个知识分子了。不过知识分子有不同的类型。有的着重于观念的参与，有的着重于社会的实践。

　　所谓观念的参与，就是用我们的思想和观念为改造社会、建设现代国家服务。在五四运动时代最流行的一个名词就是"知识报国"，用知识来报效国家，这就是观念的参与。它不是行动上的层次，不去搞运动，而是从事思想观念上的传播。如陈独秀、鲁迅、胡适之这些人，在当时都是非常杰出的传播者，传播了很多新的观点。为什么要传播呢？主要是希望社会有所改造，希望中国能够更好，都是为了这个目标而行动的。

　　观念的参与，是相对于在象牙塔而言的。在象牙塔并不是一个很坏的观念，一个专心从事学术工作的人，他可以只做研究不做观念的传播。我们中国现在完全专心致志的从事研究的学者还是太少，那些纯粹的学者还是非常缺乏，所以在象牙塔并不坏。但他们是学者不是知识分子，知识分子不在象牙塔内，他们常常注重把观念和思想传播到社会，参与这个社会的演变和发展，这就是一种观念的参与。纯粹的学者不一定要做这件事。

　　观念的传播方式有很多种，如演讲、座谈、办杂志、组织社团等，还可以用自己的专长去做政府的顾问。但是不能做官，一旦做官就会失去知识分子的角色，凡是做官的人都不是知识分子。

在台湾转型时期,知识分子的观念参与很注意与学术研究相配合。那时有一个很重要的杂志,叫《中国论坛》,集中了一大批知识分子在那里用笔杆子关心政治、关心社会发展,我也在那里面。那时我们经常就社会上重要的课题开论坛研讨。现在大陆也开研讨会,大陆的研讨会一般都是某个专业的,某个学科的,甚至是某个派别的。在台湾我们创造了一个新的研讨会形式,就是一个题目的讨论不限于某一方面的专家,而是请多种不同学科的专家、不同派别的学者。例如我们讨论了一个题目,讨论"中国人的性格",我们就请最有代表性的哲学家、心理学家、社会学家、人类学家、宗教学家、历史学家等等一起来讨论,这种形式在西方叫作科技整合。我们还举办了一个论坛叫"儒家与中国的现代化",这个论坛很有趣,在这个里面把过去互相敌对的那一代思想家的弟子都邀请了过来,如钱穆的学生、殷海光的学生、新儒家牟宗三和唐君毅这个系统的第二代,各个不同的派系的人都集中到这个大会上来反思儒家对中国现代化的影响。这样的聚会很不容易,以前总是在争吵,互相对立,现在把他们的第二代都聚集在一起讨论,非常理性地把儒家与中国现代化做了一次对话,在过去这是不可能的。讨论会的记录在台北的《中国论坛》和上海的复旦大学出版社的书里发表了,所以这次研讨会几乎影响了海峡两岸所有研究新儒家的学者的想法。还开过"知识分子对台湾的影响"的研讨会。这些研讨会后来都出版了专门的书。当时这些研讨会请的都是男性专家,所以后来一些女性专家就开始抗议,台湾的女性运动是非常"嚣张"的,她们有不满就讲出来,说:"你们是什么东西? 你们开会全是男的,难道我们女性对台湾的发展就没有贡献吗?"后来我们非常理性地接受了她们的抗议,又重新开了一个叫作"台湾妇女对台湾社会发展的影响"的研讨会,请各种学科的妇女来谈,这些是很有趣的。这种研讨会是真正的知识性的,不是局限在某一个理论、某一个流派上。所以我们希望将来大陆搞开放,不能老是搞经济,搞商品,还要搞思想的开放,达到多元化。什么叫作"多元"? 多元就是很多人的意见都可以来参与,就是开放式地不排斥任何观点。观念的参与就是走出学院,走出教室,参与社会。有专长的知识分子都可以参加这样的研讨,发表自己的意见。在台湾有两大报纸,每天销售量超过百万份的,一个是《联合报》,一个是《中国时报》,大陆《参考消息》报里经常有这两个报纸里的文章转载。这两个报纸有一个整版,每天都是台湾的教授们写的文章,对当时或当天发生的事进行一个检讨、批评和反思,这是完全给知识分子发表意见的一个论坛。这就是一种观念的参与。在台湾,有很多人走出教室,走出校园,进行演讲,这就是教育大众,传播观念。

　　跟观念参与的知识分子稍稍有不同,知识分子的另一种类型是致力于社会的实践。从事社会实践的人,他是把观念的参与更向前推,就是说他不止是写文章,不止是演讲,不止是口传,而且付诸行动。凡是社会上的群众运动,像学生运动、劳工运动、妇女运动、弱势团体的运动等,这种运动一发生的话,就是把一种理念付诸行动了,就是说从事社会实践了。这些运动的背后都是知识分子在支持的,在后面动脑筋的,他们把他们的理念付诸行动,这就是社会的实践。

　　这种知识分子在台湾民主化的过程中起来很多,政治运动权且不说,社会运动就不少。在台湾现在的社会运动里面有几个成功的例子,其中最成功的例子是消费基金会,专门为消费者服务的基金会。基金会是资本主义社会的产物。一个老板赚了钱,本来获取的利润是要向政府交一定税的,政府为了鼓励大家为社会多做有益的事,就允许个人把应交纳的一部分税拿出来成立基金会来做公益的事和文教的事。在台湾这个非常流行,只要拥有一千万资金就可以成立一个基金会,你成立基金会可以免税。不少知识分子就利用这些基金会来从事社会的实践。消费基金会就是由一些正正当当的企业家出钱来维持的,由一些知识分子担任义务的律师,消费者凡是被骗被冤枉都可以向它申诉,只要有证据提供给它,他们为你打官司。消费者基金会在台湾组织得非常成功,几乎没有得到过负面的评价。开始很难做,慢慢形成一种气候以后,那些做黑心事的人就会很小心,因为一旦被告发是要关起来坐牢的。

台湾为了建立一个法治的社会,政府有司法官审判,民间还有一个由律师组织的叫作"民间司改会",民间的司法改造委员会,都是一些相当杰出的在社会上有些声望又有热心的律师,你政府的判案判出问题来了,他们会主持公道。司法官判案错误很多,老百姓没有能力跟他抵抗,很多判案判的不公平,有问题,或者收"红包",一般的老百姓哪有能力跟他对抗,所以民间司改会替你帮忙,来找回公道。这就是典型知识分子的工作,一个社会总要有这些人出来做这些事,这个社会才可以勉强主持正义公道。

究竟是做观念参与的知识分子还是做行动参与的知识分子?怎么样去选择?一个读书人他是不是要扮演知识分子的角色,扮演到什么程度,是由个人的性格决定的。有的人非常喜欢在外边写文章呀,演讲呀,参加研讨会呀,这样容易有名气嘛;有的人根本不喜欢这些,也不在乎名气。这个是性格决定的。谈人的特性,有三个层次:一个层次是跟所有人相同,叫作人性,人性是比较普遍的。儒家相信每个人都有一个善良的本质,主张"性善论",这是个普遍的问题,并不是中国人性善,美国人就性不善了,在哲学上它是个普遍的层次。事实上不管是从正面看人性,还是从负面看人性,从善看人性,从恶看人性,所有的人都是一样的,共同的。还有一个层次叫作国民性。梁启超时代就讲国民性,或者叫作民族性。比如中国的民族性怎么样?日本的民族性怎么样?美国的民族性怎么样?民族性、国民性跟共同生活的一个社会范围里的人相同,不是跟全部人类相同。这是人性的另外一个层次。第三个层次是个性。个性是什么?是跟所有人都不一样的,我跟你不一样,甲跟乙不一样,父亲跟儿子不一样,丈夫跟妻子不一样,特殊就是个性,跟天下任何人都不一样的那种特性就是个性。每一个人都有自己的特色,这也是人性的一个层次。你如何为自己定位?是做观念的参与呢?还是做社会实践?这个就是由个性,完全由人的性格决定的,没有什么对与不对。

不进行社会的实践,或者也不搞观念的参与,一点也不影响这个人的价值,他在纯粹学术方面去努力一样有贡献,这是性格的问题。有的人比较适合去参与,有的人比较适合去实践,这是因人而异的,跟是非对错没有关系,跟价值的高低也没有关系。

一般来说,一个读书人出了一些成果后,自自然然地会有一些观念的参与,只不过是参与的程度不一样。有的很经常,有的不太经常,偶尔写一些文章,偶尔做一个演讲,即使在教室里面给学生上课,也可以是一种传播。观念的参与,只要是一个学者,无论他再纯粹,他也会做一些。

比较复杂的是行动的参与,因为行动的参与牵涉的面太广,一个行动不可能是一个人能够完成的。一个人到大街上搞一个行动,必定被人认为是一个神经病,一个疯子。要搞一个行动,一个运动,一定要一群人才能进行。但是一群人就复杂了,他就可能有意识形态的不同,或者党派的不同,一定会复杂化,凡是一个社会的运动,里面一定会发生很多的争执,矛盾斗争都很难免。所以参与的行动变成一个运动就麻烦了,就复杂化了。所以有很多人有这个能力他也不参加,怕一参加到里面去,就很难抽身,很难回头,最后可能搞得身败名裂也说不定,这种风险很大。社会运动的风险很大。有的社会运动可以使你丧失生命,有的社会运动可以使你坐牢,有的可以使你身败名裂,都可能出现,所以参与社会行动一般都非常慎重。

行动参与、社会实践里面有两种情况。一种是参加行动的人是渴望权力,他参加行动就是为了将来出头,将来当政,将来抓权,出人头地做大官,他是持这个动机参加的,在台湾非常明显。过去参加过政治运动的人都去做了官,可见他真正的目的是渴望权力。如果按部就班的当官,不知道哪一天才能做到大官,假如你搞一个运动,你就会一步登天,比如台湾当年搞民主运动后来变质为"台独"运动的人,一旦有人当了政,几千个知识分子都当官去了。一个普通的教授马上当部长,一步登天。当年搞社会运动的人,绝大多数的知识分子都是为了这个,渴望权力,动机不纯。

还有一种就是没有权力渴望,不是为了当权,而只是为了奉献。这种人很伟大,但是非常少见。他奋斗牺牲得非常大,但是他不要任何名位。有没有这种人?在台湾也有过,也有过这样的人,他奉献牺牲很大,最后名也不要,位也不要。如果有这样的知识分子,他的伟大性就超过那些仅仅观念参与的人。因为他在社会上真正推动了社会的改革,社会需要这样的人物,有行动力,但是并不是为了渴望权力,而只是一种奉献牺牲。印度的甘地就是这样的知识分子的一个典型。印度的甘地花费了一生的心血结束了英国对印度的百年统治,他领导了这个运动,但是他自己并没有当皇帝呀,最后还是被另外一个教徒刺杀的。还有美国的一位黑人领袖马丁·路德金博士,他为了黑人做出了自己一生的贡献,最后也是被刺杀的。你一旦参加社会运动,产生很大的影响力,社会上的反对势力就会想法把你铲除掉,常常没有好结果。但是他为理想,不畏惧这样的结果,不回避死亡,做出自己的奉献。这种知识分子很了不起,最受尊敬,所以甘地在世界上任何一本选世界伟人的书里都会出现的。

批判的心灵·社会的关怀[①]

——形塑知识分子的新典范

一 引言:青年人需要模范

葛登纳说:"年轻人并非借着学习那些文字(真理、正义等)及其定义来同化于他们团体的价值,他们学习的是态度、习惯和判断事理的方法。他们在与人接触之中学习,自例行生活与特殊事件中学习,也从歌曲、故事、戏剧与游戏中学习。他们并不学习道德原则,而是仿效有德行(或无德行)的人。他们并不把自身愿意发展的属性特质列表分析,而是认同于那些在他们看来似乎具有这些属性特质的人。这就是何以年轻人需要模范。"[②]如从实践道德的观点看,葛氏的话十分正确。除了少数伦理学者之外,绝大多数的人所关心的道德问题是属于实践道德的,在实践道德的教学中,语言文字仅居辅助的地位,主要是靠实践模范。所谓模范,就是在道德要求上能言行一致的人。如果一个社会在道德教学上只偏重言辞,缺乏实践模范,或教的是一套,社会上普遍行的又是另一套,那么这个社会就产生了道德危机。

---

① 编注:本文选自韦著《伦理思想的突破》,台北,大林出版社,1982年,第九章。
② 葛登纳著、马毅志译:《自我更新——个人与革新的社会》,台北,三山出版社,1972年,第153页。

我们生存的社会,这种危机相当严重,下文即尝试探讨一个解救危机的方案以及可以努力的途径。这个方案和途径对已往的伦理传统而言是新伦理,因为它构想的背景是现代工商化的社会,社会形态与往日不同,伦理价值的内容和实践的方法也有不同。新伦理与传统三纲的权威伦理是对立的,但与传统的人文伦理则保有精神上的连续性。虽有精神上的连续性,新伦理与传统伦理不只是继承的关系,它代表着一种创造性的转变,因而新伦理需要在思想上做突破性的努力。

新伦理需要新模范。传统社会的模范人物是圣贤、豪杰、高僧、侠义和气节之士等,多偏重于德操。现代社会的模范人物是科学家、发明家、革命家、民主斗士、企业家等,塑造这些人物最重要的条件已不是德操,而是高水准的专业知识、创造力、组织力以及改变现状的行动力。在现代社会里,由于角色的分化和教育水准的普遍提高,从事各种行业的人都有机会成为模范。我这里要探讨的,不是那些在一般人心目中已定型的模范,而是我们这时代的一种新型的角色,这种角色具有两个基本的特征:一是批判的心灵,一是社会的关怀。这种角色对走向自由开放的社会有着特殊的功能,也是实践新伦理的新型模范。

在我们这个时代,这类新型的角色,不仅常出现于民主体制的国家,也同样产生于极权体制的社会。由于他们代表大众的心声、社会的良心,所以不论是在民主国家还是极权社会,他们的命运都可能坎坷而多乖,所不同的是,在极权社会,这种角色不容易产生,即使产生了也会很轻易地遭到封杀,或被迫去度所谓"改造"的生涯。比较起来,生活在民主社会的这类型的知识分子幸运多了,他们有较多的机会把自己的意见传达给社会大众,纵然与权势者正面对抗,可能因此被误解甚至丑化,但不必担心生命的安全。屈辱与挫败是不可避免的,但事实上这种角色必须经由这些人生经验,才能培养出过人的信念和坚强的意志。

在传统的中国,杰出的儒者都表现出强烈的社会关怀,杰出的道家则较能突出其批判的心灵,思想史上一篇杰出的批判性文章《庄子·天下》篇,即出于道家之手。此后,东汉后期的崔寔、王符、仲长统,明末清初的顾亭林、黄梨洲、王船山、颜习斋,都能在不同程度上表现出这两个特征。只是这类型知识分子在专制统治的社会极为稀少。降及近代,这个类型的知识分子在数量上已大增,但不幸其中有许多是以悲剧的命运收场,近世中国社会还未能提供使这类型知识分子茁壮成长的客观环境。所谓客观环境,至少要满足两个条件:(1)相当程度的自由;(2)相当独立的生存凭借。目前我们的社会,比以往任何时期都更具备这两个条件,已使这个类型的知识分子有发挥正常功能的可能性。因限于传统社会的条件,这类型的知识分子以往的表现只是尽心焉而已,影响力很难预期。现代资讯社会的情形已大不相同,一个杰出的模范,有很大的机会直接影响他所在的社会。

在人类历史上,倒退往往是大规模的,进展却是点点滴滴的,十分艰辛。由历史看任何伟大的角色,都有他的限制,我们渴望的新模范这种角色也绝无例外。我无意对新模范的功能做任何的夸张,但最低限度他应该是一个充满活力、充满希望的社会的象征。后世史家要估量一个社会自由开放的程度,这类角色数量上的多寡也该是一个重要的指标。

二　批判的心灵

一个具备批判心灵的人,他在性格上会有哪些特征? 如果一个青年想把自己锻炼成这样的人物,须培养什么条件? 最后,具备批判心灵的人,他能做些什么?

这三个问题都很难界说,但我仍想尝试做些说明,且以大家熟知的《时代周刊》(*Time*)①对知识分子所下的定义做讨论的起点:(1)一个知识分子的心灵必须有独立的精神和原创能力,且是以思想为生活的人;(2)知识分子必须是他所在的社会的批评者,也是现有价值的反对者。

---

① *Time*, May 21st, 1965.

这大概是对知识分子的界说中最严格的一个,人类历史上能全部满足这些条件的并不多见,最困难的一点是在"原创力",在思想上真正具有这个条件的实在很少。像中国历史上的王充、李卓吾,西方的伏尔泰、卢梭,他们都具备独立的精神,反对现有价值,且以思想为生活,却未必有原创力。撇开原创力这一点,其他三点都是一个批判者人格上必有的特征。

同样是批判者,实际上往往表现出种种不同的生命形态,最典型的例子是中国古代的老、庄和希腊的苏格拉底。表面上看,他们都能满足上述诸条件(包括原创力),然而他们的差别实在很大,大到一般不可能拿来相提并论。造成差异的原因很多,主要可能因雅典是城邦政治,且做着民主的试验,而老、庄身处的却是多国互相攻伐的大乱世。结果老、庄发展出了一套处乱世的智慧,苏格拉底则为以生命争取思想自由权留下了不朽的典范。《时代周刊》说:"批评他所在的社会而且反对现有的价值,乃是苏格拉底式的任务。"任何时代、任何社会都有这种任务需要完成,因为有权势者、既得利益者和社会大众,在常态下总是现有价值的拥护者,与改革者形成另一极端的拉力,这两股力量不成比例,改革者如不能启发大众,激起他们自求改革的意愿,就很难实现改革的希望。

有人说,真正的知识分子既没有团体,也没有什么朋友。这有两种情况须辨别:一是由处境所造成的;一是由于个人在气质上根本不愿意参加团体,也不想交什么朋友。前者是由处境所逼,与个人的性格无关;当然,如果这种处境持久不变,就可能影响到性格。后者则代表一种孤僻,孤僻的人可能有原创力,但不是我们所希望的模范。我们希望的,是能与千万人为伍、而又不丧失独立精神的批判者。也有人说知识分子是追求真理的人,我想对批判者而言,这不是一个必要的特征。一方面是因为这个观念已被滥用,明明是一偏之见,却自以为是真理,这种例子比比皆是;另一方面,自以为追求真理的人,常觉得自己永远站在真理的一边,陷于偏见而不自知。

　　罗波(Elmo Roper)从思想传播的观点把人区分为六类：(1)伟大的思想家；(2)伟大的门徒；(3)伟大的传布者；(4)次要的传布者；(5)政治上的积极派；(6)政治上的无能派。一个杰出的批判者，必兼具(2)(3)两类人物之长，他虽不如第一类人物有原创力，但他能认识伟大思想的价值，并全力去倡导，使新的观念产生广泛的影响。批判者对现有价值的批判，必须同时传播新的信息或新的观念，其中可能有真理的成分，也可能没有，是不是真理要等待事实来验证，批判者无法保证。因此批判者必须接受批判，并能不断地自行检讨，这对一个独立的思想工作者来说可能很难，因为他对自己的工作，必须有坚定的信心才能前进，而接受批判并自行检讨，又需要能自我超越，甚至自我否定。不知道有此困难的批判者可能堕为固执己见者。只有深知其难而又能克服困难的人，才能保持冷静和不偏不倚的判断。

　　就以上这些特征来看，要如何才能培养出这样的人物呢？这比第一个问题似乎还要难，因为对具备这些特征的典范，我们多少还能知道一些例子，至于这些人物究竟是如何产生的，所关联的许多主客观的因素，我们却根本无法充分了解。教育不论是一般的还是特殊的，都只能提供必要和基础的训练，却不能教人伟大。就批判者而言，批判的知识和技巧是可以训练的，批判的勇气就不一定能训练了。所谓独立的精神，至少包括独立的思考和道德的勇气，前者可以训练，后者需要什么方式才能培养呢？其次，一个以思想为生活的人，固然须经由个人的抉择，但抉择背后的依据，我们就不一定清楚了。以思想为生活，同时又扮演反对现有价值的角色，他为什么要这样做，就更难有完整的解释。

　　一个杰出的批判者的产生，我们可以想象的是，他对当时的时代和所在社会的种种问题有着过人的感悟力，然后在复杂的问题中，掌握一两个中心问题，借这些问题的刺激形成理想，然后再努力朝既定目标做持续不懈的奋斗。形成理想并不难，难在一生都能忠于自己的理想。这至少需要充沛的体能、坚定的意志和无限的耐力，在困顿和失败中能站起来的人，都是具备这些条件的人。世上聪明的知识人很多，成败的关键多半要靠比韧性或耐力。

一个社会如果有先行的典范，后起者就比较容易，所谓先觉觉后觉，有了伟大的思想家，才容易产生伟大的门徒和伟大的传播者，孙中山、梁启超在他们的时代，都曾扮演过这样的角色。近代中国之败，败在热衷权力的人太多，忠于理想的人太少。一个有志于批判角色的人，需长保赤子之心，纵然因成就而被别人视为思想权威，也绝不以权威自居。以权威自居的心理与赤子之心是不相容的，他会因此丧失敏锐的感悟力，僵化在往日的自我中，因追求虚荣而堕落为权势者的帮闲，成为被批判的对象。具有批判的心灵的人，最难能可贵的品质，是在批判之余能不断地做自我批判，不断自我批判是长保赤子之心的不二法门。那些自以为是权威又自认为不会犯错的人，是缺乏自我批判能力的人。批判者如不能自我批判，可能只是把批判当作获取权力的另一种方式，这种人一有机会就会与权势结合。理想的批判者，如罗素所说是"一个永远开放的头脑"。原则之外无所执，永不自以为是，乃"学习中社会"①的真正模范。一个批判的心灵，永远是活的心灵。

第三个问题是：批判者能做什么？批判者就是那种把大部分的精力都能贯注在批判工作中的人。批判什么呢？这须受两个条件的制限：一是专业知识，一是社会背景。一个好的文学批评家，不一定同时又是杰出的政治评论家。批判者虽需要有专业知识，但与纯粹学者又不同，他的工作既是思想性的又是社会性的，他需要有专长，但专长以外的博学多闻尤其重要。其次，不同的社会有不同的问题，就目前的中国而言，我们的社会正值转型期，因此传统与现代之间形成的种种紧张的关系，仍是一个大问题，两者之间哪些部分有冲突，哪些部分可以整合？变是不可避免的趋势，要怎样变才符合全民的利益？都是批判者应加以探索并须予以澄清的工作。前文说批判者传达新的信息和新的观念，如何使它们成为社会的共识，也是批判者的重要工作。批判者的意见传达给社会

---

① "学习中社会"是指能使其所有的成员都有机会充分发展其潜能的社会。

大众时，可能有种种不同的反应，一个习惯于二分法思考的社会，很难有理性的反应。但理性的反应也需要批判者有理性的技巧。一种意见如果使一部分人击掌称快，使另一部分人恨之入骨，除了有发泄情绪的作用之外，往往经不起事实的考验。理性的技巧要令人深思。

批判者传达的新观念，不一定就是真理，它允许公众的讨论与再批判，不但不自以为是真理，且要使大众都能享有免于偏见的自由①。批判者也不提供任何乌托邦式的蓝图，尽管乌托邦思想也能激发想象力，但他宁可相信这种思想大部分都是天真幻想。批判者不信奇迹，也不信人间会有完美的社会，他关注的重点，是使社会性的大小政策如何在实施时减少它的错误，以及在决策过程中如何容纳建设性的批判。减少错误就能减少人民痛苦，建设性批判则可使政策接受经验的修正。

批判者如果有才能、有知识、有勇气，人间的事没有不可批判的。不过这种角色，还有一项更重要的任务，即启发社会大众，使他们都能用批判的眼光去看社会的事事物物。这方面的工作，对正在走向现代化的社会，有根本的重要性，也是批判者可能对社会提供的最大贡献。

三　社会的关怀

批判者的工作如只限于理论性或学术性，那么他未必是一个社会关怀者。就上文所说的批判者的工作来看，则社会关怀根本就是批判者性格不可分割的部分。我们今日渴望的新模范，正是包含着这两个特征，如能对社会关怀有进一步的了解，不仅可使这种角色的形象更加鲜明，也可赋予这种人格更丰富的意义。

---

① 所谓"免于偏见的自由"，是说科学之外无真理。科学之外而自以为是"真理"的人，那么他所坚持的"真理"正是不折不扣的"偏见"。历史上有许多独裁者，即以偏见为真理，使"真理、独裁、侵略"三位一体，为人类带来了莫大的灾难。批判者有责任告诉社会大众，不要被一切假借真理之名的偏见所蛊惑，此之谓"免于偏见的自由"。详细的讨论见戴杜衡《免于偏见的自由》一文，此文原载 1950 年 7 月 16 日的《自由世纪》，后收入 1965 年文星丛刊《免于偏见的自由》一书。

一个社会关怀者，他人格最显著的特质是：对事有热情，对人有爱心。热情是生命的动力，爱心可以破除人与人之间的隔阂。年轻的人比较有热情、有爱心，但也最容易丧失，最容易变色。要使它们能持久而坚定，必须有理想引导热情，有理想激发爱心。在这里，理想指的是：热爱生命，尊重人权，追求正义。三者形成社会关怀者特别的驱策力。借这股力量可以培养出为公众服务的美德，用平等的眼光平视所有的人，以及坚守原则的刚毅精神。

社会关怀当然不只是关切之情，它应该是一种参与，参与有观念的参与和行动的参与，观念的参与可以为解决社会问题提供方案，行动的参与则须通过合法的制衡力去修正方案，并控制解决问题的过程。社会关怀或社会参与，实际上就是如何面对及如何处理层出不穷的社会问题，社会过程就是一个滋生问题和解决问题的过程。传统社会解决问题的权力和责任属于少数人，现代民主社会，由于知识普及、普遍参与，因此人人有解决问题之权，人人有解决问题之责。公众究竟如何使用他们的权，又如何尽他们的责，是知识分子的责任，尤其是具有批判心灵的社会关怀者的责任。他们是社会大众的辅导人，看问题比较清楚，头脑也比较清醒，因此在多半的情况下，他们代表着社会的良知。

这种角色对社会有正面的功能，是否也有负面的作用？有，负面是指，他可能依恃他的影响力，制造意见气候，引导社会大众走入错误的方向。在此，批判者能自我批判就极为重要，而他人的批评可能使他更加固执己见。其次，这类知识人在树立了社会威望之后，就可能利用他的威望作为与权势者讨价还价的筹码，堕为权力斗争的工具，或为利益集团的辩护人，终不免背弃当初支持他的群众。针对这些负面的可能，一个知识人是否具备为公众服务的美德，以及坚守原则的刚毅精神等品质，就显得特别重要。不具备这些品质的人和缺乏理想引导的热情，很可能为社会大众带来灾害与痛苦。我们渴望的新模范，是那些生活上能勇猛精进，而权力欲和名利心又很淡薄的人，热爱生命、尊重人权、追求正义的理想就能使生活充满快乐的人。

社会关怀或社会参与最简易而有效的途径是社会服务。社会服务的项目很多,但任何一个项目要做好,单凭热忱是无济于事的,它关系到观念、态度与技巧,这些都必须经过专门训练。中国传统文化在这方面比较贫乏,近代社会服务的观念是由西方教会传入的,至今这方面工作做得最好的还是教会。政府如能不存私心和偏见,对在学青年做有计划的训练,使他们在有意义的工作中献出他们的精力和热忱,对他们人格的健全化会有帮助。当然,青年会因参与社会,增加了他们接触社会真相的机会,因而也增加了他们不满现状的情绪,甚至对传统、对政治权威、对成年人都有了怀疑。理性的批判者针对这种现象,可对成年和青年同时提出告诫:青年人不满现状,如果是因倾向于理想,那正是社会希望之所寄,反过来想想,假如青年就满足于现状,社会还可能有什么进步? 另一方面,青年人,很快就会进入成年,担负起社会责任,后之视今犹今之视昔,与其不满而责人,不如趁早磨炼自己。

近几十年来,关怀社会的知识分子一直呼吁知识分子下乡或回到民间去,几千年来的社会,知识人的流向都是由乡村到都市,在都市有了成就,才会告老还乡。现代社会的都市化,更使大量人口涌进都市。除非解决下面两个问题,否则这一流向很难改变:第一,城乡之间生活水平的差距接近;第二,乡间确有发展抱负的机会。这也许要等到高度工业化和全民生活现代化之后,才能解决?! 知识分子也有特例,如我们的社会有少数律师,不惜自我牺牲,为民伸张正义;也有少数医师,走向偏远地区,为贫民从事医疗服务。他们由关怀而发展出实际行动,足为现代社会的范式。

最后,为了便于记忆,我们为理想中的新模范设计了一个简易的工作纲领,作为一生的指导原则,它们是:

揭示长远的目标,

建立社会的共识。

激发全民的潜能,

促进彼此的关怀。

两种心态,一个目标^①

——新儒家与自由主义观念冲突的检讨

一 两种心态的对立

1949 年后,台湾少数富有责任感的知识分子,迅速建立起两个发言台,希望借此凝聚知识分子的残余力量,并在现实的幻灭中借文化思想上的努力重燃希望。这两个发言台,一个是《自由中国》半月刊,代表自由主义,延续新文化运动的余晖;一个是《民主评论》半月刊,重扬儒家道德与人文的理想,并在儒学系统化方面获得进展。

这两个杂志代表两个不同形态的思想运动,但对现实政治都同样发挥了不同程度的抗议精神。两个杂志于 1960 年和 1966 年先后关闭,但对台湾成长的这一代知识分子心灵的塑造已留下极为深远的影响:《民主评论》的思想,不但矫正了清代遗留下来的考据学风,也调整了新文化运动所产生的偏向;《自由中国》的思想,一直到目前仍是台湾推动自由民主运动的主要精神支柱。

参与这两个思想运动的主角,在学术思想方面都有相当建树,但对现实政治的影响甚微。其中的原因,除现实政治的压力之外,这两个不

---

① 编注:本文做于 1983 年 1 月 10 日,选自韦著《儒家与现代中国》,台北,东大图书公司,1984 年。

同形态的思想，在心态上的对立以及由对立而产生的意气之争，也有部分的关系。意气之争不完全来自个人的因素，有来自历史传承者，也有由于思想立场的不同。后面这一因素具有决定性的影响。因新儒家的理论骨架主要系得自德国观念论，尤其是观念论中康德与黑格尔的哲学，于是先验、理想、精神、意识、主体成为这一派表达思想的主要符号，目的在复兴儒家的道德理想，恢复文化的认同，哲学工作着重在形上信念与精神哲学的重建。自由主义者则以英美经验主义和逻辑分析作为发展其思想的工具，目的不在建立系统性的哲学，而在思想的再启蒙。因此对思想自由的要求特别迫切，对传统形形色色的宗教与形上学皆怀抱敌意。

德国的观念论本是在17、18世纪启蒙运动大破坏之后发展出来的一种新哲学，因此在中国新文化运动的破坏之后，新儒家借助观念论哲学以抵抗反传统潮流，是可以理解的。但由于中国中西冲突的背景所产生的特殊问题，因而在两种思想形态的对决上也产生了特殊的内容。任何思想运动，如缺乏基本的信念很难前进，新儒家很强烈地抨击自由派思想为"科学一层论"或"理智一元论"，其所指者，正是自由派思想上的基本信念——科学主义。所谓科学主义，据郭颖颐（D. W. Y. Kwok）的界定："一般地说，科学主义是把科学的有限原则，予以普遍应用，使它成为文化定理的一个信念；严格地说，科学主义应界定为把自然的常则视为其他社会科学的常则，社会科学的知识，唯有经由科学方法而后得之。"[①]所以科学主义不同于科学，科学是关于自然宇宙的客观真实的知识系统，科学主义则是一信仰系统。自由派企图以此打倒并代替传统的价值系统。于是这方面与新儒家产生很尖锐的冲突。

另外一方面，在自由派的心目中，新儒家无异是传统儒家泛道德主义的翻版。道德主义的确是新儒家的基本信念，就其认为人类一切文

---

① D. W. Y. Kwok（郭颖颐），*Scientism in Chinese Thought*，*1900—1950*，p. 21，Yale University Press，1965.

化活动,均统属于一道德自我,且为其分殊之表现而言①,也确有泛道德
主义的倾向。但从另一个角度来看,这种倾向并非纯是传统泛道德主
义的翻版,可能与其思想的基本态度有关。新儒家思想的基本态度是:
创新必依据其所本有,也就是肯定必须"返本"然后能"开新"。

就"开新"方面说,新儒家承认中国缺乏科学精神,承认在"正德"与
"利用厚生"之间,少了理论科学知识的扩充。中国文化何以有此缺陷?
则是因中国思想过分重视道德实践,顺着这个方向发展,个人只能退却
为内在的道德修养,因而闭塞了道德主体向外通的门路,使主体自身趋
于虚玄与干枯②。新儒家这方面的反省相当深刻,表现了自我批判的精
神。但由于思想的基本态度,仍认为包括科学在内的一切文化上的"开
新"乃中国文化中道德精神自身完成与升进过程必然的要求③。这原是
儒家传统的基本信念,由于反传统潮流的刺激,仍为当代新儒家所坚
持。他们担心文化的"开新"会威胁到原有的道德精神,这种担心有什
么真实的意义呢? 是否仅是属于道德主义信念下的一种特殊关系? 如
果仅是特殊立场的特殊关切,那么关切的重点仍在道德精神,在道德精
神与发展科学的精神性联系的思考中,不可能赋予认知精神一个真正
独立的地位,因为这种思考方式基本上仍未脱出传统一元论思想模式,
要赋予认知精神真正独立的地位,我们必须承认并尊重世界多元文化
系统的独立性。如果承认并尊重世界多元文化系统的独立性,则对中
国如何发展认知精神与科学的问题会完全改观。

消极方面会追问:由中国传统所创造的独特的道德精神及其所产
生的心灵导向与社会构造,可不可能对发展认知精神与科学造成阻碍?

积极方面会追问:哪些学科的训练才能有效地培养认知精神,并有
助于科学发展?

在这里我们不是要讨论这些问题,只是想指出,认知活动一旦独立

---

① 唐君毅:《文化意识与道德理性》,香港,友联出版社,1958 年,《自序(二)》,第 3 页。
② 唐君毅:《中华人文与当今世界》,台北,台湾学生书局,1975 年,第 897—898 页。
③ 唐君毅:《中华人文与当今世界》,第 900—904 页。

出来，问题会有新的出发点，根据新的出发点，认知活动本身有它的一套理则，如果这一套独立的理则能获得充分的发展，将来中国文化会建立起一个精神面貌与过去迥异的新传统。在新传统形成的过程中，不只是威胁原有的道德精神，而是新传统促使独立、自由等新价值观念的成长，将迫使原有的道德精神及其衍生的价值系统接受新的考验。

尽管道德宗教在人类文化中居于基本重要的地位，但在科学当令的时代里，都必须在新的知识基础上以及认知态度的挑战中重建。重建的过程不是原有道德精神的完成与升进，而是经由批判达到创造性地转化，才能满足现代生活的需要，因为科技获得高度的发展之后，整个的社会结构和生活方式都会产生巨大的变化。中国文化在现阶段的主要问题是，我们的社会结构和生活方式已经历巨大的变化，而我们的道德精神和价值系统却未能相应地重建起来，因此出现"文化萎缩"和"生活失调"的现象。

自由派思想，由于传统包袱较轻，而且思想的训练是来自另一个以经验主义和逻辑分析为主的文化系统，从心理的距离感上能建立一个新的立足点来反观自己的文化。由西方哲学看中国，中国哲学明显的特性之一，即逻辑的、知识论的思考方式未能获得完全的发展[1]，这意含着认知的、抽象的思考的不足。中国哲人的思想比较倾向于透过历史文化传统以及具体的人事来表达。因此在史学方面有辉煌的成就，哲学方面因缺乏论证和客观论述的习惯，使思想不能系统化[2]。不论是史学或哲学，主导的理念是道德伦理价值，即使在历史判断中，也混杂着浓厚的道德判断。

自由派学者称这种文化现象为规范特征的肥肿或泛道德主义。在这个传统影响下的知识分子，多半是价值迷（value fans）和事实盲（fact

---

[1] 殷海光：《殷海光先生文集》，台北，九思出版公司，1979年，第1028—1029页。
[2] 谢幼伟：《抗战七年来之哲学》，见贺麟：《当代中国哲学》，上海，上海书店，1945年，第146页。

blinds），他们甚至分不清什么是价值判断，什么是事实的陈述①。要改变这种情况，必须讲求认知的独立。认知的独立，并非要弃置价值判断，而是要随时提高自觉将二者严加区分，并能做适当的使用。自由派以亚理士多德的名言，作为认知的设准："把不是什么说成是什么，或把是什么说成不是什么，是假的；而把是什么说成是什么，把不是什么说成不是什么，便是真的。"如加以简化，便是："是什么就说什么。"②受中国传统思想影响的人，往往把本只是角色的冲突、观点的歧异，不自觉地就转化为道德上的正邪，对这类人而言，凡怀疑既成信念和制度的新观念及意见似乎都是邪恶的。要他们从事客观的认知，必须先克服自己的思想习惯，调整心灵的秩序，把认知能力从泛道德主义和泛情绪主义的泥淖中解放出来，具体的训练则应落实在数学、逻辑、知识论、语言学等学科的精研上③。

在 20 世纪前半期的中国，科学主义是一个很流行的思潮。到台湾以后，自由派学者认识到文化中的认知特征对中国文化重建的重要性④，由于认知态度的强调，使科学主义的信仰已受到抑制，因而有"我们不能过分沉湎于科学主义之中"的觉悟⑤。现在仍有人以为自由派提倡行为科学，而不知自由派学者中早就有人提出行为科学不能完全解释人类行为的警告⑥。此外，由于知识专业化逐渐受到重视，也促使科学主义的退潮。依科学主义，凡是不科学的都是不可信的，现在思想谨严的学者，连"人文科学"这个名称都不敢随俗使用，而改用"人文学科"，可见观念之转变。

另一方面，新儒家也由"泛道德意识"转变为"道德理想主义"的肯

---

① 殷海光：《殷海光先生文集》，第 963—964 页。
② 殷海光：《殷海光先生文集》，第 955—956 页。
③ 殷海光：《殷海光先生文集》，第 969—972 页。
④ 对这方面问题的探讨，为殷海光主要的贡献之一，其中最重要的一篇论文是《论认知的独立》，见氏著《殷海光先生文集》，第 955—971 页。
⑤ 殷海光：《殷海光先生文集》，第 1031 页。
⑥ 殷海光：《殷海光先生文集》，第 1031 页。

定。泛道德意识认为人类的一切文化活动，无不统属于道德自我，终极的关切在心灵境界的不断超越。道德理想主义，承认道德以外的文化活动，如民主、科学等，有它们的独特领域和发展的独特理则，但仍肯定道德理想或道德主体为一切文化创造的根源，道德以外的文化活动必须以道德主体为其超越的依据而后可能。因此对道德理想与民主自由有价值层次的划分。相对于道德理想，自由民主只是第二义的。如此价值性的划分，不可避免地又与视自由为第一义的自由派发生争辩。

　　基于思想形态的不同和心态的对立，两派之间对自由问题的歧见，早在正面冲突之前就已存在。这场冲突由《自由中国》一篇社论所引起①，该文及稍后的答辩中主要涉及两个问题：

　　第一是关于“国家自由”与“个人自由”者。自由派主张在政治的学理与事实的范围，只能讲求个人自由，而反对国家自由的说法。理由是：民主国家多提提倡个人自由；而近代独裁国家，至少自黑格尔以降，多强调国家自由，以及近数十年中，独裁的政治机构动辄谓“必先牺牲个人自由方换取国家自由”，结果国家自由未见实现，而个人自由首遭剥夺。因此在痛定思痛之余，自由派认为可以“国家独立”一词代替“国家自由”，以免有人以国家自由之名以乱个人自由之实②。这第一个论题是针对当权派而发的，与我们这里要讨论的两种心态对立的问题关涉不大，毋须深论。但可以指出，上述言论出现在1950年代初，快三十个年头了，现在“国家自由”一词已不流行，而代之以“国家安全”。强调国家安全抑制个人自由，仍然是官方一贯的主张，三十年前的老问题依旧存在。从学理上解开国家自由与个人自由之间的矛盾并不困难，二者之间所以发生观念冲突，大部分来自现实的因素，现实的问题不是理论上的争辩能解决得了的。

　　在自由意义的歧见中，自由派与新儒家直接发生交涉的是有关政

---

① 《自由中国》第10卷第3期社论：《自由日谈真自由》。
② 见殷海光、张佛泉、徐复观：《自由的讨论》，《民主评论》第5卷第6期。

治与道德的第二个论题,问题的核心在如何处理"意志自由"? 社论说:
"人的行为无不受因果法则之支配,或受函数关系所决定。"这明显受到
行为科学中行为主义的影响,行为主义是排斥自由意志这类精神资源
的,因为它不受科学方法的控制。这个论点被新儒家学者批评之后,自
由派立即做了修正,答辩中说,他们只是在政治层次中不谈"意志自由"
一类的自由,"不谈"并不等于"否定"。虽不否定,但主张意志自由和人
权清单中所列的诸自由,无论是从概念上或实现上均应加以区分。从
概念上看,意志自由是属道德范畴,而诸人权属于政治范畴。从实现上
看,意志自由实现到极处,人人可做圣贤;诸人权如一一实现,则人人可
做自由人。民主政治本格的目标,并非使人人成圣成贤,而系使人人享
有诸人权,所以在民主政治层次中可以不谈意志自由。至于二者的关
系,自由派认为民主政治并不蕴涵反道德,恰恰相反,它可能为道德之
实现创造一可能的环境。从"自内而外"言,道德先于民主;但从"自外
而内"言,则民主先于道德。二者孰先孰后,全系相对的①。

　　经由以上解说,自由派显然不能同意把道德理想与自由民主做价
值层次上的划分;基于同样的理由,也不会赞成自由民主须以道德主体
为其超越依据之说。到此可以看出,两派之间的冲突,主要来自观念论
形上学和经验主义哲学立场的不同。从经验主义观点出发,很自然地
把自由民主限制在政治层次,也就是限制在经验运作的层次,在这个层
次上,人的思考讲求清晰,因此对自由民主及其相关的概念有厘定澄清
的效果。更重要的,在经验运作层次上,比较容易想到或容易发现到,
真正妨碍自由民主实现的障碍是什么。自由派学者指出,在人类争自
由的过程中,所碰到的问题的核心,不是道德(或自由)意志,不是传统,
也不是其他不利的条件,而是有些人拿镇制权力来对付或压制自由的
争取。一部争自由的历史,是自由和镇制遭遇的历史,人间如没有镇制

---

① 以上答辩见殷海光代《自由中国》社答徐复观的信,见殷海光、张佛泉、徐复观:《自由的讨
　论》,《民主评论》第 5 卷第 6 期。

权力的使用,那么压根儿也就无所谓争自由的问题①,自由派的自由思想发展到这一步,可说已真正进入问题的核心。

但是,在经验运作的层次上争取自由,是否就与道德范畴或形上信念无关呢? 是又不然,争取自由的对头虽是镇制权力,但争取自由的动力却不能不来自具有自由抉择能力的个体,承认人对自己行为有抉择能力,就必然会肯定人有自由意志的形上信念,自由人所以憎恨极权,重要的理由之一,就是因为极权主义根本否定人有自由意志。所以把意志自由和人权清单中所列诸自由在概念上加以区分,固有必要,一旦落实到争自由的实际行为中,不可能没有形上信念的支持,但可能是不自觉的。联合国《世界人权宣言》第一条:"人皆生而自由;在尊严及权利上均各平等。人各赋有理性良知,诚应和睦相处,情同手足。"人为什么要争取尊严和权利,即基于"人皆生而自由"的形上信念;我们为什么要求人类社会应和睦相处,情同手足,因人人都有天赋的理性与良知。肯定形上信念,并不必然蕴涵自由民主;但追求自由民主,却不可能没有形上信念。不谈,是因为局限于经验主义,在这方面,道德的理想主义者的主张,是有其充分的理由的。

上面已简要地展示了两种心态的对立以及主要观念的冲突,下面两节将分别陈述它们在思想不同的路向上各自的表现,及其在当代思想史上代表的意义。

二　启蒙思想的发扬

余英时教授在一篇讨论中国文化的重建问题的文章中提到,目前我们一方面应肯定五四新文化运动的启蒙精神,另一方面也要超越五四的思想境界,他认为这就是中国文化重建在历史现阶段所面临的基

---

① 见殷海光("高风"):《自由的对头》,台北《时与潮》第229期。

本情势①。所谓基本情势,就是当前思想的客观要求,应同时包含这两种思想趋势,超越五四是在肯定五四启蒙精神的基础上发展。很不幸1949年以后,我们的思想界,由于前述心态的对立,竟然在共同的目标下,依然造成思想的分裂,自由派继续发扬五四的启蒙精神,新儒家却在否定五四启蒙精神的情形下要求超越。

五四新文化运动的目标是民主与科学,到目前为止,这个目标大部分仍停留在理想的阶段。这个目标一天不完成,我们的思想仍将在启蒙和再启蒙的过程中挣扎奋斗。三十多年来的历史证明,新文化运动的精神虽不绝如缕,但已成为中国人争自由、争民主主要精神力量的来源。

由创办《新青年》到五四这几年中兴起的思想运动,当时及后来最流行的称呼是"新文化运动",也有少数人比之为西方的"文艺复兴",这当然是不恰当的。就其打倒偶像、打倒权威最为突出的解放精神而言,最足以比拟的应是西方18世纪的启蒙运动。这个运动发端于1680年左右的英国,迅速蔓延到北欧,运动的最高潮是在18世纪的法国,伏尔泰和卢梭成为这个思想运动的双璧,有的史家认为历史上很少有其他的运动在塑造人类的思想与规范他们行动的方向等方面,曾发生这样深远的影响②。西方的启蒙运动大抵表现了下列的特色:(1)崇尚理性,视理性为思想唯一正确可靠的指南针;(2)科学的或机械式的宇宙观;(3)革新旧习俗;(4)打破欧洲中心;(5)打倒盲目性和传统的偏见;(6)叛离权威、打倒偶像;(7)怀疑精神。这个运动的基本信念是,认为经由知识可使僵固的宗教传统获得解放;相信只要把人的理解力充分发展,把种种智性的力量加以培养,就可以把人在精神上改变,产生一种新的和更为幸福的人生;相信自由与开放必将伴随着启蒙而来。

从这个背景来了解五四时代的思想,确有许多方面是相似的,例

---

① 余英时:《史学与传统》,第178页。
② 爱德华·麦克纳尔·柏恩斯著、周恃天译:《西洋文化史》,台北,黎明文化事业公司,1973年,第781页。

如:在"科玄论战"中站在科学一边所持的就是机械式的宇宙观,视万物的运行变迁皆自然而然,根本用不着什么超自然的主宰或造物者①。在革新旧习俗这个节目上则为激烈的反对旧礼教,把传统的忠孝视为对君父盲目性的崇拜,主张叛离圣贤的权威,打倒帝王的偶像。当时思想界的领袖提倡杜威的实验主义以及借考据提倡"考而后信"的科学方法,都是教人一种怀疑的精神。

关于打破欧洲中心,是指伏尔泰《论查理曼到路易十三法国国民道德与精神》一书,书中用史家称之谓"火星人般的客观态度",谈论中国、印度、波斯各国的风土民情和人民的信仰,使世界变得更大而新奇,使欧洲人发现欧洲不过是另一个大陆的半岛②。类似的工作在19世纪中叶前后魏源的《海国图志》中已开始。五四时代的新知识分子只是西化甚至全盘西化,很少在理论上反省这个问题。到台湾的自由派才把"我族中心主义"当作一个重要的论题来讨论,他们在逻辑上指出"以自我为中心"的论断,足以导致思想的谬误③。在文化上他们把"我族中心主义"分为两种:一种是良性的,它肯定并且爱护自己传统的生活方式、价值观念和文化理想,但同时也欣赏并尊重其他的文化传统;一种是恶性的,它肯定一些绝对的价值,认为这些价值优于其他文化,因此对别的文化特征都看不顺眼,有意或无意存一种鄙夷甚至排斥的态度④。自由派不断讨论这样的论题,自然是有所为而发的,因表现恶性的"我族中心主义"者,不限于那些国粹派,新儒家有时也不能避免。要改正这种根深蒂固的文化偏见,主要要靠文化人类学的知识培养开放的心灵,借了解不同文化系统中的价值观念,才能发展出较均衡的价值系统观。

---

① 胡适:《胡适文存》(第二集),台北,远东图书公司,1971年,第136页。
② 威尔·杜兰著、许大成等译:《西洋哲学史话》,台北,协志工业丛书出版公司,1957年,第207页。
③ 殷海光:《殷海光先生文集》,第463—465页。
④ 殷海光:《中国文化展望》,台北,文星书店,1966年,第128—129页。

关于理性,五四时代像《狂人日记》那样的言论能风行一时,在一片破坏打倒声中,这方面的追求是被浪漫激越之情所掩盖着,即连提倡科学,也不免出于浪漫的态度。这种偏向到台湾以后才有显著的改变。自由派学人对科学理论和科学方法的理解都比启蒙初期有进步,最明显的一点即对"大胆的假设,小心的求证"这种方法的检讨与批评。首先他们指出,长期以来我们在应用这两句话时,在暗中摸索的时候多,运用得有把握的时候少。因所谓"大胆"和"小心",都是心理状态方面的事,于理论构造毫不相干。如果我们要能提出一个合用的假设,不能全凭直觉、猜度、想象,它需要满足五个"标准":(1)假设必须与所要说明或预测的相干;(2)假设必须可被证验;(3)较大的说明力和预测力;(4)简单性;(5)假设必须与既成的理论相容。求证的工作也很复杂,有些假设可以在技术上得到证验,有些只能在原则上予以证验;有些假设可以直接证验,有些只能间接予以证验。总结地说,"大胆的假设"是向前开辟新界的探求,"小心的求证"是约制大胆开辟以便获致可靠果实的一种程序[1]。在台湾的启蒙思想家,并不是要否定这种方法,而是从方法学的观点予以重建。

在台湾的启蒙思想家,对早期的启蒙思想有相当严厉的批评,认为五四新文化运动有较大成就的在白话文的推动和文艺以及新诗的创作,学术思想上的成就只比新闻式的介绍高一点点,因此很容易被误导和利用。紧接着五四起来搞革命的人,常借文艺作品散播思想,也就是说借着情感的通路使他们的思想灌入一般知识分子的头脑,这种来路的思想常常不可靠,只有根据逻辑推论的程序和经验知识而接受的思想才比较可靠,因此自由派竭力提倡逻辑经验论[2]。

逻辑经验论源于实证论的哲学、符号逻辑、数学、实效论及运作论,就这些科目最低的共同中心论旨所构成的逻辑经验论的特征是:(1)肯

---

① 殷海光:《思想与方法》,台北,文星书店,1964 年,第 131、154、156、158 页。
② 殷海光:《中国文化展望》,第 212—213 页。

定经验，并把经验作为知识的基础；(2)注重逻辑解析，并把哲学看作逻辑解析；(3)由(1)与(2)两特征，遂导致对传统形上学的否定。维也纳学派传到美国之后，很顺利地与美国本土思想合流，于是：(4)重实效；(5)重运作；(6)重行为。又因受爱因斯坦的影响，于是在知识上是：(7)相对论①。由于逻辑经验论的复杂内涵，要对它有穷根究底的了解，对中国知识分子而言，实不容易。所以尽管在 1960 年代的台湾曾兴起一股研究的风气，但真正对一般知识青年产生影响的还是在把它的理论做常识性的应用这一部分，例如以经验与逻辑作为正确思想的评准，于是对来自宗教、传统、书本教育以及政治上的一切思想，就以这个评准做武器，大胆地评断其是非得失。在逻辑上尤其喜欢宣扬所谓种种谬误，于是"诉诸权威"、"诉诸怜悯"、"人身攻击"、"以自我为中心"、"简单的确定"等谬误之说②，一时间颇为流行。

　　逻辑经验论一方面依据证验原则，运作地划分了科学与形上学，另一方面又因传统形上学的命辞是无法验证的，因此更断言它所说的一切是没有意义的——没有认知的意义，这样势必把哲学中所有超经验的知识，统摒弃于认知范围以外。以传统的哲学标准来看，逻辑经验论的贡献不在哲学，而在语言解析和科学致知模态的建立，这方面思想的引进就中国哲学的特性而言，实有其划时代的意义。不过，在此时此地，自由派所以特别钟情于逻辑经验论，除了原先经验或实证的哲学立场之外，还有一个重要的原因不可忽略，即 1949 年以前中国思想战场上，经过三十多年的思想混战，形形色色的意识形态，在一时间内都足以吸引徒众，彼此倾轧，互相斗争，闹得天昏地暗。自由派思想家为了澄清这种混乱的局面，亟想找寻一条清明的理路，这套思想既可使人头脑清醒，又可使人在种种意识形态诱惑之下做个不受人惑的人，依自由派学人看来，逻辑经验论恰好能满足这些需要。于是他们一方面以"思

---

① 殷海光：《殷海光先生文集》，第 225—226 页。

② 殷海光：《怎样辨别是非》，台北，文星书店，1955 年，第 1—21 页。

想界的清道夫"自况,另一方面则以为在经验与逻辑的基础上可以建构一种新的哲学。

可怪的是,我们提倡逻辑经验论的学者竟然批评维也纳学派触犯了"减约的不适当"的毛病,意思是说他们滥用了奥康的刀(Occam's razor),成为哲学上空前的取消运动,"这样弄学问的态度和办法,作为一时破坏性的激动则可,作为长期建设性的努力则不可"①。逻辑经验论的倡导者所肯定的虽比初期维也纳学派要多,但在传统哲学的立场来看,他们所能涉入哲学的程度,不啻五十步笑百步,因为他们认为严格的知识是没有颜色的,也就是说这种知识没有情绪、意欲、个人成分、地域特点等掺杂其间。因此,它有普遍的效准②。他们不知这种知识仅有形式的意义,仅靠这种知识如何面对纷纭复杂的世界? 于是只好把人类的生活方式、社会组织、经济及政治制度等复杂的问题化约为科学知识及科学技术的问题③,以为在谋实际问题的解决时,只要少受宗教教条、文化传统以及种种意识形态的羁绊,一定少许多无谓的牵制或浪费④。这种思想简直把人类的问题看作可以在真空中或实验室中来解决似的,已不只是犯了"减约"之病,而是在问题之前退缩又感到无力。

逻辑经验论所以会引出这样的结果,主要关键就在其着意取消形上学,以及形上信念的丧失。他们不知我们对任何事物去追根究底,一旦认为真真是如此这般的时候,就有了形上的信念,系统化的形上信念就是形上学⑤,今日世界两大政治阵营的对抗,背后正是受两种不同的形上学在支配着⑥。争自由、争民主,如不能把自由、民主连上实在界予以终极的解释,很难产生巨大的动力。"人生而自由"、"人生而平等"、"把人当人",这些都是争自由、争人道、争尊严的形上信念。它们都具

---

① 殷海光:《殷海光先生文集》,第 1081 页。
② 殷海光:《殷海光先生文集》,第 724 页。
③ 殷海光:《殷海光先生文集》,第 723 页。
④ 殷海光:《殷海光先生文集》,第 725 页。
⑤ 项退结:《现代中国与形上学》,台北,黎明文化事业公司,1978 年,第 5—6 页。
⑥ 项退结:《现代中国与形上学》,第 9—10 页。

有"真实的普遍性"，而与辩证唯物论的形上信念针锋相对。

中国启蒙运动初期的思想，最受人诟病的是它表现激烈的反传统，反传统是这个运动最明显的标志。在西方是反基督教，在中国，儒教成为众矢之的，传统社会政治方面的弊病很少不被揭发的。在西方，对这个运动就有极为相反的评价，有的史家认为"是一场为救人类灵魂的奋斗"，敌对的一方却把这一时期描写为"混乱及愚蠢的世纪"[1]。在中国，来自左右两方的攻击且不说，即使比较公正的评论，也认为五四整体性反传统思想犯了"文化化约主义的谬误"[2]。另外也有史家认为当年《新青年》对中国文化的全面破坏，虽被时人视为一大罪案，但公平地说，那正是他们的功绩，因为要出现新社会，必须破坏那些障碍物。

台湾的自由派当然也继承了启蒙运动初期反传统这一特色。但由于思想训练的不同，知识的增进，以及阶段性的处境已异于往昔，因此对这方面的问题有较多且较深的反省，这可以从两点看出：

第一是容忍态度的提倡。在西方，伏尔泰也曾写下划时代的作品《论容忍》，主张每一个公民只要不扰乱公共秩序，都应能自由地运用他的理性。1950年代末期，胡适在《自由中国》发表被誉为"近四十年来中国思想史上的一个伟大文献"的《容忍与自由》一文[3]，主旨在阐述："容忍是一切自由的根本；没有容忍，就没有自由。"自由派的后进却认为"同样是容忍，无权势的人易，有权有势的人难"，因此要求"适之先生要提倡容忍的话，还是多多向这类人士说法"。不过对胡先生提倡容忍的态度，则采取完全支持的立场。因为"容忍，无疑是解决中国问题在心理状态方面的基本钥匙，容忍一行，则冲突可消，僵冻可解，且周身气血活畅，生机立显"[4]。二十多年过去了，有权有势的人，不容忍的态度似

---

① 威尔·杜兰：《伏尔泰思想与宗教的冲突》，《世界文明史》（20），台北，幼狮文化事业公司，1977年，第417页。
② 林毓生：《五四时代的激烈反传统思想与中国自由主义的前途》，见《五四与中国》，台北，时报文化出版公司，1979年，第361页。
③ 见《自由中国》第20卷第6期。
④ 殷海光：《殷海光先生文集》，第245—246页。

乎未见改善,冲突却不断升高。在政治上要求容忍,除非能培养强大的制衡力量,否则从道德的意义上要求宽容,是不会有多大效果的。

第二是对传统态度的反省。在反省中自由派已逐渐挣脱极端的倾向,走向理性的批评。自由派学者把中国现代思想史中对传统的态度,分为三种:(1)传统至上说;(2)传统吃人说;(3)传统可塑说。

主张"传统至上说"者,大都是传统主义者。从历史与地缘的观点看,大陆国家比海洋国家传统主义容易盛行且占优势;从经济的观点看,农业社会传统主义容易生根,在流动的商业社会,就比较不容易滋长。此外,传统主义具有拟圣的、权威的、一元的、绝对的、排他的、反怀疑的、重名分的等特性。

"传统吃人说"不只是"非传统主义者",且是"反传统主义者",他们事事与传统为敌。

第三种态度自由派称之为经验论的态度,本于这种态度所了解的传统,首先它是维系社群生活稳定的一项重要力量,社群若不稳定,便无以承受进步的果实。衡断传统价值的另一重要标准,是看它能否对新的刺激做适当反应,如果能,则传统是对社群生活有益,如不能,则传统成为社群生活的累赘。所以传统是否要修正、保存或更改,全看它是否适合人生而定[①],然后根据这个态度衡断中国传统。但提出民主与科学作为衡断的特定尺度,这当然是一个不利的观点,因中国传统根本无所谓民主。那些把民本思想拿来与民主附会的人,自由派评为"把爱国与讲知识混为一谈"[②],而他们又指出"中国传统却与科学的思想方式大不相容"。关于中国文化传统中为何未能产生近代的科学,这是个复杂的问题,英国科学史家李约瑟,花去大半生心血钻研中国科学史,主要的目的之一,就是想解开这一历史之谜。国内的科学史工作者也有讨

① 殷海光:《殷海光先生文集》,第 165—171 页。
② 殷海光:《殷海光先生文集》,第 179 页。

论①,根据这些讨论,自由派所说"中国传统却与科学的思想方式大不相容"②,即使不是完全武断,也是太嫌粗率的,因中国传统中的思想方式,并非全部都与科学不相容,何况思想方式也仅是近代科学未产生于中国许多因素中的一个。中国传统既无民主又未产生近代科学,是不是就要将它加以破坏呢?不是,严格地说,后期自由派已不反对传统,而只反对传统主义者对历史文化所持的"戒严"态度,他们希望中国传统能经由创造达到新陈代谢的目的③。

三 儒家思想的新开展

儒家思想的新开展这一时代性的大课题,早在抗战期间贺麟就已提出一套包括方法、态度和努力目标的具体构想④。在方法上,儒家思想的新开展应以"现代与古代的交融,最新与最旧的统一"为指南。针对新开展的需要,他提出的态度极具包容性和开放性,在他看来,五四新文化运动,表面上虽主张推翻儒家,实际上却是促进儒家思想新发展的一大转机,其功绩与重要性乃远在前一时期曾国藩、张之洞等人对于儒家思想的提倡之上。他认为新文化运动的最大贡献,在破坏、扫除儒家的僵化部分的躯壳、形式、末节和束缚个性的传统腐化部分,他们并没有打倒孔、孟的真精神、真学术,反而因他们的洗刷扫除的工夫,使得孔、孟、程、朱的真面目更加显露出来。新文化的领导人物,主张解除旧道德的束缚,提倡一切非儒家的思想,颇为一些自诩为继承儒家正统的人物所不满;而贺氏却认为"推翻传统的旧道德,实为建设新儒家的新道德作预备工夫,提倡诸子哲学正是改造儒家哲学的先驱"。其次,西方文化学术的大量输入,在他看来,表面上好像是推翻儒家使之趋于没

---

① 如郭正昭等:《中国科技史》,台北,自然科学文化事业公司,1980 年。
② 殷海光:《殷海光先生文集》,第 178 页。
③ 殷海光:《殷海光先生文集》,第 182—184 页。
④ 贺麟:《儒家思想的新开展》,见《文化与人生》,台北,地平线出版社,1973 年重印。

落消灭,但实际上将如当年佛教之输入,亦将大大地促进儒家思想的新开展。不过他强调,西方文化之输入,将给儒家思想"一个生死存亡的大试验、大关头",又警告:儒家思想"如不能经过此试验,渡过此关头,就会死亡、消灭、沉沦,永不能翻身"。

至于努力的目标,贺麟主张在消极方面无须附会科学原则以发挥儒家思想,因那样会陷于非科学非儒家,这可能是针对当时仍流行的科学主义的思想而发。积极方面他主张应从三方面去努力:

(1)必须以西方的正宗哲学发挥中国的正宗哲学。盖东圣西圣,心同理同,使"苏格拉底、柏拉图、亚理士多德、康德、黑格尔之哲学,与中国孔、孟、程、朱、陆、王之哲学会合融贯",乃今后"新儒家思想发展所必循之途径"。

(2)须吸收基督教之精华以充实儒家之礼教。所谓吸收基督教之精华,指须以其普爱说以补充单重视亲属关系的差等之爱的不足,盖"惟有具有爱仇敌的襟怀的人,方能取得精神的征服或贞胜"[①],如此才会有强而有力的新儒家思想产生出来。

(3)须领略西方之艺术以发扬儒家的诗教。"过去儒家,因乐经佚亡,乐教中衰,诗教亦式微。对其他艺术,亦殊少注重与发扬,几为道家所独占。故今后新儒之兴起,与新诗教、新乐教、新艺术之兴起,应该是联合并进而不分离的"。

贺麟对儒家思想所开展的构想,最值得称道的是,他站在弘扬儒家的立场,对新文化运动的反儒家思想,能超越敌对意识,了解其限制,发现其对儒家思想新开展的积极贡献。假如1949年以后发展的新儒家能有如此开阔的胸襟,当不致造成两种心态的对立,助长了对新文化运动的误解,延缓了学术思想朝合理方向的发展。

在宗教问题上贺氏的提示也值得注意,基督教的传统的确表现出爱的强劲动力,儒家"四海皆兄弟"及"民胞物与"之说,大都停在理念层

---

① 贺麟:《文化与人生》,第17页。

次。新儒家对这个问题注意到，西方来华的传教士及受其影响者以为儒家只注重人间的伦理道德和外表的行为规范，因而强调儒家宗教性的超越感情[①]；对基督教则除指责其在历史上引发的宗教战争外，又以儒家为准据，认为基督教虽于政治社会等客观方面有成就，但因不重主体性，也开不出正面的真实的主体性，因此并不真能照察出什么是罪恶，而期从根上消除它[②]。因中国现阶段必须解决的文化问题是偏向于民主与科学，基督教向中国文化的挑战虽早于民主与科学，但迄今未引起中国知识分子的普遍关切，部分的原因是因西方基督教本身在工业文明影响下，正处于长期衰退、欲振乏力的时期。另一方面则是由于基督教和儒家在当前工业文明强劲有力的世俗化甚至物化的趋势下，正面临着挣扎图存的共同命运。

　　贺麟的提示，重点在吸收我所本无，以恢复我所本有。但在今日，都同样困难。"诗乐之教"本是原始儒家极重要的一环，对孔门师弟的心灵、生活及教学，都产生过相当深刻的影响。这方面使中国文化表现出道德与艺术交融的特色，也产生移风易俗的特殊功能[③]。魏晋南北朝时，由于受西域和印度佛教的影响，儒学中衰，外来音乐渐居优势。宋明儒学再兴，早期的"诗乐之教"已难恢复，宋儒由心性倡立"变化气质"之说，不知如无"诗乐之教"的配合，不但在变化气质上难收实效，即使在道德生活中也显得孤高而缺乏滋润。当代新儒家中，因有人具备特殊的才智，对传统儒、道两家的艺术精神，做了极富创意的诠释[④]，对中国文化的重建，是一大贡献。

　　1949 年以后的新儒家，最重要的发展，大抵是走的贺麟第一点所希望的"必须以西洋之哲学发挥儒家之理学"的路，这方面已有相当完

---

①　唐君毅：《中华人文与当今世界》，第 879—880 页。
②　牟宗三：《生命的学问》，台北，三民书局，1970 年，第 84 页。
③　韦政通：《开创性的先秦思想家》，台北，《现代学苑》月刊社，1972 年，第 21—24 页。
④　此指徐复观的《中国艺术精神》，台北，台湾学生书局，1966 年。

整的系统的建立①。尤其是"智之直觉"的系统化理论,更是整个系统中最具创新意义的部分,它为重实践的中国哲学,提供了前所未有的理论基础,已为中国哲学的重建立下不朽的功绩,这方面不仅超越了五四的启蒙心态,对新文化运动反儒家潮流,在道德价值的层面上也做了有力的回应。当然,以西方哲学发挥儒学,观念论系统不是唯一的可能,近年我们的人文学工作者,正不断从事其他方面的尝试,有的学者根据杜威的哲学探讨易经的理论②,有的通过存在主义阐述儒家的观念③,有的依据美国新近哲学发展的一般趋向讨论中国哲学的方法论建构问题④,有的以柯灵乌(编注:即科林伍德)的历史思想发挥章学诚的学说⑤。将来有一天当我们积极正视基督教的挑战时,西方丰富的爱的哲学将可充实儒家的仁学。最近美国在"新道德"的呼声中发展出来的一套"处境伦理"的理论,极有助于重建中国伦理学说⑥。只要选择适当,对选择的理论和被诠释的问题都有切当的理解,几乎都可以别开生面、一新耳目。类似的工作,如果累积五十年、一百年,不但使中国哲学因从中获取新养分而重现生机,新时代的新哲学系统,也必将在此过程中不断诞生。

如前所说,当代新儒家在道德形上学方面已取得空前的成就,但当他们想根据这个基础来解决新文化问题时,面临了很大的困难。新儒

---

① 这方面的工作,可以牟宗三下列三书为代表:(1)《心体与性体》;(2)《智的直觉与中国哲学》;(3)《现象与物自身》。
② 吴森:《易经和杜威思想的革命观》、《易经和杜威的因果观》,均见氏著《比较哲学与文化》,台北,东大图书公司,1978年,第115—145页。
③ 项退结:《迈向未来的哲学思考》第十四章《中国传统哲学与存在真理》、第十五章《仁的经验与仁的哲学》。该书1972年由台北《现代学苑》月刊社出版。
④ 傅伟勋:《美国近年来的哲学研究与中国哲学》,见《现代美国行为及社会科学论文集》,台北,台湾学生书局,1973年,第299—334页。
⑤ 余英时:《章实斋与柯灵乌的历史思想——中西历史哲学的一点比较》,见氏著《历史与思想》,第167—207页。
⑥ 韦政通《朱熹论经、权》,以处境伦理的观点阐述朱子的经、权思想,就是这方面的一点尝试,此文原载台北《史学评论》第5期。

家的一个信念是:"创新必依据其所本有,否则空无不能创。"①"在传统中变"的时代里,这个信念是有效的,所以宋明新儒家可以经由推陈出新的过程,克服由佛教引起的文化危机,把儒学复兴起来。19世纪中叶以后,中国文化因西方近代文明冲击所产生的变迁,早已越出传统的樊篱,在巨变中引起的文化新课题是民主与科学(近代意义的),二者均为中国传统所本无,因此,"依据其所本有"者,已无法创造出新文化,此所以有"新""旧"的对立。新儒家中有人企图以由道德主体转出认知主体的一套理论来克服这种对立,即由所谓"内容真理"转出"外延真理",为科学立根;由"理性之运用表现"转出"理性之架构表现",为民主立根。这一整套的观念架构,新儒学称之为"主体的纲维",依据此纲维,即足以开出中国文化发展的途径,以充实中国文化生命之内容。由此而有三统之说:

(1)道统之肯定:此即肯定道德宗教的价值,护住孔、孟所开辟之人生宇宙的本源。

(2)学统之开出:此即转出"知性主体"以融摄希腊传统,开出学术之独立性。

(3)政统之连续:此即由认识政(当是"主"字)体之发展而肯定民主政治为必然②。

由这些中心观念发展出来的哲学,的确是一套新的东西,这套新的东西具有哲学的意义,所谓开出中国文化发展的途径,以充实中国文化生命之内容,也只是哲学的解答。哲学家的使命在探索问题,并在关键性的问题上形成系统的意见。这些意见可以启迪心智,指示实际解决问题的方向,但并不保证凭借它就能解决实际的问题。文化问题是多元性的,不同领域里的问题,只有这个领域里的专家才知道问题的症结所在,解决问题是他本分以内的工作。至于专家是否需要一套哲学作

---

① 熊十力:《文化与哲学》,见《中国本位文化讨论集》,台北,帕米尔书店,1980年重印,第165页。

② 牟宗三:《道德的理想主义》,台中,东海大学,1959年,《序言》,第4页。

为他工作的条件,那要看专家工作的性质。从事基本科学的理论家,需要高深数学做思考的工具,在这个层次上的工作与哲学相通,但真正支配科学家创造活动的,还是先在的"科学典范",不是哲学。建立美学或艺术原理是哲学活动,但艺术家的创造并不一定需要哲学。相反的,艺术哲学倒常常需要从伟大的艺术家的创造活动中撷取经验,以作为美学的素材。这样的例子不必要再举下去。我们举这些例子只是想说明一点,即实际的文化工作是分工合作的,任何一种知识的拥有者,都有他一定的界域和限制。哲学家的重要任务之一,即当各个文化领域的成果累积到相当程度时,可以建立一文化哲学或形上学的系统,把这些复杂分歧的人类活动的经验,予以系统化的综合和理智性的凝炼,以提供下一个阶段文化发展的基础。

当代新儒家的工作,基本上是一种哲学性的工作,这在近代知识分化的趋势下以及在中国文化现代化的过程中,是必然也是应有的一种角色。这种角色的心智遨游于自由的天地,工作范围的大小决定于个人的才智。才智大的可以从高层上谈整个人类文明的大问题,才智小的可以在一个小问题上钻研终生,范围的大小并不影响哲学家的成就。哲学家的成就,主要表现在思想水平的提升上。如果新儒家以哲学家自居,又充分自觉到哲学工作的性质,那么到目前为止,他们所取得的成就,应该获得肯定。问题出在他们实质上是哲学家,又自认是儒者,而二者在文化角色上是不同的。儒者需要卫道的精神,需要德操,对社会风教、历史文化、民族前途都有使命感,对哲学家来说,未免负担过重。

哲学家主要靠强劲的心智在工作,基本上是带批判性的,虽不特定地维护什么"道","道"却可能因哲学家能赋予新生命新形式而得以延续。一种哲学是否能对社会产生广泛影响,这不是哲学家必须要顾虑的问题。社会影响是个复杂的问题,影响有好有坏,从这里不一定能证明哲学的成功或失败。有的哲学在当时无人过问,过了一个时期却风行起来。除了环境的因素之外,还要靠运会。真正的哲学家既不会把任何人物"神化"，也不会蓄意制造影响，因那样去做很难不跌入权势的陷阱，屈服于权威之下任其摆布，结果不但卫道不成，连自我的人格也因此被否定，历史上无数儒者的下场可为殷鉴。人应有救天下苍生之志，但作为鞭策自己的意愿则可，拿别人作为实现使命感的工具则不可。一个健全的社会，在人人能各守其分、各尽其责，才能健全的运作，历史文化不是少数人能维护得了的。一个传统能长期维系它的命脉，"大传统"里的知识分子固然有功，如照"礼失而求诸野"的说法，"小传统"里的"沉默的多数"维护之功说不定更大。

形上信念或形上学的价值及重要性，前文已屡次提到，人只要稍微有理想，便和它关联上，在基本的意义上哲学就是形上学，历史上伟大的哲学家很少不是形上学家。不过德国观念论传统里的形上学家有些特别，他们有强烈的系统欲，又喜欢把文化塑造成一个金字塔型的世界，并在其中划分许多层次，自己则居于最高层，因此他们的观察力和理解力往往被其自筑的观念堡垒所囿限。最缺乏自我批判力的往往也是这些哲学家。他们不知道问题层次的划分，只是概念的划分，在具体人生的实践中不是那么回事。新儒家中在哲学上有成就者显然受这个传统影响很深，他们住于金字塔顶，因形下世界与他们构筑的形上世界的价值模型差别太大，因此对近代文明、近代社会的评判，往往离谱甚远。他们以为以事实世界为研究对象的科学家就不能接触价值世界，对价值世界就没有贡献。事实上人间社会价值的增进很少直接来自价值哲学，而是靠那些分散在各个文化领域中杰出的工作者（包括科学家），他们很少论及价值，但价值却由他们创造性的工作中照耀出来，透过他们的影响进入他们的时代，逐渐地再造了一代的心智。

观念论者认为宇宙的"终极实在"是隐藏在"观念"或"精神"之中，因此以观念或精神为优先，与经验论者以"感官知觉"为先的想法恰好对立。近代西方民主理念的发展，似乎和观念论的哲学传统甚少渊源。民主政治在英国和法国，却与功利主义、实证主义、自然科学结成了一套符合逻辑的相关概念。在德国的情形显然很不一样。据说此一现象曾深深地困扰了神学家托洛区（Ernst Troeltsch）及史学家迈内克（Hriedrich Meinecke）的心灵，他们不禁如此自问：为什么英国人和法国人从"肤浅"（shallow）的历史与社会哲学中可以发展出经得起考验、符合人道的政治制度来；而德国人虽然有更深奥（deeper）的了解，可是非但无法使社会获得平衡，而且当 20 世纪来到时，反而更明显地屈服在赤裸的武力这个"恶魔"的手下①？

　　这个问题也许可以帮助我们解答，为什么五四新文化运动以后，实证主义会成为思想的一个主流。民主是一种庸众政治，他们习惯于争论，也习惯于妥协，这都需要实用的智慧和多元的观点，他们的心灵和价值观点都比较有弹性，因此能调剂人与人之间的冲突。形上学家——尤其是德国黑格尔式观念论的形上学家，他们习惯于绝对精神的思考，喜欢由二元价值观点看世界，因此显得独断而缺乏宽容，视妥协为卑微的手段，视弹性为机诈，这样民主自然难以进行。在这个意义上，我们中国必须使启蒙思想继续发扬，使大家多培养一点经验性思考的习惯，才能提供实行民主政治的心理基础。

四　未来的展望

　　1949 年以前，两种心态的对立，以及因对立而产生的冲突比较严重，所谓"传统派"与"西化派"之间，很少有相容的余地。1949 年以后，两种思想形态虽继续对立，但思想的冲突有缓和的趋势。自由派的中坚已肯定道德理想，对传统也不再采取整体性盲目反对的态度，因此与过去的西化派不同。新儒家对自由、民主、科学是肯定的，只因思想的立足点不同，因此对处理这些问题的方式也不同，同时新儒家在思考方式上也力求西方化和系统化，所以与过去的传统派不同。余英时说：

① H. Stuart Hughes 著、李丰斌译：《意识与社会》，台北，联经出版事业公司，1981 年，第 189—190 页。

"近百年来，保守派指责现代化破坏了传统的价值，而激进派则怨恨传统阻碍了现代化的进程。……但问题的关键在于双方不但都把'传统'与'现代'看作势不两立，而且也都视'传统'与'现代'为抽象的整体。"①这种尖锐对立的现象，1949年以后，我们的思想界已有显著的改正。

以新儒家为例，唐君毅先生说："故中国百年来中西文化之争，对中学为体西学为用者，与全盘西化之二极，吾书（指《中国文化之精神价值》）可谓已与以一在哲学理念上之真实会通。"②为什么要会通？自然是因已察知中西文化二极之争不当，会通的方式你尽管可以不赞同，至少在态度上已有进步。后来由牟宗三、徐复观、张君劢、唐君毅四位先生共同发表的《中国文化宣言》中，也认为中西文化未来发展的共同目标，须将希腊的理性与自由精神，罗马法中的平等观念，以及希伯来之宗教精神，"与东方文化中之天人合德之宗教道德智慧、成圣成贤之心性之学、义理之学，与圆而神之智慧、悠久无疆之历史意识、天下一家之情怀真正会通"③。会通的工作不仅要能观其同，还要能别其异，这样的工作新儒家已开其端，目前对中西文化特性的了解正继续发展中。此外值得注意的是自由主义，它自从在中国出现以后，可谓命运多乖，一直受到左右夹攻。到台湾以后，当自由主义者被围剿时，新儒家之一的徐复观先生挺身而出为其辩护，出"悲愤的抗议"④，这表示在自由主义这一点上，两派之间已建立起相当程度的共识。

在克服思想的对立上，1949年以后自由派的表现似乎要更积极，在一生之中发表过许多激烈反传统言论的胡适之先生，1959年发表一篇《中国哲学里的科学精神与方法》的论文⑤，认为古代中国的知识遗产里，有一个"苏格拉底传统"，那便是重视自由问答、自由讨论、独立思

---

① 余英时：《史学与传统》，《序言》，第9页。
② 唐君毅：《中国文化之精神价值》，《序言》，第5页。
③ 唐君毅：《中华人文与当今世界》，第897—898页。
④ 徐复观：《儒家政治思想与民主自由人权》，台北，八十年代出版社，1979年，第283—301页。
⑤ 此文乃胡适于1959年夏威夷大学东西哲学家会议上宣读之论文，由徐高阮中译，刊台北《新时代》第4卷第819期。

想、怀疑、热心而又冷静求知的儒家传统。这个传统的一个紧要部分，是"知识上的诚实"，它对后代中国的思想发生了持久不衰的影响。次年(1960年)胡先生又发表《中国传统与将来》一文①，最后他说："总而言之，我深信，那个'人本主义与理智主义的中国'的传统没有毁灭，而且无论如何没有人能毁灭。"充分表现对儒家的热爱以及对传统的信心。台湾三十年来自由派中最具代表性的殷海光先生，在相当长的时间里，他对新儒家确怀敌意，但由于他对知识的真诚追求，也一直在努力克服自己的偏见，生命的最后几年，他经常在年轻朋友和学生之前反省自己的错误。即使在他还相当年轻时(1953年)，读到徐复观先生《中国的治道》文，文章里在分析了传统专制下的治道之后，认为中国历史上的政治矛盾，及由此矛盾所形成的历史悲剧，只有落在民主政治上才能得到解决。殷海光为此文写了一篇读后感，说该文"是不平凡的人之不凡的作品"。早年他谈自由因不喜欢先验形上的那一套，所以只限定在政治层面，到1965年时，他说："政治层面的自由主义只是自由主义的一个层面而已。自由主义之最中心的要旨是一种人生哲学、一种生活原理及人际互动的一组价值观念，或对人对事的态度。"②去世前一个月(1969年8月)又说："我近来更痛切地感到任何好的有关人的学说和制度，包括自由民主在内，如果没有道德理想作原动力，如果不受伦理规范的制约，都会被利用的，都是非常危险的，都可以变成它的反面。"③

双方可举的例子当然不止这些。仅就以上所列举的来看，对中西文化异同的若干大关节上的了解，较前确有许多进步。以目前年轻一辈对中西文化了解的情况推断，我相信在今后一二十年中，无论是深度和广度方面，都将进入一个新的阶段。在未来的新阶段里，哲学思想不再是中西新旧的二元对立，而是多元化、学术化、专业化的时代。要想做哲学家，先立志做学者，不论是中国或西方哲学，都必须有基本的功

---

① 胡适:《中国的传统与将来》，见《胡适演讲集(上)》，台北，胡适纪念馆，第220—243页。
② 殷海光:《殷海光先生文集》，第1298页。
③ 殷海光:《殷海光先生文集》，第1318页。

力,荀子说:"不积跬步,无以至千里;不积小流,无以成江海。"①古今的大学问都是一点一滴的苦工夫累积而成。即使有天才,也要靠深厚的功力才有施展的余地。基于过去百年来思想的混乱与争战,西马克斯(Quintus Aurelius Symmachus)的话,可作为我们今后工作的信条:

> 为什么我们不应大家和平相处呢? 我们仰视同样的星辰,我们是同一行星上的同行过客,我们住于同一个天底下,各个人努力发现最高的真理,依循哪一条道路有何关系呢? 人生之谜是太大了,不能只由一途以求解答。②

让我们跳出思想纷争的旧框框,迎接思想上的新挑战,这些挑战可总称之为"文化危机"或"思想危机",下面的两项将日渐严重,特别值得我们正视:

第一,工业化、技术化带来的危机。这虽是全球性的危机,但后现代化的国家,仅蒙小利,已受大害,问题将更严重。它们带给社会和生活面貌的改变是空前的,旧有社会结构和价值系统,均必遭破坏,随着工业化、技术化引进的一套"意理"与传统的一套多半格格不入,因此社会重组、价值重建,将是后现代化的社会极难克服的难题。原有的精致文化日渐消逝,新起的低俗文化风行一时,不但腐蚀道德的根苗,且将瓦解奋斗的意志。解救危机,每一个知识分子都有责任,思想的专业工作者,必须发挥创造力,不断提高思想水平,因文化、社会、生活等各方面的革新皆有赖于此。

第二,科学与人文分裂的危机。这是科技主导的时代带来的危机,用埃文·托佛勒(Alvin Toffler)的名词,是第二波文明引起的危机。这个危机在 20 世纪初期已被少数科学家感受到,1960 年代才引起这两个

---

① 《荀子·劝学》。
② 引自房龙《思想解放史话》扉页。

领域里的思想家严重关切。1959 年,英国剑桥大学基督学院院士施诺
(G. P. Snow)发表了一篇震撼思想界的论文——《两种文化与科学革
命》,指出 20 世纪的学术文化,已形成两个壁垒森严的世界,一个是"人
文的",一个是"科学的"。这种文化分裂和对抗的倾向,已经使得西方
逐渐丧失了共同整体的文化观,不仅使我们这个时代的思想界不能对
"过去"做正确的解释,不能对"现在"做合理的判断,同时也不能对"未
来"有所憧憬和展望①。这个危机今后在世界各地将逐渐扩大。只要继
续追求"科技化"、"工业化",都必然会走向"科技时代的困境"。"科技
传统"与"人文传统"如何整合,将是今后一世纪哲学上最大的课题之
一,中国文化重建的问题,应纳入这个全球性的文化运动中一并思考。
否则孤立起来,我们的文化问题永远不能解决。当年大哲学家康德的
纯理批判,是要解决欧洲哲学史上经验主义与理性主义分裂的危机,那
只是知识论内部的问题,已使康德在哲学史上建立新的里程碑。今日
科学与人文分裂的危机,是一个影响全人类命运的危机,预期在新挑战
中,必将激起空前智慧的火花,全球的哲学家都将面临前所未有的
考验。

　　中国哲学要想在世界上占一席之地,不能仅靠祖先的业绩,必须在
当前人类共同的课题上,表现出我们的贡献来。

---

① 郭正昭:《也谈两种文化》,见蔡仁坚译:《科学与人文价值》,台北,景象出版社,1977 年,《附
录》,第 168 页。

认知心态与民主心态①

　　1966 年初,殷海光先生发表一篇题为《论认知的独立》的文章,一开头就引亚理士多德的话说:"把不是什么说成是什么,或把是什么说成不是什么,便是假的;而把是什么说成是什么,把不是什么说成不是什么,便是真的。"这就是认知活动的规则,把这条规则加以简化,就是"是什么就说什么"。中国传统里的考证家强调的"实事求是",也是同样的意义。孔子说:"知之为知之,不知为不知,是知也。""是知"之"知"即同于"认知"。此外,孔子对管仲的评论,也可以当作认知心态表现的一个例子:在道德方面,他说"管仲之器小哉!"但在事功方面,则认为"微管仲,吾其被发左衽矣"。他把一个人的德行和保卫民族的事功分开来看,不以偏概全,这就是客观。

　　在通常的情形下,一个人只要接受过相当程度的科学方法训练,客观认知的表现,并不很难;但在某种特殊的情况下,要做到这点,可能极端困难。《左传》里记载了这样一则故事:齐国崔杼杀了他的国君,史官秉笔直书:"崔杼弑其君。"史官遂因此遭到杀身之祸。其弟接掌兄职,照写,又被崔杼所杀。次弟也遭到同样的命运。一直到三弟仍照写,崔杼无奈,才放过他。由这个例子可知,在横暴权力之前,要做到"是什么就说什么",须以生命为代价。这样的例子虽不常有,但类似的故事,在

---

① 编注:本文原载 1981 年 1 月 18 日台北《时报杂志》,后收入韦著《思想的贫困》。本书收录时,取消了原编者所加的小标题。

人类历史上,却是史不绝书的。在中国传统的思想家中,东汉王充是表现认知心态的一个较为突出的例子,《论衡》里有《知实》、《实知》两篇,所谓"实"就是以感官知觉的经验为实。他有两句名言:"事莫明于有效,论莫定于有证。""效"是效验之效,"证"是实证,意思是说:凡事在经验上有效验的就是对的,否则就是错的;一个论调,能实证的就是对的,否则就是错的。很显然,王充这些思想,都表现了认知的特性。

上面举这些例子,是在说明中国传统里,并不缺乏认知心态的表现。但整个地来说,这种心态在中国思想史中并未获得顺畅的发展,因此认知心态也没有能成为中国文化的一个特征。

为什么认知心态未能顺畅地发展?主要是因为中国的逻辑学只停顿在先秦的萌芽阶段,其次是中国哲学的主要问题不在知识。中国哲学的主要问题在人生、社会与政治,"内圣外王"足以概括,在儒家,外王也是内圣的延长。内圣是成德问题,而重德正是中国文化的主要特征之一。

由于重视道德问题,因此对人对事最惯用的一种思考方式是诉诸道德判断,而不是认知判断,如孟子评杨、墨:"墨子兼爱,是无父也;杨子为我,是无君也;无父无君,是禽兽也。"诉诸道德判断,往往是很独断的,这样的方式无法对评论的对象有同情的了解,孟子这则言论犯了逻辑上"人身攻击"的谬误。又如朱熹,他在认知心态方面有相当的表现,对历史上的人物和事件,也有不少持平之见,但对王安石的批评,却接受了当时流行的偏见,既说他"一时取合人主,假利势以行之",又说他"其学不纯,而设心造事,遂流入于邪!"也是由道德判断而导致人身攻击之一例。王充因在《自纪》中很坦率地提到他父祖生前的劣迹(如"横道伤杀,怨雠众多"之类),又写了《问孔》、《刺孟》二文,结果犯了传统的大忌,挨骂了两千年,有的说他"不孝莫大",有的说他"背经离道"和"名教罪人"。

像这一类的情绪反应,任何人有时候是不能完全避免的,但在讨论问题和评论学术时,必须尽量克制,因为这类反应一旦成为习惯形成风气,就会严重妨碍认知心态的展现。说到这里,又不禁使我想起孔子两句了不起的话,他说"不以言举人","不以人废言"。"人"与"言"是可以分开看的,一个人说的话是不是正确,和他的为人没有必然的关系。一个人说的话是否正确,可就两个标准去衡量:第一看它有没有违犯逻辑;其次要看他的话能不能在经验上征验。假如不能通过这两个标准,你可以判断他的话不正确。当然,这里所说的"言"是指意义的陈述,假如是诗歌之"言",则言为心声,就无所谓正确或不正确了。孔子的话,至今在知人论事方面,仍是一条有用的规则。

许多年来,我一直很欣赏王阳明下面这段话,他说:"学贵得之于心。求之于心而非也,虽其言之出于孔子,不敢以为是也;求之于心而是也,虽其言之出于庸常,不敢以为非也。"这是说讨论学问上的是非,不可诉诸权威,而不诉诸权威,正是从事客观认知的重要条件之一。但阳明在这里以"心"为是非的判准,这个心当然是指良心或良知,良知即知是知非之心,自孟子开始即已如此认定,后来在中国传统中良知遂成为判别是非最重要的判准,在一般人的生活里,一个人说的话,只要他表明是凭良心说的,就表示可以信赖,就足以使原先不信赖的人言塞。

这里暂不讨论良心或良知是否可靠的问题,我们要探讨的是,在讨论学问上的是非时,是否仅能"求之于心"? 是否"求之于心"就能决断学问上的是非? 依阳明的意思,答案是肯定的。但照我们现在的了解,不论是伦理的学问或知识的学问,要判断他们的是非,如仅求之于心,只能是一种主观的判断,不能达到客观认知的判断,要达到客观认知的判断,至少须通过上述那两个标准:不违背逻辑并合乎事实。

我们引阳明的话,不是要讨论阳明的思想,只是想借他的话指出这种"求之于心"的思考习惯,至今仍相当普遍地潜存于我们知识分子的意识之中。这种思考习惯在讨论问题时会妨碍我们的认知活动,最明显的一个例子,是我们知识分子写文章,很喜欢用"平心而论"这句话,当他用这句话时,是表示他下面说的话是足以信赖的。

"平心而论"表示作者说这些话的时候很冷静,是心平气和的,但一个人头脑冷静、心平气和,是否就能保证他说的话可信赖不会犯错呢?从认知的意义看,显然不能,因如前文所说,一个人说的话是否正确,另有其衡定的标准。那么写文章的人为什么总喜欢说这句话呢? 我以为是一种传统思考习惯的遗留,这种习惯不自觉地诱发人对人对事操主观的判断,而不容易自觉地去发展认知的判断。

道德判断是主观判断的一种,认知判断不能取代道德判断,但今后我们应学习当我们必须下道德判断时,希望让这种判断建立在客观认知的基础之上,否则我们很难从主观心态中解放出来。中国传统中的认知心态所以未能顺畅地发展,习惯于主观心态的思考,是一个重要的原因。

因认知心态未能顺畅地发展,使中国缺乏一个为知识而知识的传统,学术成为道统的附庸、伦理教化的工具。中国传统特别重视伦理道德,在道德实践方面有很大的成就,但因缺乏认知的考验,理论方面的发展很弱,一个缺乏这方面发展的伦理或道德的体系,在施教的过程中,往往只能教人信其然,而很少追究其所以然。

在道德的教条中,有些的确是天经地义的,但在教育的意义上不应该止于此,例如"不说谎"在任何社会都被视为当然,我们如遇到"为什么我们不应该说谎"这样的问题怎么办? 在我们的教师中,学生如提出这样的问题,可能会以为这个学生是在为自己的说谎辩护,但爱因斯坦在《科学定律与伦理定律》的短文中,认为这个问题是有意义的。他的答复是,因为说谎会破坏他人的信赖,没有这种信赖,社会的合作是不可能,或至少是困难的。伦理的规则,类似于数学中的公理,因此在认知的意义上,上面这个问题还可以追问:不说谎这条伦理的公理是怎样产生的呢? 照爱氏的解说,是由我们与生俱来避免痛苦和毁灭的倾向,以及个人对邻人行为积累的情绪反应所导致的。我们这里并不是要正式讨论这些伦理问题,而只是为对伦理问题做认知考察举一个简单的例子。只有经由这样一步步的考问,才可能发展出一套伦理学,经由认知意义的探讨建立起来的伦理学,才足以防止我们对一种道德教条轻信盲信的习惯。不加批判地轻信盲信一种教条的习惯,不也是可以助长中国人轻信盲信其他教条的心理根据吗?

我们思想教育的失败,原因很多,但一个重要的原因,就是没有认真地去改变传统轻信盲信的习惯,甚至还在鼓励一种廉价的信仰。认知的心态,用通俗的话来说,就是一种打破沙锅问到底的精神,如果我们不鼓励合理的怀疑,对任何问题都允许追根究底,纵然暂时接受一种信仰,这种信仰是很容易动摇的。换一个环境,碰到一些新的刺激,他可能以同样轻信的心理去接受其他的教条。假如当初希望他接受一种信仰时,曾经过认知性考问的历程,以后当别人向他宣传某一种教条时,也会习惯地用同样的方式去考问它,就可以不致流于轻信和盲信的。

如何才能使我们的认知心态获得顺畅的发展?这对中国的未来是一个重要的问题。这个问题在理论上比较容易回答,数学、逻辑是认知训练的基础,多读有谨严方法的客观研究的论文和一些实证的研究,都有帮助。但一个人在研究上做到这点或许比较容易,对自己研究课题之外的问题,尤其在日常生活中要做到这点就很难,因为那必须使认知心态成为一种思考的和心理的习惯,在中国传统里长大的人要做到这点是比较难的,因为旧有的思考习惯和心理习惯不容易改变。

不容易改变的原因很复杂,原因之一是由于我们的思考习惯和心理习惯与来自传统的一些根深蒂固的信仰分不开,这些信仰多半不是建立在认知的基础之上,一旦这些信仰受到认知的考验,就很可能导致原有信仰的动摇,而破坏了心灵秩序与心灵安宁,这是一件相当痛苦的事。保守主义者对新观念在不同程度上都怀抱敌意,其故在此,因为新观念以及新观念可能带来的变动,会使人感到不安和不快。

其次谈到民主心态。

中国人为什么缺乏民主心态?几十年来关心民主的知识分子已谈了不少,最近十多年来,学者们喜欢从权威性格来讨论,因为高程度的权威性格与民主的性格之间,确有鲜明的对立。所谓权威性格,最简单的了解，就是一方面喜欢支配，另一方面又习于顺从，对权位比他高的人他顺从，对权位比他低的人他要支配，在父子、师生、主管部属之间，这种性格的表现最为普遍。这种性格之所以妨碍民主心态的表现，最主要的原因是因它不能尊重个性和容忍异见。

中国传统的家族组织是以父子关系为主轴，再加上制度化的孝道，使代际关系只强调单行道式的服从，因此很难培养出尊重个性的行为。所有的社会在真正民主化之前，都不能容忍异见，而异见是促使社会进步的必要条件，因此不论是良性的或恶性的反异端的想法，都足以妨害社会的进展，并抑制个人的创进力，所以人类一部自由民主的奋斗史，在这个意义上可以说是使异端者由受迫害而达到合法地位的历史，于是产生了所谓合法的反对者。

要培养民主心态，使民主成为一种生活方式，必须使尊重个性和容忍异见这两点切实身体力行，而其下手之处又必须从家庭从教室从儿童的教养做起。下面的几点可供做父母和做教师者参考：

（1）民主的一个重要原则是选择，选择必须本于自由意志和个人的判断，不受任何外来因素干涉。选择是一种能力的表现，在权威主义的教养之下，这种能力难以滋长。现代的父母和教师，这方面要尽量抑制，非必要不宜任意使用权威，相反的，要教孩子凡事自己去选择，自己去决定，同时也教他们对自己的选择和决定负责，因自由和责任是不能分开的。

（2）不论是父子和师生，当彼此意见相左时，要提出足以使对方信服的理由去说服他。如一时不能说服，不用强制方式达到目的。强制方式不但会拉远彼此间的距离，甚至会引起憎恨的情绪，有一条古老的规则对现代人仍然有效，那就是"己所不欲，勿施于人"。

（3）现代的父母只能要求子女有限度的顺从，"有限度"是指：除非子女有明显反理性的动机或行为时，才严格要求他们顺从我们的劝告之外，其他本于习俗的，本于主观利害要求的，都应该避免。中国人一般缺乏个性，而表现为优柔寡断、游移不定、好依赖等性格，与父母们过分要求子女们顺从的教养方式，有密切的关系。过分要求子女们顺从的父母，往往凡事都喜干涉，即连自发的兴趣也很少不被干涉，干涉可能是出于关切，但二者毕竟不同，如果是干涉到子女的兴趣，很可能扼杀了他们的潜能。民主是最能培养个性并尊重他人兴趣的一种生活方式，其价值亦由此可见。

（4）不同的意见往往使人不快、使人难堪，所以才要学习容忍。我们应学习"别人可能是对的，自己可能是错的"的思考习惯，这样才能培养出互相尊重的精神，才是所谓开放的心灵。开放的心灵与民主的心态，名异而实同。

（5）做父母的，要以爱心与负责去取得子女的回敬；做教师的，除了关怀之外，还要靠学识。如缺乏这些起码的条件，仅靠传统赋予的权威来维系这种关系，这种关系可能名存而实亡。在现代社会里，这种方式的维系，很可能是产生青少年反理性行为的渊薮。民主的生活方式，是要做到在日常生活中遭到的问题，也要学习用理性的方式去解决。传统社会与现代社会已有很大的不同，年龄的差距极可能就包括知识的差距和世事感受的差距，因此做父母的、做师长的就不能假定自己一定能了解子女和学生，如何了解他们，如何与他们相处，仍要不断地学习。

认知心态与民主心态二者的关系，在这里我只能简单地说明几点：

（1）认知心态与民主心态，基本上都是心智的活动，但认知心态的训练是这种心智活动的基础。

西方传统中的认知心态的表现优于中国、印度和伊斯兰的传统，结果民主政制产生于西方，而非产生于中国、印度和伊斯兰的传统。民主政制产生的条件很多，但从心态上看，民主心态可以由认知心态直接诱发，因讲求并坚守客观认知的人，必然反对独断、反对诉诸权威的论式。如求证于中西的思想传统，这一点可以看得很清楚。

西方思想传统以知识为主，这方面的成就须推翻旧说，不断推陈出新，一个大哲学家必须独立门户，开辟新天地。读西方思想史，派别之众多，有如千门万户，个个傲然独立，壁立万仞，两千多年的发展，就像连绵的群山,其间虽有前后承续的关系,但如万壑竞流,个个有不同的精神面貌。民主自由的思潮产生于这样的传统,是可以理解的。

中国的思想传统以人生问题为主,重点在建立道德主体,开拓心灵世界,终极的目标在人格的创造上,入手的方法在反求诸己,个人的理想在经由立己立人以求自我的实现,因此知识的活动只处于辅助的地位,缺乏独立性。于是典范人物成为学习过程中的决定因素,学问的目的则在"为往圣继绝学",一个思想家企图独立门户,开辟新天地,会被认为离经叛道。在这样的传统里,自然特别重视传统,强调尊师重道。但在这样的传统里,认知心态不能顺畅地发展,发展不出民主的心态,也是可以理解的。

(2)认知心态可以诱发民主心态。

另一方面,愈民主的社会,愈能允许认知心态的发展,因此,具有认知心态的人,多半渴望民主。二者是互相影响、互相支援的。科学代表认知心态的最高表现,一个社会如重视科技,而又不愿走向民主,结果对内对外都可能带来灾害。

(3)民主必重法治,法治有赖于认知心态。

法治与人治对立,中国传统中号称重视法治的法家,那是"以法治人"的法治,不是民主政治中的法治。民主社会法治的精髓,一在保障人民的权利,二在限制政府滥用权力。民主的法治,司法权独立于党派之外,法律的裁决,是一种典型的认知判断,这种判断有时与人情相合,有时与人情相悖,因此"法律不外人情"之说并不可取,因由人情建立不起来客观的准则。法律是一种客观的准则,它不满足任何个人的需求,因此有所谓法律的公正性。法律之所以具有公正性,因为它对所有的国民有同等的效力。法律公正性的建立,不能单靠主观的公心,它需要客观认知为基础。因此有认知心态训练的人,比较容易养成守法的习惯,也比较能体认法律公正性的价值。

学习典范:让理想主义的精神昂扬^①

——《中国论坛》九周年

台湾在过去的三十多年中,曾经历过相当艰困的岁月,也曾遭遇到大大小小数不清的难题,我们虽已度过多次的惊涛骇浪,但未来仍是充满困难与挑战的岁月。目前,我们的社会、文化、经济、政治、外交几乎都面临到前所未有的问题,解决这些问题以及如何脱困,已不单单是政府的事,而是全体台湾民众的事,全体台湾民众中的知识分子尤不宜置身事外。

基于以上理解,本刊这一期就"面对未来的转变"做专题探讨,当然,仅靠几篇文章,对如此复杂的问题,不可能面面俱到,我们只希望借这个机会把问题提出来,使大家都能来关心。

近年来不论政府或民间,都为民众所得不断增加,生活大幅改善而自得自满,忽略了由于文化建设、社会福利远远落在经济成长之后,为今日的社会带来严重的腐化,使社会大众只看重金钱,只追求享受,在消闲生活中,除了食、色的刺激之外,几无其他的想头。这种风气业已形成一股社会价值的压力,不但影响到青年,即连学术文化界的高级知识分子,也大多把学问知识当作猎取名利的工具,丧失了献身真理的热情,谈到个人的德操,不是被讥为迂阔,就是被认为虚伪。更有甚者,有的知识分子竟然在自己的国土上做异乡人,不仅腐蚀青年的心灵,也起

———————————

① 编注:本文原载 1984 年 10 月 10 日台北《中国论坛》,选自韦著《思想的贫困》。

着瓦解心防的作用。

经济成长的确使大家在物质生活方面获得许多满足,但我们也失去很多,大家的生活只顾今天,不顾明天;只重现实,不重理想。就迫切要求社会进步、文化更新这两个现阶段的重大课题而言,我们不能不说,这是当前所面临的种种危机中,最严重、最根本的一个危机,理由非常简单而明显,不论是了解问题或是解决问题,都需要具有智慧和创新能力的人才,这种人才必定富有高度的理想主义的精神。自古至今,有无数的例子可以证明,要求社会进步和文化更新,富有理想主义的精神,以及由它激发出来的奉献热忱,永远是最大的资源。

什么是理想主义?落在个体上有何具体的表征?根据史家们的传达,古今的理想主义者,大抵具有一些共同的特性。这些特性包括:浓厚的时代使命感、对生活以及对人类的热爱、专注于工作孜孜不倦的精神、单纯的心灵和不矫揉造作的生活、追求自由和追求真理的热情、伟大的同情心与强烈的人文精神、在危难中能做到临危不乱、临难不苟等。罗曼·罗兰年轻时写信给俄国大文豪托尔斯泰,托翁在 38 页的回信中告诉罗曼·罗兰:只有为了坚定的信仰而牺牲一切的,才是真有价值的艺术家。在这里,托尔斯泰非常精确地说明了理想主义者最基本的特性。后来罗曼·罗兰终于成为托翁精神在欧洲的传人,为 20 世纪的理想主义塑造了一个不朽的典范。

理想主义在不同的时代,精神上也表现着不同的倾向,当希腊哲学家辈出的时代,他们追求以正义、和谐为主的人文理想;中世纪的理想主义以"上帝之城"为终极的关怀;近代又一心想建造尘世间的天堂。在中国,春秋战国是理想主义精神最为发皇的时代,代表这股精神的知识分子(古代称"士"),多能以道自守,以文化传承为己任。后来由于受历代专制王朝利禄的引诱,士的传统因而产生许多变形,而产生极大的流弊,但部分儒者仍能保持"人能弘道"的信念和"以天下为己任"的气概,使理想主义的精神代代相传不绝。到了 19 世纪的末叶,虽经历"三千余年的大变局"(李鸿章、王韬语),但自孙中山先生以降,梁启超、蔡元培、胡适之、梁漱溟诸先生，在时代急流和思想分歧之中，依旧能坚持自己的信念，保存理想主义的风格。

理想主义者并非圣者，他们也有人性的弱点，行为也会犯错，他们之所以值得我们景仰，不是因为他们完美，也不是因为他们成功，而是因为他们的一生能表现出生命的巨大动力，因此在挫折中依然能不息的奋斗，并且能从容无惧地面对失败。他们永远向专制、不人道奋战，他们相信人可以被毁灭，但不会被征服。他们的生命在历史上放射出来的，也许只是一点光亮，但这点光亮已足以激励我们奉献的热忱，没有他们，我们将没有勇气前进。

爱因斯坦说："一个青年不应该重视世俗的所谓成功，往往一个成功的人得自他人的远多于自己的贡献，人的价值，不应在他能得到多少，而在于他付出了多少。"这可以视为想做一个理想主义的青年很好的座右铭。爱氏所谓世俗的成功，根据我们对他一生的了解，可以推断大抵是指金钱与权势，在他漫长的一生中，他从未把这两项当作追求的目标。从一个人是否以此为人生追求的主要目标，就不难看出理想主义与非理想主义的分界线。一个理想主义者，他不会无知到完全否定金钱与权势的价值，但他一定会认清金钱与权势绝不值得用整个的生命去追求。事实上，绝大多数的理想主义者，把钱财看得很淡，也不怎样看重权势。一个青年如想把自己培养成理想主义者，必须先克制来自这两方面的诱惑。

尽管从历史上看，任何时代、任何环境都会产生理想主义者，但自由流动的社会产生的机率较大，也是不争的事实。不过自由流动并不是唯一重要的因素，理想主义的兴起，往往有大众注目的问题，还要有值得牺牲奉献的理想。世上能凭个人的力量创造时势的绝无仅有，杰出的理想主义者多半是为了时代的需要，乘势而起。

教育环境对理想主义者的成长关系很大，不论是家庭或学校，如采取自由民主的方式，比较能及早培养出独立思考和独立行动的个体，具有这方面倾向的青年，也不会被埋没。高压式的教育很容易摧毁理想主义的根苗,如果一旦冲出来,即使在独裁政权下,也一样能大显身手。就理想主义者本身而言,最重要的一点,是能不受干扰的工作,他并不需要特别奖励,因为他有自行激发的能力,所以把世俗的荣誉视若敝屣。一个把世间的荣辱看得很重的人,与理想主义是无缘的。

理想主义在人类历史上的表现是多彩多姿的,他可以是文学家、艺术家、音乐家、哲学家、宗教家、科学家、历史学家、社会学家、心理学家、人类学家,甚至在握有权势的政治人物与军人之中,也不乏其例。就以往的历史来看,理想主义者在人文方面远多于社会科学,在基础科学方面远多于应用科学,愈趋向于实务性的工作,理想主义的精神从其中滋长的机会愈小,但也并非绝不可能。现代工业社会,由于大量生产必须讲求分工与标准化,绝大多数的人都从事技术性、实务性的工作,因此人文教育式微,也日渐失去了孕育理想主义的苗床,这正是一些高度现代化以及正在走向现代化的国家共同面临的巨大难题。

在目前的社会风气下,最令人忧心的还不仅仅是理想主义精神的失落,而是对这个问题漠不关心。心理学家葛登纳说:"漠不开心,士气低落,是走下坡的文明的特征;冷漠的人一无所成,什么都不相信就什么都不能改善。"冷漠、缺乏信念,正是今日知识分子相当普遍存在的病症,治疗这种病症,一条有效的途径,是让我们重新认识典范、重视典范,借以重振理想主义的精神。今天我们的确已面临困境。究竟如何才能脱困?以及在脱困的过程中,知识分子是否能起引导作用?纵然不是唯一的,也必定是很重要的因素。在任何时代,大凡能发挥良性作用的知识分子,基本上他不仅需要热情和信念,尤其需要勇气、希望与爱,而这些人类珍贵的特质,只有从代代不绝的理想主义的典范中才能体验到、学习到。

迈出五四的幽灵

新文化运动时代的自由、民主与社会主义[①]

　　新文化运动(1915—1923)这一时期在文化思想上是一个相当复杂的时代,可以说是中国现代史发展的一个枢纽,我们后来几乎可以从一个人对新文化运动抱持什么样的看法和态度,就可以很明显地反映出他思想的立场。这个运动是多面的,今天我们要充分了解这个运动还是相当困难,尤其在台湾这个时空要了解这个运动,还是相当受限制的。

　　我谈这个时代自由与民主的特色,想就这个时代的意识形态做一个概括的分析,我觉得这个时代的意识形态对后来有很大的影响。

　　我们先谈民主思想的特色,讲特色可以尽量避开资料的引证。它的第一个特色,可以在和清末的民主观念的比较中看出来。清末对内阁制、三权分立、议会政治与政党政治的问题都讨论很多,这时期比较重视制度的问题,而新文化运动则因新制度的努力已经失败了,由于制度努力的失败,所以要更深入追究观念思想文化的问题。清末提倡民主思想者对传统的态度,和新文化运动时不同,在晚清那一阶段,虽已经有反传统思想,但它不是全部否定的,对民主、平等、自由等观念,开始都仍用传统思想里一些近似的观念来附会。我们不要讥笑这些附会,因为这种附会,可以让我们了解新观念吸收的过程,像佛教初入中

---

① 编注:本文选自韦著《思想的贫困》,原题为"新文化运动时代的自由与民主"。收入时取消了原文中的小标题。

国也经过格义的过程才成长独立起来,所以那个阶段如果发展下去反而是个比较好的开始。到了新文化运动时期,提倡民主就完全和传统对立了,跟传统文化的认同也完全破裂了,在和传统完全疏离的情况下来谈民主,这是第一个特色。

第二个特色,我以陈独秀的思想为例,因为当时陈独秀是最具有代表性的新式知识分子。他讲民主大抵是现实环境的反映,在民国以前他对政党政治还有向往,到了民国初年政党政治失败以后,他开始反对政党政治了,他要寻找一种新的政治形式,甚至把"政党"和"政治"对立起来。这里所说的"政党"在当时仍是传统式的朋党,缺乏理想,多半是现实利害的结合,所以他把"政党"和"政治"在概念上分离,他认为政治是要为民谋福利、重建社会秩序的,而政党只是权力独占、不管人民福利的。他在当时看到的政党是这样的。到了杜威来中国以后,他受到一些影响,重新反省民主的观念,而提倡地方自治和同业联合,已有基尔特(Guild)社会主义的思想在里面。他的民主思想没有能脱离出现实的刺激,把它做一个澄清,认真去了解西方民主的一套,最后他的民主思想从最早的政党政治走到无产阶级的民主上去了。他基本上仍是一个理想主义者,他理想到极端的痛恨武力政治,后来他组中国共产党,也没有军队,他忽视了清末以来武力对政治的重要影响。

在自由方面,我们可以这样讲,新文化运动时代的自由,曾经历由理智的自由主义到浪漫的自由主义。在运动初期,观念上他们有些理智的自由主义的倾向,陈独秀刚开始办《新青年》的时候,主张培养青年独立自主的人格,那些观念是不错的。办《新青年》是因老的一代不行,希望教育新的一代,要新的一代在个人主义、自由主义的实践中觉醒,在这方面,胡适之和陈独秀都讲得不错。但很不幸,当他们讲这套自由观念的时候,正遇上帝制运动,帝制运动使《新青年》整个方向变了。原来的方向是要养成独立自主的自尊自信的人格,转变以后由反帝制而反孔教、反传统。因袁世凯帝制运动失败之后,又有复辟,他们都是挂着孔教的招牌。当自由主义和传统对立起来以后,理智的自由主义就转变为浪漫的自由主义,自由主义成为解放者,要求从传统里面解放出来。

在观念上浪漫的自由主义与传统的对立,可以归纳出几个项目:

第一是科学对儒学,他们说中国的儒学不科学;

第二是民主对专制;

第三是个人主义对家族主义;

第四是法治对礼教;

第五是强调多元的价值,来反对传统儒家的定于一尊。

这是当时观念上的五种对立。在对立中,使文化认同完全破裂了,完全从传统的基础上疏离出来了。美国有位研究中国思想的学者 Joseph R. Levenson,对当时的自由主义就曾有过一种解释,他说,这是一种"无根的世界主义",或者是一种"自由的世界主义"。这种世界主义,我们在台湾的知识分子也经历过,就是一方面对传统不能认同,一方面对现实政治又讨厌,那精神上就无处挂搭的飘出去了,世界主义成为这种精神状态的一个借口。

在我简单地介绍了新文化运动时期自由和民主的特性以后,后面的分析或许比较有意义。我的看法,新文化运动在当时主要发展出三种意识形态,这是在新文化运动那七八年当中不断形成的。这些意识形态在当时就是建立新中国的精神基础(这新的精神与传统文化精神的关系,是一个大问题)。

第一个意识形态是自由主义,我这里讲的都是广义的,自由主义也是如此。在新文化运动时代,他们把自由、民主、平等、人权这些观念是混在一起的。自由主义意识形态的消极意义是批判传统,积极意义是要建立一个自由民主的中国。

第二个意识形态是民族主义,新文化运动初期就和反帝运动结合在一起,1915 年日本向中国提出二十一条要求,这时候反帝的情绪就已非常高涨,五四运动使反帝情绪达到沸点,这是民族主义高扬的大运动。民族主义在消极方面就是反抗强权、反抗帝国主义,而在积极方面的要求则是希望建立一个独立主权的民族国家。

第三个意识形态是我们在台湾三十年来避讳不大允许谈的社会主义。这也是新文化运动中形成的一种意识形态,陈独秀在《新青年》第1期就已经提到社会主义,他脑海中的西方文明有三个主要的成分,第一是人权,第二是进化论,第三就是社会主义。

当然他以前早有人谈到社会主义,孙中山先生很早就了解社会主义,并深受其影响。但是社会主义形成一种流行的、具影响力的意识形态,是在新文化运动时代。这个意识形态对现代中国影响极大,新文化运动之后的二十年间,思想界几乎是社会主义的"狂潮",连自由主义的胡适都不例外。要了解现代中国思想,特别要注意这个潮流,它是一个主流,当时多数的知识分子都走到这个方向。虽然大家对社会主义的了解很不一样,但是都有一种理想主义的向往。这也是19世纪末期以来世界性的潮流。为什么新文化运动后,会出现社会主义潮流?第一是苏俄革命的成功,激起中国知识分子的憧憬,同时俄国废除他们在中国的特权,这一点特别受到中国人的欢迎,当中国人受到列强欺凌的时候,苏俄伸出友好的手来,这影响了陈独秀,也影响了国父孙中山,联俄容共,这也是主要导因之一。

我们从以上三个意识形态可以看出来,它们的的确确代表当时中国人努力的大方向,这大方向就是要建立一个民主自由、独立自主、社会和经济平等的国家。

从理想一方面看,社会主义的消极意义就是反对不平等、反对剥削,积极意义就是建立一个人道而又平等的社会。

这些方向在这三个意识形态里整个标出来了,这也是中国现代史的最基本要求。将来的中国一定要满足这些基本的要求。

后面我解释一下,为什么新文化运动之后,会出现社会主义的热潮。

第一个原因是刚才讲过的苏联十月革命的成功,这对中国的刺激很大。第二个原因是这三种意识形态,只有社会主义被认为能够满足那个时代的两种基本要求：一是反帝，另外一个就是反传统（当时也有称反封建的）。一种意识形态能够风行，它一定要能满足当时的需要。第三个原因，要从为什么社会主义那么容易被中国人接受来了解。这跟传统的文化资源有很大的关系。中国人的传统里，有一些观念容易和社会主义联想在一起。从孔子开始，"均平"观念一直是中国社会思想里面重要的理想，历代许多大思想家都提到这个观念。第一个企图去实现这个理想的就是王莽，他搞土地国有，结果被大地主、豪门击败了，还被骂了两千年，后来胡适之给他伸冤，说他是中国第一个社会主义者。土地均平的理想不能实现，是引发中国历史上动乱的一个主要原因。所以，孙中山先生了不起，他很早就主张要平均地权。这个问题将来一定要彻底解决。因中国人有这样一个要求均平的传统，所以接受社会主义比较容易。

时代危机与中国哲学[1]

　　前面一至三章[2]，重点是在了解中国哲学在现代化过程中的处境、角色和动向，从其中不难看出，中国哲学在长期的垂危中煎熬着、挣扎着，学人们虽未能对面临的挑战做成功的回应，但他们的努力，甚至连所犯的错误，都同样对我们有益，使我们从已有的基础上出发，可以不必重蹈覆辙，有更多的机会，走上一个新的阶段。

　　这个新阶段首先要在心理上挣脱五四心态和传统心态[3]，以及由二者对局引起的长期纠缠，以哲学和人类当前遭遇的问题为主，让传统思想接受考验。近六十年，真是一个吊诡的时代，抱乐观态度和悲观态度的人，都同样可以有很好的理由和事实的根据。有人在写《西方的衰落》，也有人在写《西方的兴起》[4]，都一样言之成理。有的哲学家痛切指责这时代缺乏神圣感，领导人类的只是一个无体、无理、无力的感性文明；相反的，另有一些哲学家则认为不论是自然科学、艺术、医学和心理学，都充分表现出人类伟大的创发力。有的人在一生中，先激进后又保守，有的人则又在串演相反的心路历程。没有人能用简单的观念或一

---

①　编注：本文选自韦著《中国思想传统的现代反思》，第六章。
②　编注：一至三章分别是《中国哲学的现代处境》、《哲学思想在现代化过程中的角色》、《现代中国哲学思想的演变》。
③　关于这两种心态的了解，可参看《中国思想传统的现代反思》第一章第五节《哲学发展的僵持》。
④　前书为斯宾格勒所写，出版于1918年。后书为马克尼尔所写，副题是"人类社会之历史"，1963年出版。

个基调，就能解释这个时代，也很少有一个时代的人，能将充满希望和幻灭的双重心情，都表现得如此深刻。所以有人怀疑：这个时代究竟是世纪末还是创世纪？我们的了解，这两个都不是，它实是反映着走向重建自我。重建对人类前途的信念，其中重要的途径之一，是重温历史的经验，"历史乃生命之师"。在我们没有展开这一步工作之前，先对这时代的精神危机做一点描述，借以导引出我们的问题。

一　二重文化危机①

当民国初年中国知识分子正深刻地感受到自身文化危机，而发动新文化运动时，以欧洲为主要战场的第一次世界大战方殷。这次大战，把 19 世纪由科学和工业高度发展带来的普遍乐观气氛一扫而空，心灵和物质上双重痛苦，使欧洲人几乎丧失自救的信心，跌入悲观主义的深渊。战后的文学和哲学思潮，都深度地反映出这种悲观情绪，海明威和斯宾格勒可为代表，他们的作品，表现着人类自身的焦躁和无力，传播着世界末日的信息，斯氏既反对理性，又不信民主，甚至把人类贬为"食肉的野兽"②。有的哲学家则因消极而避世，如桑他耶那；另一位哲学家乔德，原先和罗素一样，本是位不可知论者，到晚年却转变为信仰原罪，认为基督真理才是黑暗世界里的一点光亮③。在这期间，最具代表性的一个哲学思潮——存在主义正在兴起。这个经第二次世界大战，而使

---

① "二重文化危机"的观念，得自胡秋原的《一百三十年来中国思想史纲》，他说："当中国文化被西方文化击败之时，不仅是中国民族的危机，也是中国文化的危机。中国固有文化一步一步被否定。新文化运动正是中国文化危机之顶点，当时中国人对西方文化崇拜达最高潮。八十年来，中国人自知文化不足，求出路于西化。一路西化，至是西化走到尽头，忽然报导西方的科学与民主也成问题了，社会主义才是新东西，俄国牌的社会主义是最新东西！于是中国人遇到一个中国文化与西方文化的'二重的文化危机'。"（胡秋原：《一百三十年来中国思想史纲》，台北，学术出版社，1971 年，第 41 页）

② 爱德华·麦克纳尔·柏恩斯著、周恃天译：《西洋文化史》，第 1407—1408 页。

③ 爱德华·麦克纳尔·柏恩斯著、周恃天译：《西洋文化史》，第 1401 页。

它的影响力扩及全世界的大潮流,习用的观念和词汇——如自我割裂、自我丧失、存在的偶然性,以及内心的不安、忧惧、空无、病至于死等,正是两次大战创伤造成的心灵无助和精神危机的真实写照。

以上种种,遂使中国陷入二重文化危机。中国经过七八十年的忧患,刚开始彻底觉悟思欲自救,而所以自救之道,则寄望于西方文化,西方文化在这时却因战争而一蹶不振。战后的悲观主义和混乱的气氛,很快就搅乱了中国思想革新者的脚步。于是思想分裂,力量分散,有的发出欧洲科学破产的呼声,主张回到东方;有的宣扬马列社会主义,以代替以民主、科学为中心的西化思想。虽然有着更多的知识分子,依然坚持走新文化运动的方向,但由于他们的天真和乐观,始终无法感受到二重文化危机的深刻意义。表面上移植过来的一些西方文化要件,如自由主义、个人主义之类,虽然也引起过一点激荡式的影响,终因"水土不服",不久就消失得无影无踪。在法西斯主义高涨的时代,民主成为空洞的口号。另一方面科学主义盛行,物质建设尚未见效益,已先造成精神的空虚。欧战后,英美哲学家怀特海、杜威、罗素,是少数能保持 19 世纪乐观态度的哲人,也许是因长期生活在美国,美国不但未受战火蹂躏,且以欧洲文明新生者的姿态,跃登世界舞台,所以他们对科学依然充满信心,坚决相信进步的确实性和人类能自救的力量。但他们的思想对欧洲影响不大,对西方人面临的精神危机感受也不深。他们的思想传到中国以后——杜威、罗素于 1919 年、1920 年曾先后来中国讲学,对促成传统的解放有不小的功绩,对中国问题的症结,依然了解不足①。

在我们这个时代,中国人的思想里,比较能正视这个危机的,是社会主义者和传统主义者。传统主义在当代中国虽不是显学,但他们对中国的问题——尤其是精神危机,有深切的感受,同时对认同问题,也

---

① 罗素在《中国问题》第一章,曾指出中国正面临两种危机:一是中国完全西化;一是为了抵抗外来侵略驱使中国走上盲目排外的保守主义,这两点显然不是最深刻的洞察。

表现了真诚而高度的关注。新文化运动以后,流行的社会主义思潮,成分很复杂,但有共同点,即反对帝国主义,同情劳苦大众。他们能感受到欧洲文明的危机,并图另寻出路。

二　现代化带来的新危机

当中国陷入二重的文化危险时,正处于内忧(军阀)外患(日本)最严重的关头,致贻误了自救的良机。欧战后的二三十年间,中华民族在深沉的苦难中,曾表现出空前的活力,但那是在外力的压迫和刺激下产生的,只是救亡。思想方面自分裂后,就一直缺乏一个具有全国声势的领导中心,个别的部分的努力,仅有缓和危机的作用而已。

二次世界大战后,以美国为中心的西方,科学成就和工业生产,每年都在创新纪录,为社会带来的是连19世纪的人都难以梦想的繁荣,这是五百年来人类追求现代化的高峰,表面上好像欧战后造成的阴霾已消失。事实上一个更深刻、更普遍的新危机,已紧跟着现代化的快速发展而蔓延开来。欧战后的文化危机,他们的悲观和丧失自信,大部分是属于情绪的病。现在由高度现代化带来的问题,是面临全人类被毁灭的恐惧,使人在他所造的科技世界之前感到陌生,个人被一股见不到的力量推动着,逐渐失去自主,高远的理想被压扁,人只为眼前现实的利益和感性的刺激而活。这个问题是普遍的,使人类亘古以来所铸造的人性、文明和价值,都在接受大审判。这已不是乐观悲观的问题,而是人类如果在社会、人文方面不能有更大的创造就很难避免自毁的问题。

中国和许多后开发的国家一样,在新危机严重之前,将有比西方更多防范的机会,因为现代化在西方国家,大部分已属现实,在我们大部分仍是理想。把现代化当理想追求,因它确定地给人类带来许多好处,如生存条件的改善,创造了更多发展人类才智的机会等。可是现代化造成的问题,却与它的好处同时并在,我们能只取它的好处而减少它的危害吗？这是当前中国最值得重视的大问题,有远见的企业家、政治家,绝不会让问题来了之后才过问,如果我们有足够的智慧,如果我们肯去彻底检讨西方国家现代化的过程,防弊的措施一定可以做到相当大的程度。例如教育,我们绝不应该走美国式的路,把学校工厂化、学术市场化,中国完全非功利的讲学传统,有重新认识其价值的必要。

许多年来,我们一直陶醉于二次大战后西方高度现代化的繁荣与进步中,整个社会崇洋媚外的心理达到极端,全盘西化的思想曾一度在此复活实毫不足奇。最近十年来变了,知识分子对西方的现代化已能采取批评的眼光,汤因比和索罗金的危机哲学在此间颇为流行。另一位对西方现代生活做全面探讨并有深入批评的心理分析学家佛洛姆,在短短数年间,他竟然有十几种著作被译成中文,其中有好几本都成为畅销书,这个现象说明我们的知识分子对现代化已有反省,对现代化造成的种种问题也十分关注。

下面的诊断,希望对国人了解新危机多少有点帮助。本书所以要这样做,则是为了要把问题揭露出来,让自己的传统在问题之前接受考验,看看我们能有什么贡献。

三　新危机的诊断

第一,生活单调、空虚、不安全。现代社会越来越趋向于都市化,大城市愈来愈多,都市的面积也不断扩大,可是个人生活的空间却越来越少,绝大多数的人每天定时上班、下班、休息,星期天上街逛逛,不但工作流于呆板,连娱乐也缺乏变化。娱乐时很少是兴致勃勃的,只是为了填补空虚,消磨时光。在工作上需要自己动脑筋,并在心智上能获得满足的,愈来愈少;自动化机器的广泛使用,人反而被降为附从的地位,多数人的工作,变得既累人又枯燥。工作单调,休闲生活单调,人际关系单调,所能关心的事务也很单调。在狭小的生活空间里,过着极端单调的生活,除了忍受再忍受,没有其他的内容。医药的进步,克服了许多生理的疾病，现代人由长期单调和空虚的生活造成对生活厌倦之病，却无药可治，这是一种文明之病，是科技时代的牺牲者。

长远安全的需要，一直是人类基本的需要之一，现代人在物质的安全方面确较前提高，心理方面的安全则大逊于往昔。科学和社会变迁，已将内心生活的避难所摧毁了，人际疏离产生的隔离感，又增强了内心的焦虑和不安，传统的互爱互信的道德信条，已在现代生活的平面里被压碎。

不安全的心理和隔离感，很容易使人变成非理性的偶像崇拜者[①]，六十年来民主的声势虽未大减，进入法西斯式统治下人民的数量却一直在窜升。即使在民主国家里，如果技术性的教育情况和技术专政的情势不能改变，民主的前途很难乐观。这种心理必须克服，究应如何克服，却找不到简单的答案，它关联到人与技术、环境全面性的调整。

生活单调、空虚、不安全，反映在人身上的总病症，是心灵麻痹、精神萎缩，以及生活无意义。在任何时代，个人在某一阶段都可能有这个现象，现代却成为普遍而集体性的时代病，其间的差异在：以往人一旦把握到机会踏上成功之路时，病象就会消失，现在年轻一代的趋势，是根本对自己的事业前途漠不关心[②]。美国查理瑞克教授，在他一本颇为畅销的书《美国的新生》中，开头的一段就说了触目惊心的话："美国正在散布着死亡，不但对其他国家的人民如此，对它本国的人民也是一样。……我们一直认为自己是一个非常富有的国家，但是现在我们终于开始认清自己也是一个极度匮乏的国家——纵观人类历史，凡人们当作宝贝来珍爱的事物我们都付之阙如。"语气是嫌夸张，作为一项警告，却是有意义的，尤其对我们这个崇美的地区而言，更是有意义。跟

---

① 佛洛姆著、孟祥森译：《基督教义的心理分析》，台北，晨钟出版社，1971年，第8页。

② 根据美国《幸福杂志》的调查，约有2/5的大学生，已经拒绝接受一般实用主义观念，不再认为大学是一条达到事业、地位、财富的康庄大道。他们鄙视"找饭碗"的想法，对自己事业前途也漠不关心（见查理瑞克著、苏起等译：《美国的新生》，台北，幼狮文化事业公司，1972年，《译者序》）。

着美式过分重视物质生活的路走下去，这个严重的弊端必不可免。查理瑞克所说的"极度匮乏"是指精神的自主和创造力，如果人类精神的力量继续普遍萎缩下去，另一面自动化的趋势又不能遏阻，技术文明终将为人类带来浩劫，连现代化好的一面也难得保存。

第二，假现代人。精神分析大家杨格，检讨现代人的生活，提出一个"假现代人"[①]的概念，他们的特点之一是表面上装出一副现代模样，实际上却跳过了他们应该经历的许多生存进展阶段，而忽略了许多他们应履行的人生义务。另外的表征是，他们一窝蜂地追求新奇，期望能以最低的代价去找到可弥补他们不足的东西。这种人只知吸取现代化的成果，却不知如何为现代化尽一份力量。

在一些后开发的国家里，更是政策性地制造假现代人。仅仅搬运来一点现代的装饰，就自以为参与发展国之林了，廉价的商品点缀出一副表面繁荣的景象，成为百业之花的工商业，只用极低廉的工资去压榨穷人的血汗，大老板们赚了钱就去过那穷奢极侈的假现代人生活，又培育了假现代人子弟。教育在无原则、无远景地扩充，完全不能培养人的自主性和自发性，教育出来的都像一个模子造出的产品，没有个性，缺乏修养。仅得到现代化表面的一点好处，自己却连根都拔了。

怎样才算是真现代人？杨格认为"真正现代人该是不模仿他人，自愿安贫者，而且——更痛苦的是——是一位拒绝一切历史所加给他的圣贤荣耀者"[②]。他所说的显然是侧重在人的自主性和创造性上，是文艺复兴以来创造现代文明者的典型特征。另外一个普遍的特征，是具有科学的心智，做事讲究计划，为学重视理性和经验，热爱真理，也容忍偏见。

现代化的种种病痛，不是真现代人造成的，大部分都是假现代人搅出来的。

---

① 杨格著、黄奇铭译：《追求灵魂的现代人》，台北，志文出版社，1971 年，第 232、251、274 页。
② 杨格著、黄奇铭译：《追求灵魂的现代人》，第 232 页。

　　第三,技术专政。纳粹专政、法西斯专政,是我们熟悉的名词,技术专政就此较陌生,但它早已在不知不觉中威胁着我们,只是程度上还不及西方国家严重罢了。且看查理瑞克的剖析:"技术和生产可能成为人们的恩人,但它们毕竟只是不会思考的工具,若我们不去指挥它们,它们就会依其本身动力不断发展下去。在我们国家(指美国),它们已粉碎了一切阻挡它们的事物,如风景、自然环境、美、历史和传统、快乐和谦让、私生活的神秘和宽裕,以及使我们联系在一起的脆弱而成长缓慢的社会结构。"①技术竟然成为专政,是因它已逐渐脱离了人的控制。技术曾改善了人类生活环境,把人从迷信和神的统治中解放出来,现在却又回过头来危害人类,最明显的就是自然环境的破坏。1949年以后就生活在台北的人,一定还会怀念当年新店和淡水河的风光,现在马路宽阔,大厦如林,市内的环境卫生改善不少,保健工作的水准也提高许多,市外却被工业废水污染了的河流围绕着,清晨听不到鸟声,夏季听不到蝉鸣,充耳都是机器的噪音。自然景观的破坏,带给心灵和生命的戕害,是短时间不容易察觉到的,这正是技术专政的特色,它不像法西斯那样明显地使我们看出它的危害,所以很少能有预先的防范,等到一旦觉察到,为时已晚。事实上目前不要说防范,连起码的警觉心都没有,尤其是那些后开发的国家,一切的考虑都以生产为先,其他根本无暇顾及。早在第一次大战前,英国的佛斯特和劳伦斯等人,就已对机器文明的忽视个性、抹煞人性提出警告,但对全世界的决策者毫无影响。其他专政的肆虐,往往只能损伤或毁灭人的身体,技术专政却使心灵瘫痪。

　　第四,自我的失落。"自我"是20世纪最流行也被用得最广泛的名词之一,除了是存在主义和心理分析两大思潮的中心概念之外,文学和哲学也经常在使用。正因如此,所以大家所意谓的内涵,是十分纷歧的。同时自我之作为讨论对象,是由反省和体验去把握的,这种经验甚至因人而异、因时而异。单就心理学,从19世纪末叶詹姆斯以来,就可

――――――――――

① 见查理瑞克著、苏起等译:《美国的新生》,第5页。

以写部自我心理学史。

这里"自我的失落"中的"自我",简单说是指想象力、创造力、天性、梦想、个别独特性①以及爱的能力等,人只有当这些能力和愿望获得正常发展时,才能感到自我的真实存在,才能激发人的活力生气,才感到生活有意义、有目的,对未来充满希望与信心。"失落"是说这些人之所以为人的基本特质和珍贵的品质,被一股无法抗阻的力量所压抑、剥夺。

今日的自我问题,在重理性理智的西方文化传统里,自希腊以来就一直存在,不过是以少数个别的例子存在着,不足以成为一个时代性的征候。一个长期从事抽象思考工作的人,往往导致智力发展和情感离析的现象,西方哲学史上有不少所谓"不婚的伟人",就是具体的例子。人格要健全,必须使人性的各面有整体而均衡的发展,任何一面的偏至或偏枯现象,都会产生自我问题。

西方文化中理性和理智偏至发展的部分现象,经由近代科技的空前发展和普遍的工业化,遂全面爆发出来,现在已不是单纯的智力压缩感情的问题,而是人的智力已发展到能控制环境、探测太空,情感却依旧停在本能的反应,二者的成熟度,简直是天壤之别。问题远不止此,工业化的大量生产,庞大的工业组织,几乎抹煞了人个别独特性;单调的工作,无需想象力;生活在狭隘的空间里,只为一点现实的利益和感性的刺激,梦想没有了;因疏离而陷于焦躁不安:这些心理因素,严重的损坏了人与人之间互爱的能力。甚至连现代人最骄傲的知识成就,也因过分专业化的强调,大家只是在玩着一些知识碎片,很少再有杰出的系统模型。

佛洛姆透过"认同危机"②的概念来探讨自我的失落,他解释认同,是一种经验,可以使人恰恰当当地说"我"——而我的意义是,我的一切

---

① 查理瑞克著、苏起等译:《美国的新生》,第7页。

② 佛洛姆著、孟祥森译:《人类新希望》,台北,志文出版社,1971年,第106—110页。

实有的与潜在的活动之积极主动的、有组合力的结构中心。认同危机是因在工业社会里，人业已被变造成了"物"，自我的经验也不外是把自己当"物"来体验，所以现代人只重视"有"的范畴，他有汽车、房屋、妻子、权位、声誉，他可以"有"一切，却什么也不"是"。希望、信念、勇敢、爱、温柔、同情、兴趣、责任与认同，这些人性经验才属于"是"的范畴，也都是无法被具体占有的。凡是不能当物一般占有的，都视同无物——没有价值。到这时候，人已不再是活生生的存在了。物能被占有，也容易被剥夺，因为它不能完全操之在我，这是以"物"为"我"者所以特别感到烦躁、不安、脆弱又容易受伤的主要原因。

佛洛姆"有"与"是"之说，与孟子"人爵"、"天爵"（或"良贵"）的概念颇相似①。人爵指富贵权位，天爵指人的美德，美德是可以操之在我的，不假外求，是"人人有贵于己者"。富贵权位的追求，需要先把"我"变成不是"我"，最好是能完全变成"物"，这种人的命运，孟子说得很清楚："赵孟之所贵，赵孟能贱之。"②

以上所说，不表示人不当追求"有"的范畴中的那些东西，也不是说在现代之前历史上没有物化的现象。传统中国的官办教育和科举制度，一直都拿利禄来诱人，希望天下英豪尽入彀中，这是拿爵禄为饵，把士大夫们都变造成"物"。可是它并不代表很高的价值标准，无论个人怎样热衷名利，"义利之辨"却一直是社会奉行的标准。只要能尊重更高的价值，人纵然在利禄之途亦可来去自如。现代人的问题不在追求"有"，是在追求"有"的同时，蔑视、抛弃或否定了属于"是"的范畴——那些足以代表人类最珍贵的情操和品质的价值。

---

① 《孟子·告子上》："有天爵者，有人爵者。仁义忠信，乐善不倦，此天爵也；公卿大夫，此人爵也。古之人修其天爵，而人爵从之。今之人修其天爵，以要（求）人爵；既得人爵，而弃其天爵，则惑之甚者也，终亦必亡而已矣。"

② 《孟子·告子上》。

四　中国哲学的考验

前面三节,很简略地点出现代文明的危机,危机的焦点在人,人被他自己所创造的文明所腐蚀,人在他自己所创造的文明之前感到无能为力。这些情况对中国来说,虽未十分严重,但也发展到必须正视的地步。我们怎么办?几百年来形成的问题,当然没有简单的答案,目前还在发掘问题的阶段,这些问题究竟是虚拟的呢,还是的确很真实,犹待进一步的探讨。文化史上出现的严重问题,从来就不是当代人所能完全解决的,文化病不像人体的疾病,人体的疾病,有绝大的机会能完全康复,每一次文化病却总有后遗症。现代文明危机,并非完全"现代"才有的,只是它严重的程度和影响的普及,是空前的一次。问题复杂得叫人难以下手,有勇气面对问题的思想家们,却已在尝试着提出解决问题的方式。在形形色色的方式中,显然有两种对立的方式:一种倾向于在保存人类过去的基本价值的前提下,去改造工业文明,使工业文明能创造人类的福祉,又不妨碍人类基本价值的表现。史怀哲、罗素、汤因比、索罗金大抵属于这一方式。为这一方式做深细构想,并提出许多积极性建议的,是心理学家佛洛姆。另一种则把重点放在人自身,主张要大刀阔斧改变人类的行为,认为传统对人类行为思考的方式根本就有重大的缺陷,依赖传统,问题只有恶化,永远也不能接近解决问题的答案。所以干脆宣布:人不再有自由、尊严,这些形上的观念,妨碍行为科学的进步,人不过是环境的产物。提出这种想法的是另一位心理学家施金纳。

从施金纳的见解,不禁连带着想到,如何抉择解决的方式,也成了严重的问题。如果真能像施氏所想,"人类"恐已不是过去文明史里的那种意义,经改造以后的"人类",究能与过去的"人类"保持何种关联呢?不管怎么说,我们的思想应该开放给一切的可能。所有企图解决问题的思想,愈新愈具有创见的,也许我们一时间愈难接受,但要学习对它保持兴趣。阅读本书的读者,已不必我特别声明,早就了解我的思想是倾向于前一种方式的。任何一个传统,在现代生活里,都要经过批判、改造或重建,因传统不会对我们没有意义,问题在如何才能给它意义。

以后各章是一点小小的尝试,仍需要做几点说明:

(一)中国哲学的范围很大,本书所涉及的只是一小部分。这小部分也是主观的选择,只希望借眼前问题考验或印证它的价值。

(二)所谓"考验",不可能像一份考卷一样,有问又有答,有明显的是非或对错。考验与其说是追求问题的答案,不如说是寻求意义的一种方式。

(三)既是"一种方式",就必有所限制,这一点我们很清楚。这意味着仍可以用其他的方式做类似的工作。当这类工作大量累积起来,也就是不断在和现代的新经验综合之后,它的世界性的意义将逐渐显现。

(四)复活传统哲学的方式是多方面的,你一字不写,能把它的精神体之于身,行之于事,是一种方式;你能把它的问题挑出来,引起大家关注,使大家讨论,也是一种方式;用现代观点予以考验,是另一种复活的方式。如果做得成功,那是中国哲学应享有的光彩,如果不理想,可以让别人试试其他方式。实际把工作做出来,供人评断是非,总比空喊口号要好些。

人文主义的力量①

　　在前面一章里，曾一再提到，现代人在技术统治和工业化的世界之前，感到无能为力，这种感觉使人对自己，对群体，对人类前途没有信心，如果这种感觉确实普遍存在，那么当前人类重要的课题之一，就在如何重新唤起人的内在冲力，使生活变得活生生有朝气，充满希望，这需要一股巨大的力量。这力量从哪里来？又是怎么样的一种力量？凭什么我们能对它抱有信心？它在现代社会的命运又如何？

　　针对这些问题，如允许我先提一个答复的话，我有充分的理由说，这股力量来自历史上人文主义的复活，以及形形色色人文思想和人文运动的汇流。

一　人文主义的意义

　　中文里的"人文主义"一词，是英文 humanism 的译名，最早为一位德国教育家 F. J. Niethammer 于 1808 年所创。在此以前，片断的、个别的例子不算，人文思想成为一个运动的事实早已存在，如西方文艺复兴时代的人文运动，和中国春秋、战国时代儒家的人文运动。

　　从这两个人文运动所表现的内容，不难看出人文主义的真正意义和它的特征。文艺复兴时代的人文主义者所表现的特色，简略地说，约

---

① 　编注：本文选自韦著《中国思想传统的现代反思》，第七章。

有下列数点①:

(1)从历史上看,人文主义者最显著的成就是在复兴了古典的研究,他们所以致力于此,起初的兴趣只在模仿古典作家的文体和"辩才",并希望恢复消失已久的拉丁文的美感,这多少有实用的动机。至于说他们开创了一个新文化世纪,那是由于长期吸取古典的思想,受到古典精神的启迪,而慢慢发展出来的,并非一开始就是有计划的创造新文化。这是寓创新于复古的一个典型的例子。

(2)这个时代的人文主义者,给我们一个最强烈的印象,是他们的多才多艺,充分发挥个人的才能,生活富朝气,建立了一种特别强调人尊严的人生新态度。米兰道拉在他那篇被视为代表人文主义信条的《关于人的尊严》之演词中,曾说人初生时,父母已在其体内播下各种的生活种籽,所以人在成长的过程中,应把视野放宽,从事于多方面的尝试和努力。人的尊严不是固定不移的,它系于人个性的不断发挥和自由而不息的创造。

(3)文艺复兴时代的人文主义者,虽不认为和基督教相反,但不满经院哲学和神职人员,他们的思想代表一种价值的转变和人类新价值自觉的运动,所以热爱艺术,注重道德实践,认为道德才是人之所以异于神和其他动物之所在。这种价值的转变,是促使中世纪出世的人生观返向入世人生观的主要关键。

(4)人文主义因为代表一种新的态度、新的价值观,甚至铸造了一种新的生活方式,促使自我的彻底开放,所以它虽不是严整的哲学系统,对当时的各派哲学,却能产生很大的影响,一部分教会领袖也不例外。在当时,不论是新柏拉图主义,或亚理士多德主义,经由人文主义的影响,思想重心都逐渐转移到对人的问题的探讨。

中国自清末以来,许多学人曾将西方的文艺复兴时代的人文运动

---

① 下面关于人文主义的各点,是参考下列各文献写成:(1)余英时:《文艺复兴与人文思潮》(见《历史与思想》一书);(2)王任光:《文艺复兴时代的人文运动》,李序及导言。(3)布罗诺斯基:《西方的思想传统》,第五章《爱拉谟士与人文主义者》。

与中国相比附,有的以清代学术相比,如梁启超;有的以五四相比,如胡适;有的认为文学革命与之最相似,如郑学稼;有的则以宋代的理学运动相比,如唐君毅①。当然,既是比附,绝不可能完全相当。

如果我们撇开历史阶段的对比,直就其所表现的意义和特征看,先秦儒家的人文运动和西方文艺复兴时代的人文运动,它们之间相似之处实最多。而促成这两个运动的社会和经济等的客观条件——如商业发达、都市社会的形成,也颇相似,唯这一点此处不宜多讨论,下面仅就二者思想和精神的相似点做一比较,也附带指出其相异之处。

第一,孔子常以六经(诗、书、礼、乐、易、春秋)做教科书,和荀子对六经的精深了解,恰与西方人文主义者复兴古典的研究相类,由吸取古典思想,因而受到古典精神的启迪,于是开创思想新局面,这一点也相同。不同点之一,是儒家的古典训练,主要在培养符合"内圣外王"理想的人才,孟子曾说,一个儒者,应该做到"穷则独善其身,达则兼善天下",独善其身要靠道德修养,兼善天下要有治平的才具,这些都可以从古典的训练中得到。从孔子"不学诗,无以言",学古典多少也与辩才有关,但在德性修养的观点,他是宁取"木讷",认为"语"不若"默"。二者之间另外一个不同之点,是西方人文主义者,多是靠文采或辩才为王侯所用,儒家的孔、孟、荀,却富有使命感,他们并不牵就王侯的需要,总想本着自己的理想去改造政治和社会。

第二,孔子在当时是位极著名的多才多艺的人物,孟、荀则又精博而好辩,三人都一致强调人的尊严,尤其是孟子的天爵、人爵之辨,良贵之说,以及"立不召之臣"和"格君心之非"等主张,实为中国知识分子维护个人尊严立下了不朽信条。孟子和米兰道拉的不同是在,后者强调人的才能的多面性,前者则把人的尊严独寄于德性的发挥上。至于认为人的尊严和德性皆非固定不移,须依赖人自强不息的努力,这一点又很相同。

---

① 以上各家的说法,详见韦政通:《中国哲学辞典》,"文艺复兴"条,第179—182页。

第三，孔子热爱艺术，孔、孟注重道德实践，认为道德是人之异于禽兽者，这方面中西人文主义者可谓极相似。但因西方人文主义者是生活在一个弥漫中世纪出世精神的环境里，所以有价值转变的问题。孔、孟对原始的天神信仰，虽抱怀疑，但天神信仰并不代表出世，所以在价值方面，孔、孟不是转变了原有的价值，而是把原有的价值提升其地位，充实其内涵，扩大其效用。

第四，儒家的价值观虽不代表新的转变，但强调以世间人的身份，担当起改造政治社会的责任，以及着意铸造一种君子的典型，确代表一种新的态度和新的生活方式的形成。人文主义不是一特定的思想系统，这一点中西皆同。他们对当世或稍后的各派哲学，都产生极大的影响，这一点也很相类。西方人文运动的同时已有宗教改革，嗣后数百年间，科学革命、启蒙运动、工业革命相继而起，使人文主义者所努力的理想如"人之觉醒"和"个人主义"等，都一一获得充分的发展。在中国，儒家人文运动之后，则是一个渐趋稳定的专制统治和天人感应说盛行的泛灵社会，他们之间的命运，真不可同日而语。

二 人文主义的价值

面临当前人类的精神危机，要我们对人文主义的效果仍抱有信心，必须再进一步探讨它的价值和功能，兹仍以先秦儒家作为主要的参考。

(1)先秦儒家从孔子到荀子的人文运动中，最显著的一个特点，就是人文伦理性格的确定，它把人从天神的统治中完全解救出来，使人了解人自身的价值和对社会政治的责任，永远断灭天启之路，让人自己去面对他的一切命运，亲身体验所遭遇的忧患，并认定所有社会和文化的危机，都源自于人，解救危机唯一的力量也是在人。在这里，人的尊严和人在世界的地位，获得充分的显现。

传统儒家的人文伦理的价值，似乎可以从爱因斯坦的一段话里，得到一个现代的佐证。爱氏在一篇讨论"科学与宗教"的文章里，认为二者之间的冲突,主要根源即在人格神的概念,假如现代的宗教家,能弃置这个概念,必可欣见真正的宗教因受到科学知识之恩而更增加其崇高,更丰厚其义蕴。为此爱氏提出主张:"在维护伦理价值的奋斗中,宗教的教师们必须要有弃置人格神之教义的雅量,也就是说,必须放弃过去的世代中曾为祭司掌握的巨大力量——恐惧和希望的来源。他们必须要在其辛劳工作之中,运用那些足以开拓人本身中真、善、美的力量去帮助他们自己。"①如果爱氏能有机会了解中国儒家的伦理思想,早在两千几百年前就是走的他所理想的路子,必定会惊喜不已的。不过,除了"路子"之外,儒家的人文伦理,并未能全符合爱氏的理想,因除了"善"的力量得到开发之外,"真"的力量谈不上,古典儒家对"美"还重视,到了宋、明儒就比较忽视了。真、美两种力量未能畅发,使善的开展也受到限制。

(2)人文主义最直接的功能是在教育,此即所谓人文陶养,中西皆然。古典儒家"人文"概念第一次出现时,就与教化分不开,《周易·贲卦象辞》:"观乎人文,以化成天下。"孔颖达疏:"言圣人观察人文,则诗、书、礼、乐之谓,当法此教而化成天下也。"孔氏不但说明了人文的教化意义,且说明人文教养是来自古代典籍的学习,这正符合孔子的意思,因孔子说过"不学诗,无以言","不学礼,无以立"。又说视、听、言、动,没有一样可以违背礼。以礼作为人文教养的主要依据,这一点荀子发挥得较多。他不但认为礼足以"著诚去伪",同时也是"治气养心"的力法。可知儒家的人文教育,不只是在教人文质彬彬,生活有序,更重要的是成为一个道德高超的人。

儒家人文教育的一个特点是,把家庭看得比学校重要,家庭所负的责任也比学校为重。在家庭范围之内,教育的重点是:父慈子孝,兄爱弟敬,夫和妻柔,姑慈妇听②,要使人类生活的基本团体里,保持亲切、和

---

① 寇琪编著、徐高阮等译:《危机时代的哲学》,台北,幼狮书店,1969 年,第 43 页。

② 见《左传》昭公二十六年。

谐、有爱心、有节制的生活关系。这些都是人文伦理的主要项目，也是人文教育的重要内涵。由于它，维系了和睦安定的家，也提供了一个人文陶养的有利场所。

由于儒家的人文教养，不只是一套空论，它透过家庭影响了多数人的生活。罗素于 1922 年出版的《中国问题》中，发表他在中国九个月的观感，对中国人生活中表露的自制、含蓄、人情味、天性的乐观，以及亲切的友谊等民族性，留下深刻的印象，也颇为欣赏①。这些教养的成果，除了儒家的影响之外，当然也包括道家、佛教的。罗素十分慨叹，西方在工业化的高度发展下，已丧失了这些。现在我们离开罗素到中国的时候，又已半个多世纪，这些民族性如今还能保留几分呢？

（3）现在再从不同关系的调适上，看儒家人文主义的价值。这不同关系是指人与自己、人际以及人与自然。各个不同的民族基于价值取向的不同，对这种关系也有了不同方式的处理，如在人际关系方面，有的重个人取向，有的则重群体的方式。又如人与自然的关系，则可有服膺自然、主宰自然和调和自然的不同。在中国，这些关系，都同在一种价值观之下结成有机的整体，这同一的价值就是"和"，在个人则要求内心的和乐，人际则要求和谐，人与自然则要求调和，合起来遂形成"太和"世界的理念。这一要求的基本假设，就是荀子所说的"万物各得其和以生"②。

这些要求究竟如何能达到，是一个复杂的问题。在人际关系上，中国当然没有把这个理想普遍实现，但在个人以及人与自然的关系上，这种价值观，已由哲学、文学、艺术中充分显示出来，成为中国文化的主要特征之一。

（4）在所有的哲学中，再没有能像人文主义那样赞美人类生命和重视人类尊严的，他们共同了解到，人是一切创造之源，并能本诸自由意

① 罗素著、宋躇平译：《中国问题》，台北，有志图书公司，1973 年，第 3、170 页。
② 《荀子·天论》。

志使自己成长与发展。他们痛恨破坏与毁灭,因为它阻碍生命的发展。他们重视爱、宽容、和平,因为只有在这些价值里,才足以维持人的尊严。在中国,最早的典籍里,就已有"惟人万物之灵"①的观念。这个观念在孔、孟的生命哲学里得到很大发展。孔、孟的生命哲学即仁学,仁代表生命的真实,是混沌中的一点灵光,人一旦自觉到它的存在,即无异是发现了人性的普遍与恒常。爱是仁的具体内容,它有无限的潜能,当人自觉与自己"生命的真实"一致时,人就有足够的力量从事一切伟大的工作。反之,当人与自己"生命的真实"离异时,人开始背叛了自己,这时候,人逐渐丧失自己决定的力量。孔子的生命哲学,或许是由于过分抬高人在万物中的地位,相对地对禽兽就不免横加贬抑,例如马房失火,孔子只问有人受伤没有,不关心马的死活,从处境伦理的观点看,这种选择可以理解,但如从"重人"的观念过分加以强调,就可能妨害到儒家生命哲学的进一步发展②。

孔子已充分理解到,以仁为主要内容的人性,有无限发展的可能性,但对发展的方式,多语焉不详,"下学而上达"仅显出一个形式的路标,"吾十有五"到"七十从心所欲不逾矩",这个过程又嫌过分机械,很难与个别的经验相合。要到孟子的人性论,才提供了一条真实的道路。他首先点醒人人都生来就有仁、义、礼、智等善的潜能,然后开出两条实现这些潜能的路:一条是尽心、知性、知天;一条是亲亲、仁民、爱物。前者是不断超越自己,投入无限;后者由亲到疏、由近及远,把这些价值实现到社会。依孟子,人顺着这两条道路,充分实现这些潜能时,他的生命才是值得赞美的。

---

① 《尚书·泰誓上》。
② 我这样说,是以史怀哲的生命哲学为准据。史氏呼吁全人类,不要把生命分为有价值的与无价值的、高等的与低等的,那是纯主观的评论。他说:"这种对生命的全然肯定是一种精神工作,有了这种认识,我们才能一改以往的生活态度,而开始尊重自己的生命,使其得到真正的价值。"(接受诺贝尔和平奖演说词:《我的呼吁》)

三　人文主义遭到的种种威胁

传统人文主义在现代中国并未中断,在哲学上它不但最具发展潜力,且是不同学派间获得沟通的主要基点,在这个基点上,不同学派在今后的发展中,将可因综摄作用而达到一个新的整合。不过人文主义如只存于少数人的思想里,它就不足以成为普遍影响生活的文化力量。从普遍的生活方面看,人文主义正遭到空前的威胁,威胁的规模是世界性的,中国只是其中的一环。

人文主义的威胁来自各方面,来源之一是科学的宇宙观和生物观。精神分析学家钟士曾扼要地说明了这一点,他说:"人类自尊与自爱所受的三个严重打击操于科学之手:第一是哥白尼的宇宙观;第二是达尔文的生物观;第三是佛洛依德(即弗洛伊德)的心理学。"①哥白尼的宇宙观,推翻了两千年来地球为宇宙中心的学说,动摇了"人为万物之权衡"的信念。达尔文的生物观,推翻了人为万物之灵的学说,消灭了人与动物的界线,使人类尊严丧失了最重要的一个基础。弗洛伊德的心理学,推翻了人为意识所控制的学说,代以本能和生物观点了解人,过去许多伟人精神方面的成就,都可在下意识里得到解释。

有位文荣光医师,认为这三个打击之外,第四个打击,恐怕要算施金纳的行为科学②,在他制约化的行为理论中,人的自我不再能为自己的行为负责,这无异宣告自由与尊严破产。施氏学说,是否能产生像前三个那样巨大的波澜,目前还难逆料,不过我想施氏和前三位科学家一样,他们的出发点都不是蓄意要推倒人文主义的一些基本信念,他们都是为了忠于自己所发现的真理所产生的理论的效果。这些学说本身真正意趣所在,并不足以构成对人文主义传统的彻底破坏,他们是努力改

---

① 转引自施金纳著、文荣光译:《行为主义的"乌托邦"》,台北,志文出版社,1975年,《译序》。
② 同上。

正它的原有假设,使它能在新的经验基础上重建起来。我们坚持原有的假设和基础,才会产生出破坏的感觉。再加上错误的传播和盲目肆意的攻击,使这种破坏的印象更加扩大开来。如果我们能对科学上的发现予以应有的尊重,又能把保守的心习抑制一下,承认我们的印象是出于偏见,那么科学带给人文主义的威胁就能缓和下来,而逐渐消失。

造成人文主义最大威胁的不是科学,而是科学的广泛应用以及形成工业化社会的各种特性,这些特性包括知识化、量化、抽象、物化以及官僚机构化诸作用。它们在科学和经济的作业中,都有它的必要性,问题在当人把这些特性不只是当作把握人的辅助性工具,而不加选择、不加抑制地应用于人,以为这是了解人的唯一方式时,才构成传统人文主义者有关人的影像全被变形的效果。佛洛姆说的对,这些都不是生命原理,只是机械原理。在这样的系统里长期生活的人,会丧失活生生的感觉,甚至变得对生命冷漠①。

第一次工业革命的主要特征,是以机器代替了劳力。第二次工业革命,连人类的思想也可以用机器代替,机器的自动控制系统的思考能力比人脑更快更精确。现代高度工业化社会,已有所谓"组织人"的出现,他由大量生产要求和庞大企业组织所形成,而自动化就是组织人的头脑或心脏。这是纯由科技工业化制造出来的怪物,它具有宰制社会的潜能,不仅将破坏原有的社会结构,很可能创造出新的社会组织。在这种趋势下,人所能发生的作用越来越少,机器控制的范围越来越大,把多数人的生命潜力都给剥夺了。尽管我们拥有惊人的物质力量,却缺乏智慧去运用它,如依照自动化本身的动力不断发展下去,人类纵然不被毁灭,也将因自我丧失和严重的疏离之病,而使精神瘫痪。四十五年前(1932年),柏格森就说过:"人在这不平均发展的肉体里,再也找不到自己,也不再认识自己了。"②大哲学家的话,正揭示了20世纪的一个

① 佛洛姆著、孟祥森译:《人的心》,台北,有志图书公司,1971年,第60页。
② 柏格森:《道德与宗教之二源》,"机械与神秘"章。

大的问题。

四　人文主义的力量

尽管人文主义面临空前的威胁,20世纪过去的七十多年中,人文主义依然是一个世界性的思潮,许多不同知识领域的代表性思想家,多半是人文主义者,例如由寇琪编选的《危机时代的哲学》①一书中,共选了十五位思想家,他们是历史学家汤因比,科学家爱因斯坦,经济学家克拉克,哲学小说家锡隆、佛尔士特,心理分析学家佛洛姆,神学或宗教哲学家马利丹、蒲伯、尼尔布、拉达斯南,哲学家沙特、鲍泼、罗素、胡克、雅斯贝尔斯。其中蒲伯被寇琪标为希伯来的人文主义者,马利丹是以神为中心的人文主义者,雅斯贝尔斯被视为一个新的人文主义者。此外,爱因斯坦、汤因比、罗素、沙特、佛洛姆,他们的专业知识虽不同,但都是20世纪人文主义的重要代表。其余的几个,别人虽不一定把他们看成人文主义者,他们也未必以此自许,可是从他们的思想所表现的,无一不是人文思想的有力护卫,像锡隆,他小说的主题是技术的与极权主义的社会对人类个人的命运和幸福的影响,正是当代人文主义者最关心的问题。佛尔士特则是位坚定的个人主义者。尼布尔一生,不仅对教会抗议,也对当代社会的不公平抗议。拉达斯南的思想,反映出"世界的精神智慧"。克拉克重视社会福利。鲍泼反对极权主义,主张开放社会。胡克曾努力确保自由主义,使它有对抗极权主义的力量。

人文主义在中国,早已不算是显学,不过在现代中国,却有一件未被人注意的事,即五六十年来思想上一直处于对立的西化派与传统派,在人文主义这一点上,却绝无歧见,西化派巨子胡适曾说:"我深信,那个'人本主义与理智主义的中国'的传统没有毁灭,而且无论如何没有

---

① 寇琪编著、徐高阮等译:《危机时代的哲学》,第43页。

人能毁灭。"①胡先生的确反过传统,就在说这话的次年(1961 年),还在发表严重贬抑传统的言论②,但他对人文主义的传统却深信不疑,这个传统经由反对者的思想印证了它强韧的力量。现代中国最重要的人文主义思想家,是传统派的唐君毅和牟宗三,他们一生都在努力宏扬儒家的人文精神,且认为是世界上最理想的人文主义③。

20 世纪的人文主义和历史上的人文主义一样,每一次都能从威胁或毁灭人类的灾难中重振起来,因为它始终对人有信心,相信人类能在重重的险阻中,继续走向崇高完美的境界,相信人能在一次一次的自我丧失中,再度发现自己,重新发挥出理性与爱的力量。

可是,20 世纪的人文主义,毕竟遭遇到新的困难,于是使它的声光不足比拟于科技和工业化,前文提到施金纳的行为科学,就是勇于面对这新的困难而产生的新思考,他思考的重点之一,是肯定地认为人文主义本身有缺点。另一位杰出的心理学家杨格,却在同一困难之下,发展出另一方面的思考,他在分析了现代人精神上一些特有的病症之后,认为这些病症说明了人文主义的理想一向忽视肉体所产生的恶果。在中西人文思想的历史里,忽视肉体的例子不胜枚举,这里只简略地提一下,如中国古老的人心和道心的区分,以及宋明儒者的理欲之辨。在西方柏拉图曾视肉体如坟墓,笛卡尔则在努力证明灵魂独立的存在,并以为灵魂比肉体更容易有认知。宗教方面更不用说,它一向有强烈的禁欲主义倾向。以往并不是没有人对这种恶果提出批评,只是那样的话,要到现代才有人听得进耳,而且感到有一股震撼的力量。如杨格说:"肉体过去一向都在精神的欺负下度过漫长的岁月,那将是不足为奇的。我们甚至要说,肉体已得到了向精神复仇的机会。"因此他主张:

---

① 胡适:《中国的传统与将来》,台北《大陆杂志》第 28 卷第 6 期。
② 是指《科学发展所需要的社会改革》一篇演说,其中有这样的话:"我们也许必须丢掉这种没有理由的自傲,必须学习承认东方文明中所含的精神成分实在很少。"
③ 见唐君毅《人文主义之名义》文(收入氏著《人文精神之重建》);牟宗三《人文主义之完成》文(收入氏著《道德的理想主义》)。

"肉体应该受到同等的待遇,和心灵一样,它也有其吸引力。"①过去几千年,肉体忍受着精神的压力,现代因受丰盛物质之赐,肉体起了大反动,反过来压迫精神,几乎使精神溃不成军。现在总算把问题暴露出来,人文主义者应当自省,以公平的态度去对待精神与肉体,这种态度将使我们有一个思索生命的新方法,并更有效地发挥人类的潜力,去克服加诸他的一切灾难。

---

① 见杨格著、黄奇铭译:《寻求灵魂的现代人》,第 259 页。

古典的重要[①]

　　今日台湾,能读点古典的人,已经不多,少数从事这方面研究的人,在这缺乏历史感的社会里,也不被重视,这当然是文化上很严重的危机。因为不重视古典的民族,将失去梦想。一个富有创造力的民族,不应丢弃古典,而是把古典的智慧化为前进的动力。

　　古典都是经过长期的考验,才得保存下来。在中国,这些古典,或称之为四书、五经,或称之为经、史、子、集。

　　四书、五经乃中国文化观念之库,两千多年来知识分子始终钻研不辍,它是启发中国人智慧的泉源。

　　史书不仅是几千年来中华民族克服天灾人祸的奋斗记录,更重要的是,其中有丰富的历史教训。凡是不能忠实地了解过去历史的民族,很难找到前进的正确方向。要了解过去,自然要靠史书。司马迁是中国史家中的一个典范,他写《史记》的抱负是:"欲以究天人之际,通古今之变,成一家之言。"所谓"究天人之际",是除了探究造成历史成败得失的人为与自然因素之外,还要进一步了解二者之间的交互影响。所谓"通古今之变",是要了解古今历史的因革、损益。"因"是继承传统,"革"是革故更新。了解何者当"因"、何者当"革",然后知历史变中有常、常中有变。由"常"可吸取传统的资源,由"变"可适应新时代的需

---

① 编注:本文原载台北《中国论坛》第 455 期,曾收入韦著《立足台湾,关怀大陆》,台北,东大图书公司,1991 年。

要。保守与创新永远应当并重。

子与集，是个人作品的总汇。一般的印象，总以为子书属于哲学思想，文集属于文学，事实上，子书里有重要的文学作品，如《庄子》，文集里也包含着丰富的哲学思想，如唐宋八大家的集子。中国传统典籍的分类，不是依照知识的性质，传统知识分子文、史、哲是不分家的，这三方面的典籍，都是他们学习的基本课程，所以哲人能写一手好文章，文人而有深刻的思想，并不稀奇。一部好的史书，这两方面的优点，往往兼而有之。

如果说经书是中国文化智慧的根，那么汗牛充栋的史书就是文化之树，数量无尽的子、集就是文化之林，以往每一个读书人都曾沐浴其中，形成他们的意识，影响他们的行为。即使到今天，假如中国人仍具有异于外人的行为特征，主要还是由于这个传统。

不论是经、史，还是子、集，都有相当的比重是传达道德教诲和讨论修养的，这方面的文字不能全从字面理解，它还需要生活来印证，没有相当道德实践经验的人，不容易有透彻的悟解。宋儒尝说，一个人在读《论语》前和读《论语》后，如果没有什么改变，等于没有读。这类的作品，十七岁去读和七十岁再去读，其收获与感悟是大不相同的。假如没有道德的真诚和提升道德水平的决心，纵然去阅读，就如身入宝山，仍将是空手而回。

在历史的长流中，各时代有各时代的特殊问题，这是事实。但另一方面，人永远生活在大自然的环境中，永远有着相同或相似的需求和渴望，因此人类一直被一些共同的难题所挑战，也累积了许多应付难题的经验，不经由古典，我们就无从获知这种源远流长的经验。

仁的哲学的时代意义[①]

爱,是人类极古老的课题之一,也是一个万古常新的课题。它是人类社会最重要的支柱,也为人类带来无穷尽的困扰和考验。它既是具体的,又是神秘的;既在眼前,又很遥远;既很容易,又极困难。历史上多数被人讴歌的人物,造就他们伟大的内容,个个不同,但都具有一项共同的生命特质,那就是因为他们能爱。

以往探讨这个问题的,主要是哲学家、宗教家、诗人,20世纪行为科学勃兴以后,少数社会学家和心理学家,开始用新的方法重新探讨这个问题,并由现代人的处境和经验上,深刻地体会到爱对当前人类的重要性。在此时此地的读者比较熟悉的就有两个例子:一个是社会哲学家索罗金,他在一本《创造的爱》的名著中,宣称"爱乃成为一个无论在质和量上都具有无穷可能的宇宙"[②],认为爱的阐扬和实践,是当前拯救感性文化危机唯一的出路,为此,他着手建立"哈佛创造性利他主义研究中心",用经验科学的方法,对爱从事广泛性的研究。另外一个是心理分析学家佛洛姆,他的《爱的艺术》[③],在此间颇为流行,为青年人对这个既熟悉又陌生的问题,提供了若干比较健全的知识。他在书的结尾曾

---

① 编注:本文选自韦著《中国思想传统的现代反思》,第八章。
② 索罗金著、孙庆余译:《创造的爱》,台北,时报文化出版公司,1975年,第23页。此书原名 *The Ways and Power of Love*,中译本仅译其中一、二两部分,约占全书三分之一强。
③ 此书在台湾有两种译本,一为几位年轻朋友合译,大学杂志社1968年出版;一为孟祥森译,志文出版社1969年出版。本文引文均据孟译本。

说："如果像我前面所说,爱是人类生存问题的唯一明智及满意的解答,则任何社会,如果排斥——相对性的——爱的发展,终必因其与人类天性的基本需要相冲突而趋于毁灭。"不论古今,任何社会都多少存在着妨碍爱的发展的文化因素①,但从来都没有像现代科技所制造的"非人化"②文明,带给爱那样普遍而严重的威胁。基于这个意义,我们对行为科学的学者们,就爱所做的有力阐扬,表示由衷的感佩。

回看中国,我们传统文化最重要的一条根,本来就是建立于仁爱基础上,在这条根上,曾产生过无数人性的光辉,世世代代为仁爱精神做着鲜活的见证,才使这个文明的源头无枯竭之虑。一百多年来,中国在西方科技文明的压力下,在深沉的屈辱感中,不论是哪一派的学者,都只知道以西方为标准,与之争长争短,传统文化这条最重要的根,早已隐晦,我们看不到像索罗金、佛洛姆那样探讨爱的理智的光芒,也接触不到像史怀哲、甘地那样爱的实践的光辉。倒是在这些"异地同证"的心光中,为我们揭开隐晦的幕,借这个契机重新去发现中国的人性光辉的传统,和那个以仁爱为本的文明之根。所以在这一章里,我要做一次小的尝试,把古今人爱的经验和爱的智慧,做一种综合和印证,让传统的仁学,在现代的经验之前接受一点考验。

阐扬爱的学者们,也许过分简化了当前人类面临的种种危机,但有一点是真确的:挽救危机的任何努力,都必须由爱出发,至少不能违背这个原则。一个现代人,"非人化"的程度无论有多么深,只要在任何时刻,一旦自觉到爱的存在,对自救就不会没有信心,也不会没有希望。

一　仁是人类的基本特质

了解孔、孟所说的仁,我们必须注意,它具有双重的涵义:它既是一

---

①　例如中国传统的孝道,过分强调顺从,顺从不一定就是发自内心的爱。教条化的结果,反而妨碍了爱的表现。与孝相对的慈,则很少被强调。

②　"非人化",得之于裴狄雅也夫《人在现代世界中的命运》一书,该书第二章,即专门讨论这个问题。该书有郑圣冲的中译本,由先知出版社和光启出版社1974年联合发行。

个概念又代表一种动力;既是一个学说,又代表一种美德。前者是知之事,后者是行之事;前者是理论的,后者是实践的。

屈万里先生说:"东周以来,虽已经有了仁字,而且虽也把仁当作一种美德,但强调仁字,使它成为做人的最高准则,使它成为一个学说,则实从孔子开始。"①这是从思想史的观点来了解。从这个观点看,仁由"一种美德",到"成为一个学说",是一步重大的进展。但如把仁当作人类的基本特质看,那么它使人从自然状态中超脱出来,成为一个超自然的存在,人只有在超自然的存在中,才能产生所谓美德。在这里,如果仅说仁赋予人性以最重要的内容,仍不足以表达它的特性,它不仅是赋予,从"超脱"的意义看,它是创造的主要动力。超脱以后的发展可以分两面,德性人格的创造是这个发展的直接形态,智性的学说系统是经由反思作用而发展出来的间接形态。

虽一根而发,智性方面既经发展以后,它所遵循的理则与德性的理则不同,在这一点上,"仁学"有它的独立意义。不过仁学的独立性,与科学的独立性又不同,科学的目的纯粹是为追求知识,它的对象是客观的自然。仁学虽也代表一套知识,它是属于人文的知识,不是自然的知识,人文的知识永远不能完全脱离人的生存或人的活动而有其意义,所以仁学的知识,也永远不能完全脱离德性人格的创造而有其意义,仁学的系统的建立,是为了帮助更多的人对仁有广泛的了解,但在儒家,了解的目的不只是为了"了解",是为了实践。在道德和宗教的范围里,智性的发展,对终极的目标而言,都是过渡性的。

因此,对孔、孟的仁,如果你仅把它当作一个理论,那么仍不妨把学说和创造这个学说的人分开来看。如果你不只是把它当作一个理论,且是一个实践的准则,甚至是个人生活奋斗的目标,你就必须把学说和创造它的人合看。孔、孟的仁学,它背后如没有创造性人格作为活泉,它如何能成为一个文明的根? 又如何能成为人类的基本特质?

———————

① 屈万里:《仁字涵义之史的观察》,香港《民主评论》第5卷第23期。

下面让我们把这种特质列举几点：

（1）这种特质显之于人的第一个特征，是热爱生命，不是热爱物质。

热爱生命的人，被生命和生长的程序所吸引，他改造或影响他人的方式是用爱，不是用惩罚，他所抱的伦理观是：有益于生命成长和发展的是善，有助于毁灭或死亡的是恶。佛洛姆说："对生命的爱，是各种不同形式的人文（人道）哲学的基础，这些哲学以不同的概念形式表达了相同的主脉。它们表达了这个原理：健康的人爱生命；忧愁是罪，喜悦是美德，生命的目的是被所有活生生的事物所吸引，并把自己同一切死的和机械的事物分开。"[①]

佛氏所说的人文哲学，可不可以包括中国的儒家呢？答案是完全肯定的。如果我们本诸这个原理，去检验儒家的文献，对儒家的人物、思想，立刻会感悟到一股新的生气。透过现代的经验，不但可赋予古老思想以新的生命，且可以给予一种新的解释。例如川水，本是常见的事物，可是在孔子的感受上却有所不同，他站在桥上，观赏着桥下的水流，不禁赞叹地说："逝者如斯夫，不舍昼夜。"从佛洛姆爱之哲学的观点来了解，正是被生命程序所吸引的一个例证。宋代理学家有教人寻求孔颜乐处的，照"喜悦是美德"的话来了解，孔颜之乐，不必如程伊川所说是在所乐的对象上[②]，而是因为对生命的热爱所产生的喜悦，喜悦本身就代表一种道德的光辉。这种喜悦，不假借于名位，不托附于财富，它来自于健康的心灵，所以孔子可以"饭疏食、饮水、曲肱而枕之，乐亦在其中"，颜子虽居陋巷，过着极端贫穷的生活，依然能不失其内心的悦乐。

这一类的例子，在理学家的生活中，真是不少，据程明道的回忆："周茂叔（濂溪）窗前草不除。去问之，云：'与自家意思一般。'子厚（横

---

① 佛洛姆著、孟祥森译：《人的心》，第44页。
② 程伊川有《颜子所好何学论》，谓颜子所独好者，是"学以至圣人之道"。见《宋元学案·伊川学案》。

渠)观驴鸣,亦谓如此。"①明道自己也有类似的故事,张横浦(九成)说:"明道书窗前有茂草覆砌,或劝之芟,曰:'不可,欲常见造物生意。'又置盆池,畜小鱼数尾,时时观之。或问其故,曰:'欲观万物自得意。'"②所谓"与自家意思一般",这"自家意思"就是作为心德之"仁"。只有满怀恻隐的人,才能见造物生意,才能领悟到各遂其生的万物自得意。

一个热爱生命的人,随时随处都能被细小具有生命的事物所吸引,更何况对人类。当索罗金被俄共逮捕下狱,并宣判了死刑,在听候执行的那六个星期中,他以"一颗黯惨的心在沉痛中"学会了三件事,其中第一件就是:"生命,甚至最残破的生命,都是世上最美丽、最伟大、最奇妙的瑰宝。"③这与中国哲人所说的"天地之大德曰生",都是人文哲学者最重要的信条。想想我们历代的气节之士,想想那些在挫败、迫害中,依然威武不屈、贫贱不移、乐观奋斗、至死方休的儒者们,都曾为这种信条做过有力的见证。孔子说:"仁者必有勇。"只有热爱生命的人,才有勇气舍弃生命。

(2)作为人类基本特质的仁,显之于人的第二个特征,是真正平等精神的肯定。

平等不是相同,是对人类生命、价值的普遍尊重。佛洛姆说:"在伟大的人道主义传统中,'平等'概念的意涵是什么?它意谓我们在这一意义上的平等:每一个人,就其本身而言,就是一个目的,而必不可成为他人的目的之手段。"④另一本书中又说:"人道的信条和经验是共同的,这个信条乃是:每个个人在他自身之内都具备着全部人性,而所有的人,尽管在知识、秉赋、高矮和肤色上各不相同,'为人的条件'对他们而言却是一样,是相同的。"⑤这种人道的信条和经验,也就是中国仁道传

① 见《宋元学案·濂溪学案》。
② 见《宋元学案·明道学案》。
③ 索罗金著、孙庆余译:《创造的爱》,第18页。
④ 佛洛姆著、孟祥森译:《基督教义的心理分析》,第82页。
⑤ 佛洛姆著、孟祥森译:《人的心》,第107页。

统的信条和经验。

在儒家仁道的传统里,认为所有的人是平等的,所有的人心是相同的,所以说:"仁者,人也";"仁,人心也";"仁,人性也"①。孟子在这个基础上,发展出"人人有贵于己者"的"良贵"和"天爵"的观念②,荀子也认为"仁之所在无贫穷,仁之所亡(无)无富贵"③,因而肯定"途之人可以为禹"。而后来"人皆可以为尧舜"一直是儒家最普遍的信念,在这个信念上,为人类建立了真正的自尊和自信,使人相信,人生的际遇,不论穷通,在自我实现的奋斗上,皆可操之在己。在这个背景的了解上,才能体会索罗金所说"爱是最佳的、最具威力的,使人性尊贵的力量"④的真谛。

(3)作为人类基本特质的仁,显之于人的第三个特征,是使人类的生命,成为创生不息的过程。

人是自然的一部分,由于自觉意识的发展,又使人成为超自然的存在。当人一旦成为超自然的存在时,就开始如房龙所说的生活在一个巨大问号之下,接受考问:

　　　　我们是谁?

　　　　我们是从哪里来的?

　　　　我们要往什么地方去?⑤

每一个问题都是无止境的挑战和考验,人必须在面对这种无止境

---

① "仁者,人也",见《中庸》和《礼记·表记》。"仁,人心也",见《孟子·告子上》。"仁,人性也",见潘平格:《求仁录辑要》卷一。

② 孟子"良贵"说,见《告子上》:"欲贵者,人之同心也,人人有贵于己者,弗思耳。人之所贵者,非良贵也,赵孟之所贵,赵孟能贱之。""天爵"说,亦见《告子上》:"有天爵者,有人爵者。仁义忠信,乐善不倦,此天爵也;公卿大夫,此人爵也。古之人修其天爵,而人爵从之;今之人修其天爵,以要人爵;既得人爵,而弃其天爵,则惑之甚者,终亦必亡而已矣。"

③ 《荀子·性恶》。

④ 索罗金著、孙庆余译:《创造的爱》,第19页。

⑤ 房龙著、吴奚真译:《人类的故事》,台北,协志工业出版公司,1957年,第1页。

的挑战和考验中,才能促使生命生生不息和不断的诞生,才能赋予人生以独特的意义与价值。照房龙的说法,人类已经缓慢地,以坚毅不懈的精神,把这个问题一步一步地往前推进,推向天边一条遥远的线,希望在那里可以找到一个答案。这个答案必须每一个人自己去求,而且在"每一刻他都得回答它——不是用他的头脑,也不是用他的身体,而是'他',是那思想、做梦、睡觉、哭和笑的他,是他'整个的人',来回答它"①。这是说,要经由创生的过程和全人格的发展,去答复每一刻都要面临的挑战和考验。

赋予人成为超自然存在的意义和动力,各民族、各文化所表现的形式不尽相同,在中国的儒家就是仁,它主要的意义有两面:一面是爱,所谓"仁者,所以爱人类也"②,通过爱,把个人和整个人类的命运关联起来。另一面是生,生在宇宙方面的表现是"春作夏长",在人生方面的表现是"终日乾乾",也是经由爱(仁)统而为一。只有仁,只有爱,才能使人类的生命,成为创生不息的历程;只有爱,才能发现自我的真实,才能掌握人类正确的方向。

(4)仁是人类的基本特质,在现实的遭遇中,人要保持这种特质,需要经过无止境的考验,每一次考验都面临一个抉择——这是第四个特征。

"唯仁者,能好人,能恶人",如果没有好恶的抉择,也就没有仁。

人生的抉择有大小,也有难易,一个学童捡到一包钱,要不要还给失主? 如果他受过起码的爱的教育的熏陶,做个决定并不难。人慢慢长大,利害得失的考虑,也就多了起来,如果面临同样的情况,做个抉择就比较不容易了。利害得失往往使人陷入困境,也是一个险境。如何能使人舍利就义,就更不是一件简单的事。佛洛姆说过,"生命是否值得一活",是现代人心目中一个新的问题,他对这种人提出的劝告是:

---

① 佛洛姆著、孟祥森译:《禅与心理分析》,台北,志文出版社,1971 年,第 140 页。
② 董仲舒《春秋繁露》"必仁且智篇"。

"生命是一项独一无二的赠礼,是一项挑战,是一种考验,它不能用任何其他的东西来衡量,并且对于是否'值得'一活的问题,也不会有合理解答的,因为这问题本身就没有一点意义。"①

对那些"把生命当作一种企业的见解"的所谓现代人,对那些业已失去生命的意义感的人来说,珍惜生命的劝告,还是有意义的。但是,这种人的选择,仍不过是一利害得失的问题,一旦环境改变,机运来了,这个问题就会消失,但是否就已寻找到人生的意义呢? 不然,他不过是跌入利害得失的轮回中的一个陷阱,如果他生命的创生活力还没有完全丧失,他必须接受生命的严厉考问。为什么有许多表面上事业很成功的人仍会自杀? 原因之一,就是因为承受不了这种考问而倒下去的,即使不倒下去,这种人往往也只是在心理退化中苟且偷生,他"活着",也只是自然生命尚未消失。

如果说"生命是一项独一无二的赠礼",照儒家传统仁学的观点来看,绝不仅是指人的自然生命,而是同时指由自然生命发展出来的超自然的部分。人活着,如只是为了维护自然生命,与人生意义是无关的,这就是造成现代人生活危机的症结之一,他们对自然生命的照顾太多,对超自然的部分关怀太少。超自然的生命,是使生命人文化,最主要的精神是奉献、是仁、是爱,这是生命创造的源头活泉,不只是道德,生理的和心理的健康,都要依靠这种力量。只有靠这种力量,才能保住人之所以为人的特质,才能接受无止境的挑战和考验,才能做正确而有意义的抉择。

要赋与生命以伟大的意义,有时候会是一件极端艰难而又困苦的事,因为人可能遭遇到"生"与"仁"之间发生冲突,甚至要牺牲生命才足以成全仁的极端情境,到这时候,人面临的是一次最大最难的抉择,他不是取孔子的"杀身以成仁",就是孟子的"舍生以取义",否则考验就会

----

① 佛洛姆著、陈珑华译:《理性的挣扎——社会健全之路》,台北,志文出版社,1975 年,第 112 页。

失败。在这时候,生命就不是"不能用任何其他的东西来衡量",对于是否值得一活,也不再是没有意义的问题。生命究竟是一项赠礼呢,还是一种负累,完全要看每一个人自己是否能做不断的正确而又有意义的抉择。

二　仁是最高的善和自由

仁是最高的善,因为社会一切大小善行,都是来自这个原动力。下面要探讨的,是它表现的心理状态和客观的条件。据科学史家布罗诺斯基的了解,科学实践的条件,是独立与自由,这也恰足以说明实践善的条件。事实上布氏正是通过科学与人文之间的这种共通性,来说明科学的价值就是人文的价值①。

孔子说:"仁远乎哉,我欲仁斯仁至矣。"这已说明仁的自由性,仁是自由意志的要求,不是强制的结果。《韩非子·解老》篇:"仁者,谓其中心欣然爱人也。"欣然是自由的心理状态,缺乏这种心理状态,就没有真正的爱。索罗金用现代的方式生动地表达了同样的体验,他说:"自由,意指一个人能够做他所喜爱的事情。在这个层面上,爱与真正的自由具有相同的意义。强制,也就意味着违反爱。因此,只要有高压存在的地方就没有爱,有爱的地方就没有高压;爱愈多,自由愈大。没有了爱,所谓的人权条例和宪法会议等,也将成为空壳。"②索氏不但把爱与自由等同起来,也说明了实践爱的客观条件,以及爱与社会形态之间的关系。任何时代、任何社会,人际关系的维系和沟通,仁爱都是不可或缺的条件,但却从来没有一个社会是完全有利于爱之发展的,因为任何社会都存在着一些不合理的强制性,这种不合理的强制性,到现代法西斯风行的社会达到前所未有的高峰,这种社会,暴力横行,仁爱之行成为

---

① 参看布罗诺斯基著、陈扬瑛、蔡仁坚译:《科学与人文价值》,台北,景象出版社,1977年,第三章第五节、第七节。
② 索罗金著、孙庆余译:《创造的爱》,第132页。

高度的奢侈品。

　　为何佛洛姆和索罗金，这两位来自法西斯统治社会的自由人，对爱的问题特别关切，也特有体会，恐怕不是件偶然的事。相对于法西斯社会，部分的西方民主国家，是享有了较多的自由，不合理强制也较少。"只要有高压存在的地方就没有爱"，可是我们却不能说，没有高压存在的地方就必定有爱，因为这些比较自由的社会，多半是高度资本主义的社会，同时技术专政的现象正日渐加剧。前者使人与人之间展开残酷的竞争，这样必然导致为达目的不择手段；后者使人成为技术成品的附庸，造成普遍"非人化"的现象。所以仁爱动力的逐渐消失，是 20 世纪国际社会普遍存在的现象，人类最尊贵的仁爱精神，正遭到空前的大挑战。人类的自救方案，可以很多，但一切方案都必须先使作为人类基本特质的爱，能充分释放出来，恢复它的光芒，这又必须增强人类的自由，因为"爱愈多，自由愈大"，反过来，自由愈多，爱也愈大，这种自由的获得，须要同时从法西斯统治和技术专政下解放出来。

三　沟通

　　沟通指人与人之间知、情、意的交流，不但为个人的成长和发展所必须，也是维系社会最基本、最重要的条件。人类一直向往一个有秩序的和谐社会，这个目标的达成，主要靠人类全面沟通的不断增强。考诸史实，令人惊讶不已的是，人类一方面追求和谐，另一方面却又制造出大量妨碍甚至破坏和谐的观念与制度，我族中心的思想和阶级制度的种种变形，是其中危害性最显著的部分。最大的"吊诡"是，当 20 世纪的文明，在许多方面都有突破性进展，技术性的沟通媒介且有惊人进步时，人与人之间、国族与国族之间相沟通的困难程度，反而进入空前巨大的阶段。例如在国际方面，铁幕的形成，以及从两个世界的对垒又分化出所谓的第三世界；在人际方面，由于技术文明带来的"非人化"，已不再是唯物主义的视人如物，而是人已经是物，物与物之间是无所谓沟通的。就在这样的背景之下,不同知识领域里的许多杰出思想家,都同样意识到这个问题的严重性,正纷纷谋求解救之道,于是沟通的问题,正日渐受到重视。

与人类社会形成同时,就有所谓沟通的问题。只是这个问题从来没有像20世纪那样引起人深切的关怀。在中国,很久以来,就已使用着不同的概念探讨着同一问题,这些概念是仁、和、礼、乐、人伦等。许慎把仁解为"亲,从人二",是说人与人之间相亲相爱的表现就是仁,这是仁显之于人的又一基本特性,就功能的意义看,也是它最重要的特性,因为仁在这个意义上,不仅是如潘平格所说"格通人我"①之所本,且是罗近溪"大人者,连属家国天下而为一身"②的动力。表现这一特性的仁,用现代的名词说就是沟通。和是表达这种沟通的效果,所以它含有和顺、和睦、调和、和谐、和乐等义。礼、乐与人伦,则为凭借之达成沟通的秩序和制度。它们共同的准则就是仁。

这些古老的概念,尤其是所含有的意义,已逐渐为人淡忘之际,我们从现代学人们有关沟通的见解和经验中,又能重温这些古老的思想,重新体验它们的价值,这不正如谢灵运的诗所说的"谁谓古今殊,异代可同调"吗?现代学人们关于沟通的见解,下面罗列几个简明的例子,每一个例子,都可视为仁这一特性的恰当阐释。

(1)存在主义哲学家马赛尔,在《有问题的人》一书中,特别指出"不安"是人性的一个特色,为了解决这个心理上的问题,他提出了"融通"的主张:我越意识到自己分享其他主体的生命,也越体会到存有的充实。这存有的充实,究竟要如何才能实现呢?马氏曾以具体的例子来说明。他说往往把自己比作一个图书室或博物馆,和别人谈话时,就像要把别人编入其中。这时别人对"我"来说是"他",是一个客体,"我"对别人也是一样,"我"和"他"彼此是外人。但如"我"和"他"之间开始有

---

① 潘平格:《求仁录辑要》卷一:"求仁之学,舍格通人我,又奚适哉?"
② 罗近溪:《盱坛直诠·讲大学》。

了共同经验、共同关系和共同兴趣,这时"我"对"他"已成为"你","他"也以"你"对待"我",这时"我"与"他"都不再是客体,而是"共同存有"的主体。我们之间相遇了、亲临了、融通了①。马赛尔的融通论,无异为潘平格的"格通人我"说,做了现代的注脚。

(2)希伯来人文主义哲学家马丁·蒲伯,于1922年就已出版《我与你》一书,为20世纪探讨沟通问题的先驱,下面的摘录,可见其内容之一斑。他说:"透过'你',一个人成为'我'";"爱是在'你'与'我'之间。……没有亲身体验到这个的人,不知什么是爱";"爱是一个'我'对一个'你'的负责";"'你'遇到'我'是一种恩赐——并不借强求而找到。……'你'遇到'我'。……真的生活是相遇"②。段玉裁对许慎释仁的注文是:"……相人耦犹言尔我亲密之词。独则无耦,耦则相亲,故其字从人二。"两相对比,正如项退结所说,马氏《我与你》一书的主题,竟这样直截了当地为段王裁所点出③。

(3)社会学家索罗金,一生阐扬利他主义,并企图建立"爱能"的学说,都是为了增强人类互相沟通的能力。以下征引的,不一定能完全反映出他爱能学说的主旨,但可以看出本于社会学的思考立场。他说:"任何形式的爱,都是人类互动作用的产品。任何爱的行动,不是由A流向B,便是由B流向A,或互相交流";"越强烈、越广大、越持久、越纯粹、越适度的爱,如果能以规律(有节奏)的方式加以更多的表达,在互动过程中造成的成果也越大";"最纯粹、最强烈的爱,主要来自家庭内、亲密朋友间、面对面小团体——学术的、宗教的、政治的、职业的、民族的(种族的)、文化的等——的互动作用。当团体的范围增大,爱的纯度和强度也随之递减,其可能产生的恨和类似因素亦随之增加"④。

(4)心理分析学家佛洛姆,他与其他阐扬爱的思想家不同的地方,

① 项退结:《现代存在思想研究》,台北,现代学苑月刊社,1970年,第197页。
② 项退结:《迈向未来的哲学思考》,第65页。
③ 项退结:《迈向未来的哲学思考》,第297页。
④ 索罗金著、孙庆余译:《创造的爱》,第85—86页。

是除了爱的积极意义之外,他同时深刻地探讨人性和社会内外两方面种种妨碍爱能表现的复杂因素。下面是涉及沟通问题的一段:"由于创造生产性的工作所达成的结合不是人与人之间的结合,由狂欢式的融合所达成的结合是一瞬即过的,而由一致化所达成的结合又是假结合。因此,这些方式对于生存问题提供的只是片面的解答。完满的解答则在于人与人之间的结合,在于人同他人的融合,在于'爱'。这种对于人与人之间的融合之渴望,是人生命中最强有力的挣扎,它是最基本的热情,是驱使人类相聚的力量,是家庭、民族与社会的成因"①。

(5)另一位存在主义哲学家雅斯贝尔斯,沟通在他的思想中占一相当重要的地位,尝自述,对他而言,沟通思想的冲动和求知欲占同等的位置。他主张:个人靠自己不能完成自己的人性,只有在和另一自我沟通时,人才能成为真的自我。与他人一起时,在相互的揭示中,自我才会显露出来,"沟通是导向各种形式的真理之路"②。特别引起我注意的,是雅氏的理性,就是普遍的沟通意志,这与程明道所说"仁者浑然与物同体",以及潘平格所说"仁也者,浑然天地万物一体"中的"仁",是多么的相似?

(6)学心理学出身,曾担任过美国卫生、教育及福利部部长的葛登纳博士,根据他的学科知识和工作经验,对沟通问题的见解是:"完全的个人自主是子虚乌有、不可思议之事。狄奥克里塔斯的格言'人永远需要别人'这句话得自现代心理学及人类学的一切知识。"③据史载,腓特烈二世曾做过一个实验,这位 13 世纪时西西里的统治者,他想要知道希伯来语、希腊语、或者其他的语言,究竟哪一种是人类最初的语言,于是他安排了许多小孩由养父母来养育,而这些养父母是不准向小孩说话的,结果小孩都死光了④。《写给战争叔叔》这本越南儿童文学的书,

---

① 佛洛姆著、孟祥森译:《爱的艺术》,台北,志文出版社,1969 年,第 28—29 页。
② 项退结:《现代存在思想研究》,第 66 页。
③ 葛登纳著、马毅志译:《自我更新》,台北,三山出版社,1972 年,第 112 页。
④ 赫斯著、关细箕译:《人这种动物》,台北,三山出版社,1973 年,第 67 页。

提供了一个最新的例子。编这本书的日本人今井朝春先生,有一次访问西贡市郊的孤儿院,一进门,就看到孤儿们"一个个坐在水泥地上作沉思状"。当他拿着相机要拍照时,这些孤儿竟向他冲过来,有的拉他的手,有的抱他的脚,今井先生不明白这是怎么回事,翻译员对他说:"今井先生,没什么的,他们就是要人抱而已。"这一古一今的例子,恰好为"人永远需要别人"提供了有力的佐证。

根据上面的这些例子,不论是古代人,还是现代人,不论是俄国人、德国人、法国人,还是美国人,也不论是哪种学科的学者,在同一个问题上,竟表达了如此相似的见解,的确反映了我们这个时代沟通问题的严重性。

但是我们了解到这一步,不过是一个起点,下一步的问题当在爱的实践上。小说家佛尔士特说:"爱在私人生活上是一种伟大的力量,确然是一切事物中最伟大的,但在公共事务上爱是无能为力的。"[1]这当然不是说,在公共事务上可以不需要爱,而是爱在这方面究竟如何才能表现出它的效力。历史所告诉我们的,几乎都是失败的经验。佛尔士特甚至说,要求国与国之间彼此相爱,要求商业行号或市场交易所之间应当彼此相爱,这种想法实在是荒谬、虚妄而危险的。为什么?那是因为我们只能够爱我们个人所知的人,而我们所知是有限的。在这里,佛氏的确已把问题推进了一步,但他也同样提不出令人满意的答案,他只认为,在公共事务上,在重建文明的工作上,我们需要容忍的精神。试问:如果人与人之间、国与国之间,缺乏彼此间的关爱,又如何能有真正持久的容忍?我们必须承认,在这样一个困难的问题之前,根本不可能立即找到满意的答案。像历史上许多重大的问题一样,没有满意的答案,并不表示绝望,相反的,只要我们有勇气接受挑战,做有力的回应,人类就充满希望,必能在艰苦中慢慢脱离困境。我愿意重提罗素在《世界新希望》中提过的话:"东西方的宗教,都曾以'爱就是智慧之门'教人。"我

---

[1]　寇琪编著、徐高阮等译:《危机时代的哲学》,第 85 页。

们这个时代,应更能体会这句话所启示的意义,倘若没有爱的鼓舞,一切解决问题之门都将关闭。

四　人性力量的实践

人性可以被赋予各种不同的意义,这里所说的"人性",是从"仁者,人也"来了解的。当儒家赋予人性以"仁"的内容时,并不是为了给予人性一种抽象的定义,而是在揭示一项行动的原理。仁根本不是一种抽象的"存有",一旦你能体验到它的存在,它本身就是生命中的一股强大力量。孔子说:"有能一日用其力于仁矣乎? 我未见力不足者。"这不只是一种鼓励,而且是在指陈一项事实,可曾有过一个正常做母亲的人,对她的子女付不出爱的? 因此,当我们面对爱在公共事务上实践的复杂难题时,仍须要先回到人性上来,重新认识它的力量,对它建立起信心,必须先把人类这股自发的永不枯竭的力量释放出来,其他的问题才有着手的余地。

在这个难题中最感困难的一面,也许就是在国与国之间,尤其在敌对国之间;但我们应当了解,所谓国与国是很抽象的,操纵国事的毕竟是人,只要主其事者对和平仍抱有希望,对人性的力量还有信心,敌对的关系,随时可以改变。历史的往例且不提,这几天埃及总统沙达特,与以色列总理比金之间,由心声的呼应,促使沙达特莅临敌国访问,使僵持三十年的难题,有了历史性的转机,使全世界爱好和平的人士,莫不雀跃三丈。中东的和平,当然不会因此即刻到来,但总是一个新的开始,开始愿意增进彼此间的了解。不管多么困难的问题,只要人愿意,一定可以找到解决的途径。从眼前的例子,你能说要求国与国之间彼此相爱,是荒谬、虚空的吗?

人性的力量是不可置疑的,从各地区许多杰出人物的共同经验,的确可以证实它的普遍存在。佛洛姆说:"只要我们综观在老子、释迦、先知、苏格拉底、耶稣、斯宾诺莎及启蒙时期的哲学家诸人思想中对人性的看法，我们会惊奇地发现，即使他们之间有很大的差异，他们的概念与规范的核心却是一致的。我们在此不想作完全的、正确的说明，现在且把这个共同的核心描述如下：人必须努力去体认真理，他对人性修养之完成亦系乎对真理体认之深浅而定。他必须是独立的、自由的，自己决定志向和目标，而不只是作他人的工具而已。他必须以仁爱对人，即使拥有所有的权势、财产与智慧，若没有爱，他也是一个空壳子。人必须知道善恶的区别，必须听良心的召唤，依从良心行事。"①儒家对这种力量充满信心，所以主张"仁以为己任"，主张"己欲立而立人，己欲达而达人"。事实上也只有在立人、达人的实践中，我们才能体验出这种力量的真实存在。

孔子和佛洛姆所举的杰出人物，无一及得上那些有权势者地位显赫，可是论对后世广大而深远的影响，谁又能及得上这些以仁爱对人的人？罗素说得好："那些活得高贵的人，即使及身未能显达，可无须担心虚度一生，因为他们的生命放射光芒，昭示亲友、四邻，甚至久远的后世以应走的道路。"②

辨别善恶，有时候和依从良心行事一样，会发生困难，因为人在物质的刺激下，良心的呼声，往往被压得十分微弱，甚至因外在不断的刺激，而造成对它的逃避。当人陷入这种心理状态时，只要能把握机会，让他恢复体验的能力，在自责和反省中，在痛苦的深渊中，依然能使良心复苏，因良心只有一时的隐没，不会永远的丧失。在复苏的作用上，道德的警策和宗教的灵修，扮演了极重要的角色，尤其是那些以仁爱对人的伟大人格，他们在重重险阻中所表现出的人性光辉，永远是促使我们精神提升一段的巨大力量。

关于实践爱的能力的培养，现代学者这方面的讨论不少，有的重视社会环境，有的重视客观认知的能力。仁爱虽然是人类一项基本的特

① 佛洛姆著、林锦译：《心理分析与宗教》，台北，美国佛教会，1969年，第79页。
② 寇琪编著、徐高阮等译：《危机时代的哲学》，第275页。

质,如果缺乏适当的条件给予训练和激发,它仍可能是限于一种潜存的状态,发挥不出它应有的力量。索罗金说:"我们可以由两组不同的例子证出爱的重要性:第一组是为父母所遗弃和得不到爱的孩子,他们成为少年罪犯、成人罪犯和身心缺陷者的机会较一般正常儿童为高。爱的被隔绝,常使孩子们变得充满敌意、暴躁和人格不平衡。……另一组则是那些基督教的早期圣徒们,他们大多来自充满爱和和谐的家庭,因此,他们也能毫无疑惧和困难地将爱奉献出来,成为爱的传道者。"①这说明充满爱与和谐的家,对培养实践爱的能力的重要性。中国传统提倡的孝、慈与和睦,原则上是很正确的,由于对一个人使他成其为自己这一点尊重不够,礼教又过分教条化、权威化,于是在激发爱的训练上,难以达到预期的效果。现代生活在都市里的人,由于忙碌和无趣,再加上竞争性和自利性的强调,使社会流行的价值,已逐渐与践爱的要求背道而驰,要想扭转这种趋势,又要碰上爱在公共事务上实践的难题了。

佛洛姆曾以客观认知的能力作为实践爱的一个重要条件,认为"能够获得客观和理性的能力,已经是在爱的艺术上走一半了"②。缺乏这种能力,是造成种族偏见和纠纷的主要原因之一。"我族中心主义"的缺点,又是所有民族共有的现象,这个缺点使我们无法客观了解他人的观点,甚至本于自己的情绪加以歪曲,这样如何能促进彼此间的健全关系? 人类学家蒙德鸠说:"此种偏见并不是天生的特质,而是团体在实际生活上受制约作用而产生的结果。一个真正文明社会的功能,应该使其成员免除此种偏见,并教育他们,使其对他人感到兴趣,而且想了解他们的价值观念。"③在这种了解的需要上,不要说一般人,即使具有现代知识的学者和知识分子,要求他们对自己的文化和他人的文化做客观而理性的评价,都仍是十分不容易的事。我们的教育和实际的需要,还有一段遥远的距离。但加强这种了解,是促进国际间消除纠纷,

---

① 索罗金著、孙庆余译:《创造的爱》,第 116 页。
② 佛洛姆、孟祥森译:《爱的艺术》,第 28—29 页。
③ 陈少廷:《二十世纪的意义》,台北,野人出版社,1968 年,第 160 页。

并进一步达到互助合作的必要条件。这方面条件的培养,不单纯是认知能力的问题,还需要广泛学习不同种族以及文化的知识,现代人类学在这方面有其极重大的意义[①]。中国古代哲人,早就有"道并行而不相悖"的思想,可是由于客观认知能力的不足,以及人类学知识的缺乏,亦只能空悬其理想而已。

五　终极的关切

儒家的仁学,通常我们都从伦理的范围,或日用平常的层面去了解它,由这方面去体认,的确较为亲切而具体。但事实上仁学从它的创始者起,就不只是这个范围或层面。从仁心出发,水平面它扩及家国天下,垂直面它可以延伸到宇宙万物;从近处看,是"仁者爱人",从远处看,仁完全同于"万物以生,万物以成"的"道"[②]。从过去到现在,似乎很少哲学家把仁学的这种扩延性的意义做过合理的解释。为什么孔子要知天命?为什么孟子要说尽心知性最后要归向知天?为什么《易传》要说"大人者(仁者或圣人),与天地合其德,与日月合其明"?为什么宋以后的儒者喜欢说"仁者与天地万物为一体"一类的话?为什么罗近溪要说"大人者,连属家国天下而为一身者也"?如果这些只是偶然的玄思,怎么能造成那么大的吸引力,使思想史中多数重要哲学家,最后都以"天人合一"的思想为其依归?

讲中国文化和哲学,必然无法避免要碰到这个问题,过去当我每次碰到这方面的问题时,都无法了解它的意义何在。当代有的哲人把它解释为境界形态的形上学,以与西方实有形态的形上学相对。不过当作境界形态来了解,这种境界由艺术心态也同样可以达到,在仁学中似乎缺乏独特的意义。更重要的一点是,这种解释不足以说明仁爱精神

[①]　参看李亦园:《人类学与现代社会》,台北,牧童出版社,1975 年。
[②]　《管子·内业》:"万物以生,万物以成,命之曰道。"

扩延性的发展所表现的生命创造力,以及这种精神与宇宙人类命运的息息相关性。

引发我把伦理意义的仁,与传统的"天人合一"思想,做关联性思考的,是保罗·田力克"终极关切"的启迪。田力克在其《宗教的动力》一书中,对宗教做了一个新的解释,认为宗教表现人们最终极的关切,由终极的关切,就会产生终极的要求和终极的满足。这一观念不一定能充分而适切地说明儒家道德形上学的意义,但它确然提供了一个能使我重新思考,并可能给予一点新解释的契机。

仁爱精神是一种不息的动力,可是落在个体的生命上,它必然要受到生物意识的限制,落到人间社会的公共事务上,更是困难重重,一般人就只好在这种限制和困难之前停住了,因为他缺乏一股突破限制和困难的力量,在道德宗教上的杰出人物,却一定具有这股力量。引发这股力量的来源不只一个,但终极关切的情怀和终极的要求,显然是主要的激素之一。终极的关切,用儒家的话来说,就是一种无限承当的精神,天下有一夫失所,都为仁者所难安,那么作为一个仁者,他永远都生活在"动心忍性,增益其所不能"的奋斗中,是可以想见的。终极关切,是生命的一股催迫的力量,这股力量可以把自己从私人的忧患中解放出来,以天下为己任,把天下万世的祸福都纳入一己的责任感中。如果人间真有什么悲心大愿,就是在这种关切、要求中,同时又看不到直接而具体的效果所产生的一种心理状态。"一日克己复礼",当然不能产生"天下归仁"的效果,但在"天下归仁"的终极关切和无限承当中,却能保持个体生命不息的动力。仁者或圣者,他们所以能表现出超人的热情,当面对险阻,仍能表现出勇往直前的无畏精神,就是依靠这不息的动力。

终极的关切,必须从自己的具体性出发,在近处不能实践"仁者,爱人"的人,则纵然有终极关切之情的涌现,也是一时的、虚脱的;反过来,如果一个人缺乏终极关切之情,当下的仁爱表现,也难能做得圆满。终极的要求,是由当下一直贯串到永恒。终极的满足,是由生命不息的动力产生喜悦。在这个意义上，道德形上学，就只是表达终极关切、终极要求，以及由个体蕲向普遍的生命创造历程的智性化，希望通过形上学的媒介，启人以生命上达之机。从当下"尽心知性"工夫中就能证知普遍的价值——天，道德形上学的一套说词，脱离了当下仁爱精神的亲验亲证，脱离了无限的承当精神，以及它与宇宙人类命运的一体相关性，它剩下的就只是一个无光无热的空壳子。

从"疏离"问题看中国哲人的智慧[①]

　　1969 年的夏季,在夏威夷举行的东西哲学家会议,所讨论的题目是:"疏离"(alienation)。会后我只读到香港去的代表唐君毅的一篇《参加东西哲学家会议观感》。据说,在西方学术界,"疏离"早已是一个热门而且具有时代意义的话题。最近二三十年来,不仅是存在主义哲学家谈这个问题,许多社会学家、政治学家、心理学家,以及一般的杂志,也都在讨论这个问题。在这次东西哲学家会议召开以前,我们邻近的日本和韩国,也曾召开过集体讨论的会议,可是在台湾,除了今年二月号的《"中华"杂志》,有一篇文章谈到这个名词的各种涵意之外,我还没有看到过任何讨论这个问题的文字。台湾和这个富有时代意义的问题之间,就发生了"疏离"。我的文章的重点,不打算讨论我们为什么会和这样的问题发生"疏离",也许是因为我们这里正被一些更切身的问题困扰着,也许是因为我们的学术界还没有深切地感受到这种问题的存在,对个人来说,这种问题早就被讨论过,早就在生活里存在过,只是没有用"疏离"这个名词去表达罢了。

　　下面各节,是我对这个问题所做的一点尝试性的思考。思考的知识背景,是中国的传统;思考的目标,是企图了解中国传统的哲学智慧对这个时代性的问题,所可能提供的贡献。

---

① 　编注:本文选自韦著《传统的更新》,台北,大林出版社,1981 年。

一　人,生而疏离

人类的文化,是沿着三种不同的关系在演进:第一种关系是人与自然的关系;其次是人与人之间的关系;第三是人与自己的关系。这三种关系的成立,是基于人类一项基本的特质:人,生而疏离。

当早期的人类被投入大自然中,就像一只初生的松鼠,满怀惶恐与惊悸,不断遭受自然力量的袭击,多数人的生命,没有经历自然凋谢的过程,就已逝去,人的命运完全被大自然所决定。在这个阶段,人对自然现象,根本懵懂无知,可说彻底疏离。人类在这个阶段,渡过最漫长的历程。由于人类对自然现象以及死亡等长期的恐惧,于是产生了原始宗教和泛灵的信仰。原始宗教的出现,代表人类演进过程中,第一度的重大创造。宗教使人类与自然之间,获得初步的协调,人类宁愿屈从神祇,以缓和难以负荷的长期恐惧。但宗教的兴起,并不能解脱人与自然之间的疏离,只是把人与自然之间的疏离,经由敬畏意识的凝缩,替换为人与神祇之间的疏离而已。人与神祇之间的疏离现象,后来成为推动宗教发展的一种力量,因为疏离感才使人类易于顺从神祇的权威。

在中国,有一则象征历史开幕的神话:"黄帝与蚩尤战于涿鹿之野,蚩尤幻变多方,征风召雨,吹烟喷雾,黄帝师众大迷。帝归息大山之间,昏然忧寝。"很显然,蚩尤象征自然,尽管我们文化的第一个祖先,想战胜自然,可是他失败了。"师众大迷",说明人与自然之间的疏离;"昏然忧寝",表示人因与自然之间的疏离,而感到茫然和忧虑。

根据信史,中国在殷代,就是以祖先崇拜为宗教生活的核心。祖先一方面为人间世的主宰,一方面又与代表超自然力量的上帝保持着密切的关系,他成了上帝与人间世的主要媒介。在殷代,祖先还多少带有神的性质。到了周代,由于推崇文王这位祖先,文王也能"在帝左右",不但使祖先脱落了神的性质,甚至也把上帝向人间拉近了。祖先崇拜发展到春秋时代,又更进一步从宗教的领域,扩延到伦理生活,就在这样的演变中,不但使中国脱离了上帝的权威,也使中国人把人与自然之间的疏离关系,转换为人与祖先之间的比较亲和的关系。因为人人都有他自己的祖先,祖先又和我们有血统上的亲密关系,再加上"事死如事生,事亡如事存"的心理,无论离开我们多么遥远的祖先,在子孙的心目中,总是与我同在的。秦汉以降,祖先虽然也形成不可摇撼的权威,但权威的维系,不像西方的宗教,一部分要依赖人的疏离感,中国祖先权威的保持,主要是靠教化的力量,尤其是教孝。我认为,中国儒家哲学,很少触及人的疏离问题,相反的,却特别强调并重视和谐的关系,甚至使"和"这一概念,成为儒家价值哲学的核心之一,这与儒家保存了古代的祖先崇拜并在伦理生活中充分发挥了它的功能,有一定程度上的关联性。

其次,再由人与人之间的关系来看。历来的学者们,对人类社会起源的看法,仍是聚讼纷纭。孟德斯鸠认为,人类是由于畏惧不能抵抗的自然力量,因感到无助和孤独,而导致社会组织的产生。这一推想,至少有部分的真实性。人类的社会组织,虽因畏惧自然而导发,但社会组织的主要功能,却不在解决人与自然之间的问题,而是要达到人与人之间的相安共处。早期的人类,由于生存的极端困难,不要说和陌生人,就是和家人父子,要达到相安共处,也是非常艰难的。在中国汉以后的历史记载中,尚不时有易子而食的事,何况荒古的人类?人类因互助的需求,而导致生活的结合,因此,容易形成人际的和谐关系。可是另一方面,因生存基本条件的匮乏,又迫使人类相互之间的竞争和搏斗,竞争和搏斗,造成人与人之间的疏离。人类征服自然、利用自然的能力,进步奇慢,于是使人类长时期陷于贫困之中,这一限制,使人类的和谐关系,往往只是暂时的、表面的,人与人间的疏离现象,却是亘古不绝。在中国,曾幸运地能较早摆脱人与自然和神祇之间的疏离问题,但在人与人的关系上,由于和其他民族在经济或技术方面的同一限制,也没有能逃脱这一问题的困扰。虽然我们历代常出现一些强调人与人之间应和睦相处的名言家训,这强调的背后正反映出人际疏离现象这一事实的普遍存在。历代虽有少数大家庭的和睦现象被传为佳话,那也只是暂时的、表面的。

房龙所著的《人类的故事》,一开头就说:我们生活在巨大问号的暗影之下,问号之一:"我们是谁?"问号之二:"我们是从哪里来的?"问号之三:"我们要往什么地方去?"人类已经缓慢地以坚毅不懈的精神,把这个问号一步步地向前推移,希望在那里可以找到一个答案,但进展还不太大,我们所知道的仍然很少。房龙提到的问题,正属于我们这里讲的第三种关系——人与自己的关系。当"我们是谁"这样的问题出现时,说明人不但与自然、神祇疏离,不但与人疏离,人与自己也同样是疏离的。也许人类有一天能完全克服与自然、神祇之间的距离,也许人类会逐渐解决人与人之间的疏离,但人与自己之间的疏离问题,却是一个与人类历史相终始的永恒问题。"我们是谁"永远也找不到最后的答案,人类在这个问题上,将接受永无休止的挑战。也许正因为人类有着这样的难题,才激起人生智慧的火花,才促使人类自我意识的成长,才增进人类的聪明和勇气,去面对自然、神祇,去面对他人,并去解决他们之间的复杂问题。

西方的哲学,他的主流一直是以逻辑为工具,对知识问题从事思考,连带着对人生问题也从事知识性的探讨,一直到目前的行为科学,基本上仍未脱离这种范畴。当我们对"我们是谁"这类问题从事知识性的探讨时,已把"我"推出去当作对象,"我"与"自己"之间已落在关系境域中而疏离了。19、20 世纪兴起的存在主义,当它提出"主体性即真理"的主旨时,才使传统的"非存在"思考转入"存在"的思考。疏离的问题,黑格尔和马克思虽已谈到,但经由存在主义的讨论和影响,才激起西方世界广泛的注意。存在主义所提出的主旨,在西方代表一个新的思潮,在中国却早已是哲学的旧传统。在这个旧传统里,从孔子开始就把握"主体性即真理"这一主旨,去处理人与自己之间的问题。

二 传统哲学中的疏离问题

从中国传统哲学看，"我们是谁"这个问题，可以衍生出一系列的问题。第一个是真我的发现问题。真我有时候称为真宰、真几或真人。第二个是与真我相对的虚妄之我，以及由真我如何转变为虚妄之我的问题。第三个是如何由虚妄之我恢复其生命之本真的问题。这三个问题相连而生，追索其源头，是因人有内省和自觉的能力。因为人有这种能力，才有真我的自觉。当人自觉到生命中的真我时，于是才产生真我与虚妄之我间的疏离问题，再进一步才是如何克服二者之间的疏离，或重现真我的问题。中国哲学主要课题之一，就是这双重的"我"之间永恒对话的记录。

在上述三个问题中，孔子首先发现人生命中的真我，奠定了中国人本主义思想的基础。在孟子思想的发展中，由于坚信人有本具的善性，于是把实践真我工夫的重点，遂放在善性的扩充上，如孟子说："推恩足以保四海，不推恩无以保妻子。古之人所以大过人者，无他焉，善推其所为而已。""推"就是扩充的意思。孟子既把实践真我的工夫寄托在善性的扩充上，顺着这样的方式发展下来，遂对第二和第三个问题，就比较缺乏深切的体会。到了宋明新儒学兴起，因受了佛、道两家的影响，儒家对这些问题，才有深入的探讨。在先秦时代，对后面二个问题能深入发掘的是道家，尤其是庄子，由于他思想方面的天才，和对生命问题过人的感受力，他对生命现象的体悟和思索，虽然经历了两千多年，仍能对现代人发出震撼的力量。

从"主体性即真理"这一主旨出发，儒家所说的"仁者，人也"，不是对人下定义，也不是要对人从事知识性的探讨，而是从现实庸碌的人生中黯醒真我，"仁"就代表真我，代表生命的真我、真宰。人不能以认知的态度去把握仁，仁要从"配义与道"的行为中去体认，这就是孟子所以要说"由仁义行，非行仁义"的缘故。因为儒家对主体性这一点把握得很真切,因此在道德问题方面,多半是从正面宣说:如果你是或希望成为一个仁者,那么就如何如何。例如孔子说:"唯仁者,能好人,能恶人。"又说:"苟志于仁矣,无恶也。"儒家的孟子才比较能触及到仁义丧失的问题。仁义丧失,然后产生虚妄的我。孟子首先肯定人人都具备仁义之心,可是在现实生活里,人因受到种种欲望的诱惑,往往使良心放失。另一方面,人又是具有反省力和自觉力的动物,常常在深夜对自己在白天的所作所为兴起不安的感觉,由不安的感觉,使仁义之心又得到暂时的苏醒。孟子称这种心理现象为"存夜气"。夜气如果能常存,则仁义常在腔子里,真我就能保存。问题是人不能常在静态反省中生活,等到一夜过去,再度恢复到现实生活时,又要遭受到种种欲望的侵袭,使清明不昧的真我,又转变为虚妄的我。这就是孟子所说的"梏之反复"和"物物交引"的现象。一个人如果长时期陷溺在如此反复交引的情境中,就会形成现代存在主义所说"疏离之病"。孟子显然已发现到人生这种可怕的疾病,究竟他对这种疾病体会到什么程度,或由于记载的简略,已无从获悉。不过他确已知道"疏离之病"为显现真我的最大敌人,为此他提出"求放心"、"寡欲"、"养气"、"勿忘、勿助长"等消治的工夫,只是他所说的修养工夫,乃属于原则性的指点,详细过程仍要等待后来的道家和佛教来补充。

　　从孔、孟一生的行径看,他们是表现着刚健不屈的生命。他们栖栖皇皇,席不暇暖,为得君行道而奔走列国,表示他们对当时的政治虽然不满,但并不与政治疏离,仍然对政治问题付出高度的热情,心理上也能适应当时复杂的环境。在纵的方面,他们又富有历史感,歌颂尧、舜,赞美三代,表示他们对历史的传承具有亲和感。努力一生,在客观理想方面,虽没有获得多少具体的成效,但生活的内容是充实的,他们很少会感到人生的虚无。这些现象都足以说明孔、孟的生命或心理是相当健康的。一个生命或心理健康的人,很少有机会感受到"疏离之病",即使偶尔感受到,也难以深切。

　　庄子的一生和孔、孟完全不同。他出生在宋国,东有齐、鲁,北有晋,西有郑,是战国时代有名的"四战之地",再加上宋国国民又是被周征服的殷遗民,亡国的命运,和无数的战乱,使他在生活上所遭受到的,只是长时期的饥饿、蹂躏与凌辱,他所感受到的时代,也只有深沉的绝望和令人窒息的郁闷。这种种不幸的遭遇,首先迫使他与生存的环境疏离,进而扩及到与时代的疏离和历史传承的疏离。重重的疏离,使庄子不得不从自我的心灵中寻找出路,这就是他所以强烈地要求心灵的自由和超越的缘故,因为在他只有自由与超越的心灵,才是生命的本真、自我的真宰。可是当这种要求兴起时,马上发现生命中的虚妄之我,妨碍着心灵的自由与超越。到这时,庄子又被真我与虚妄之我之间的疏离问题所袭击。庄子的一生,是充满着病痛的一生。充满病痛的人生,一旦与思想的天才结合,往往爆发出智慧的火花。

庄子说:"君将盈耆欲,长好恶,则性命之情病矣。"这句简单的话,可以视为庄学中揭示疏离问题的一个缩影。庄子所说的"性命之情病",就是指因真我的丧失,而转变成虚妄之我的"疏离之病"。病的成因,有二个来源:一由于对欲望无止境的追逐,这就是"盈耆欲";一由于对辨析的智能做无穷的运用,这就是"长好恶"。

兹先就"长好恶"一面来说。人因有辨析好恶的智能,因此人世间有了是非之争,人世间有是非之争,然后有正邪之别,正邪有别,然后才能树立一社会的价值标准。庄子的想法不同,他认为人世间的是非问题,实际上是开启了永无尽期的争端,小则个人间意气之争,大则国与国的战争,无不是在假借"同于己,为是之;异于己,为非之"的是非标准。庄子很深刻地看出来,人与人之间好恶、是非之争,骨子里往往只是以自我为中心的偏见("成心"),只是受一己欲望所支配,结果是"是亦一无穷,非亦一无穷",搅得天下不宁,"残生损性",莫此为甚。

好恶的智能,不只引起人间的是非之争,也引起常人的好美恶丑,好成恶毁,好寿恶夭,好福恶祸,好贵恶贱,好富恶贫。这种种的好恶,在庄子看来,都是造成人生患累的主因,因为这种好恶的执着,无异为人生带来重重的桎梏,无异是一种自刑,无异是在钻一道无底的黑洞。

于是人在执着中病了,这不是生理有病,而是"性命之情病",或"疏离之病",因人愈执着于相对的标准,离开生命之本真就愈远。生命之本真,是认同于"道体"的,而道体只是浑化的"一",他不能被相对地分化,所以庄子说:"以道观之,物无贵贱。"又说:"万物一齐,孰短孰长?"

其次,再就"盈耆欲"一面来说。在《齐物论》里,庄子对欲望的追逐如何危害到人生的情形,有很精彩的描述。他说:"一受其成形,不亡以待尽;与物相刃相靡,其行尽如驰,而莫之能止,不亦悲乎!终身役役,而不见其成功;苶然疲役,而不知其所归,可不哀耶!人谓之不死,奚益?其形化,其心与之然,可不谓大哀乎!人之生也固若是芒乎?其我独芒,而人亦有不芒者乎?""一受其成形,不亡以待尽",是说人生下来,他的成长好像就只是为了保存形体,然后慢慢等待死期的到来。为了保存形体,为了满足形体的欲望,于是陷入欲浪的追逐,"与物相刃相靡",要和足以满足欲望的事事物物,展开一场无休止的拉锯战,在战斗中,彼此互相砍杀,互相消耗,最后不论谁胜谁败,都将造成毁灭性的结果。这样的人,尽管"终身役役",但在精神的奋进上,和人生境界的开拓上,却一无所获。追逐一生,辛苦一世,仍不知道人生究应归宿何处。这种人生的现象,引起庄子莫大的哀伤。像这样的一生,纵然能保存他的形体,对人世间究竟有什么益处呢?人生的可悲,还不止此,悲中之大者,是"其形化,其心与之然",人的形体因被欲望长期的腐蚀,而造成僵化,形体一旦僵化,心灵也就不得不跟着僵化,到这地步,"形若槁骸,心若死灰",连恢复真我的生机也没有了。"芒"是引起一个人欲念蠢动的力量,这是一股无穷的魔力,就是这种魔力的引诱,才使人造成与真我的疏离,疏离使人跌落到无底的深渊。

面对着人生的"疏离之病",庄子要怎么克治?

第一,要把人生一切外向性的活动收回来。例如人的官能活动,主要是受制于外物的刺激:外物有色,则应之以目;外物有声,则应之以耳;外物需是非之别,则应之以心。庄子却主张:"以目视目,以耳听耳,以心复心。"这是企图把官能与外物之间的关联打断,脱离魔力的引诱。

要达到这一步,需内外一起下工夫:外在工夫,在打破世人所执着的好恶、得失、美丑、是非等标准,使官能的活动,失其所依;内在工夫,要做到"无思无虑"、"无视无听"、"昏昏默默"、"体性抱神"。人到此境,然后"喜怒哀乐不入于胸次",外物也自然"莫之能伤"了。

第二,传统时期,所有重视内修生活的人,莫不视欲望为人生大敌,庄子也不例外。孟子只主张"寡欲",庄子却进一步主张"无知、无欲"。他说:"同乎无知,其德不离;同乎无欲,是谓素朴;素朴而民性得矣。"老、庄都有"为道日损"之说,反面就是"为学日益"。人追求知识,总是求其"日益",知识越多越精,离"道"也日远,因为这是"非存在"的活动。"道"是属于"存在"的,人要修道,必须与知识的活动反其道而行,所以要"为道日损"。这里所说的"同乎无知","无知"即"日损"之意,唯其能日损,故"其德不离","不离"即不离于"道",不离于"道"就是不离于"真我",因"真我"是认同于"道"的。庄子所说的"素朴"、"无欲",皆有道者之征,所以说"素朴而民性得矣","民性得"就是人复得其本真。

第三,要从心灵本身下工夫,这就是"虚静"。庄子说:"尽其所受乎天,而无见得,亦虚无已。至人之用心若镜,不将不迎,应而不藏,故能胜物而不伤。"又说:"圣人之静也,非曰静而善,故静也;是非莫足以铙心,故静也。……夫虚静恬淡,寂寞无为者,天地之平,而道德之至。……虚则静,静则动,动则得。"这两段话,可以使我们知道,庄子主张的虚静工夫,并不是要人走向寂灭,也不是教人完全不应接外物,而是要人做到"应而不藏",能主宰他又不为其所伤。虚静的工夫,不只是教人做到不执着,使心灵像面光洁的镜子,而是有所运作(动),有所获得的。他的运作,就是自由;他的获得,就是生命的本真。此之谓:"道德之至。"

第四,最后的一步工夫是"坐忘":"仲尼蹴然曰,何谓坐忘? 颜回曰,堕肢体,黜聪明,离形去知,同于大通(化),此谓坐忘。"禅宗大师铃木大拙曾说,庄子所说的"坐忘",同于禅宗所强调的"内心的自证",因为要靠内心的自证,所以人的"肢体"、"聪明"和心智的能力,反而显得是多余的了。自证是道体在其自己的体悟,是"性命之情"的复位,这一步能提得住、把得紧,则重重"疏离之病"尽除。人生到此境界,真是"豁然无滞","如朝阳初启",纯然一片天光,人的生命已若超越时空,进入永恒。

三　疏离问题为什么在现代爆发

人虽生而疏离,但在传统时代,推动社会变迁的因素较微弱,社会制度与文化价值大抵能有效地控制行为,个人与团体的功能关系相当确定,人们大抵是以适应而不是以革新对付生活。在那种比较缺乏变化的时代里,疏离问题除了少数哲学家、诗人能感受到以外,对社会大众而言,仍属潜存的状态。这种状态,随着近代科学的勃兴和工业革命,逐渐被打破,紧接着是科技的加速发展和工业化的声浪波及全世界,降及近二三十年,当"现代化"成为人类普遍的呼声时,疏离问题也跟着日益严重,尤其是在高度现代化的社会,已面临全面爆发的阶段。为此,1969年的东西哲学家会议,曾就心理学、哲学、社会学、政治和经济学、形上学与宗教等各个领域,分别探讨这个问题。

疏离问题为什么在现代爆发了?

第一,地不分东西,在近代科学兴起以前,所谓研究,主要的对象是古代传递下来的书本知识。科学勃兴以后,研究的方向转变了,除了书本知识以外,更重要的是以精细有效的观察来研究自然。这一转变,不但产生崭新的研究方法,也开辟了广大无垠的研究领域,于是促成学术的巨变。巨变的现象之一,是研究领域的精细分工和知识的专门化。社会科学受到自然科学的影响,也不能不逐渐走向专业化,运用专技性语言,使学者都要经过长期的学习,方能参与其事。专业化的训练,使知识有深进的发展,但也造成不同科际之间的严重隔阂,不要说自然科学与社会科学之间是隔行如隔山,就是社会科学之内,由于研究的分工和方法不同,照样难以沟通。结果是知识与知识之间的分离,形成不同科目的学者间的无法相知。知识的专门化和生活上的缺乏沟通,是现代学者们感到孤寂的一个主要原因。在传统时代,由于求知的对象主要靠书本,一个读书人只要经过一定时间的学习,大家就能具备共同沟通的工具,彼此之间的共同知识,往往促成大家在生活上结为一体,因此"士"可以结合成为社会的一个阶层,对社会发生决定性的影响力。所以在传统时代,不但知识与知识之间不发生疏离,即使求知目标与应用目标之间也不成问题。现代社会由于高度专业化,研究专门知识的学者,对其知识成果的应用,是无法过问的。正如舒尹(R. L. Shinn)所说:"科学家赋与人类新力量,他自身却未能决定用这些力量做什么。"因此除知识与知识之间的疏离外,求知目标与应用目标之间,也互相疏离。这样使现代一个知识领域的专家,不但成为知识领域的囚徒,在生活上往往也越发感到孤零。

此外,由于科学知识的广泛影响,动摇了人对传统的信仰,旧的宗教式微了,科学成为人类的新宗教,新宗教的本性和人的生命是疏离的,结果科学知识越有爆炸性的发展,人类的心灵也越像诗人艾略特以象征手法所描写的"荒原",现代人精心发展出来的专门而又繁富的知识,真像纽约城高耸林立的大厦,人类却在大厦间的街道上迷失了自己。

第二,工业化、都市化为人类带来新的社会形态和人生典型。工业化加快社会变动的速率,日渐形成一股变动的洪流;都市化使大量来自各方的人口聚集在城市,使生存空间日促。社会变动的速率加快,使人很容易丢弃旧的事物,对时间的"过去"日形疏离;来自四面八方的人口,"现在"这块生存的空间,对他们来说,完全是陌生的地方。对时间的疏离,使人失去依赖"永恒感"培养的生命定力;对空间的陌生,使人感到生活的孤独无援。疏离使人空虚,孤独引起不安,而空虚和不安,正是现代人的特征。

工业化要求高度的效率,要求大量的生产,于是许多大都市都是工厂林立,有的工厂大得像座城市,就是在同一生产线上的人,也极少彼此熟悉。舒尹在《现代人的沉思》一书中,曾举过一则极端的例子:有二人在同一屋子工作,有时也互相交谈几句,却从未熟稔起来。有一天,其中一人下午请假参加儿子的婚礼,另一位也在同一天下午请假参加他女儿的婚礼,这二人在婚礼上碰了面都大吃一惊,原来竟然是亲家。这个例子也许是少见的,但类似的事情,却不断在组织化的社会中出现,这就是现代专业化造成的"人际疏离"。

工业化使人与机器亲近的机会越来越多,在长期与机械为伍的工作中,使人对机械的兴趣超过生命,因为人们在职业中"是配合着机器的节奏,而不是配合着身心和谐的韵律"。因此,人对工作以及工作所涉及的机械,十分熟悉,对自己却漠不关心,人与生命本身失去了联系。都市的生产人员,大多来自农村,业缘关系增加,血缘关系消失,人际关系的改变,使农村社会所能给予的那份温暖和安全感丧失了,生活的水准虽然提高,工作之余和假日的生活,却感到无味、无聊。这种现象,并不限于工厂的工人和公司的职员,学校也不例外。伴随着工业化、都市化而来的,是许多大学的人数急增,有的大学也大得像座城市,结果传统的亲密师生关系崩溃。在技术至上、效率第一的要求下,大学也逐渐变成一个工厂,领导人也要具有企业家的才能,学生像工业产品般大量制造出来,然后被投入比学校更拥挤、竞争更激烈的大都会,被丢入社会变动的洪流,得不到喘息,连气都透不过来,完全不能自主,在洪流中丧失了自己。

第三,在传统时代,对"我们是谁"这个问题,虽未能提出终结的答案,但已有的答案,在很长时期里,却得到公认,一直被深信不疑。在已有的答案中,相信人为万物之灵,相信人是理性的动物,相信地球是宇宙的中心,人又是地球的主宰,这些历久不衰的信念,使人类获得相当稳固的自我形象,也使人类的自尊心得到满足。因此,人与自己的关系,由于这些信念的支持,很少发生问题。可是自哥白尼以来,传统人的自我形象,受到毁灭性的挑战。哥白尼的"天体运行论",首先敲开宇宙之窗,发现太阳才是我们所居行星系统的中心。新的发现,直接使地球中心的传统信念动摇,间接影响到人类的自尊。到了达尔文,人类的尊严,不只是受到打击,简直是被撕毁,因为他的进化论,举出大量的证据,证明人是由低等动物进化而来。这种理论,使各种有关人类起源的学说和神话,全部丧失其权威。等到弗洛伊德的"无意识"世界的发现,以性的冲动来阐释人的本质,使原有的价值和伦理道德的基础,几乎全部被摧毁。人类经过这三次沉重的打击,传统的自我形象模糊了、扭曲了。现代虽有人在努力塑造新的自我形象,却提不出公认的答案。在一片失落声中,人类的自我只剩下"空无",变成艾略特所说的"空心人"。这些新学说影响人类的同时,机械文明的快速发展,有反奴为主之势,人渐渐被自己发明的事物所役使。这种趋势,也助长人类对生命的"空无"之感。

四　疏离问题如何克服

疏离问题已使西方人触目惊心,东方人在现代化逐渐加速加深的过程中,也终必遭遇而深切感受到。因此,这个问题究应如何克服,将是人类共同面临的重大问题。克服问题的途径有两个:一是回头向东西传统寻求智慧和启示;一是利用现有社会科学或行为科学的知识做媒介,从事创造性的努力。本文是以庄子的哲学作为掘发疏离问题的一个线索,所以在这一节里,也将依据此一线索,先探讨庄子的智慧对我们面临的这个时代性的课题究竟富有怎样的启示。我认为要复兴中国文化,这一类的工作,是值得广泛而深入地去做的。

吴经熊在《禅学的黄金时代》一书中,引述美国的一位大学生,在墨芬蒂教授为探寻目前大学青年紧张心理因素而召开的会议上,发表他的感受,他说:"在我们的心灵中,总觉得欠缺空间,使我们透不过气来。"接着吴先生指出,目前东方的禅和道家,所以如此吸引西方青年,是因为他们希望从禅和道家去寻求那个使他们烦恼的东西。照吴先生的看法,"禅和道家并不是真能传达那个不能传达的东西,而是他们有办法把它引托出来,使我们的心境开阔,有更多呼吸的空间"。

这位美国大学生"欠缺空间"的感受,和我们透过庄子所了解的时代而领略到的那股令人郁闷的窒息感,颇为类同,只是促使他们窒息的因素,古今有所不同。促使庄子窒息的,是时代的大动乱和列国无休止的争战。促使当前美国大学生窒息的则是过分繁富的物质文明和过分快速的变迁。不论窒息感形成的来源是什么,只要人一旦有此强烈的感受,就必然会要求从自我的世界,敲开一扇心灵之窗,从窗外呼吸一点自由而新鲜的空气。庄子对中国哲学的伟大贡献之一,就是为中国历代的读书人,开拓了广阔的心灵世界,使读书人在动乱中走投无路时,仍有一条心灵的出路,在这条道路上,容许人独往独来,可以获得精神的自由,可以不受权势的侵害。我虽不相信,现代人被物质文明的巨大冲击弄得无所适从时,庄子的哲学仍能为我们铺设一条康庄大道,但至少他的智慧,可以使我们的问题得到一个转机,因为一个充满"近死之心"的时代,总必须先使自己"活"过来,然后才能谈其他。庄子的哲学,就是能使麻痹的人心获得苏醒的哲学;庄学的智慧,就是能使僵化的心灵重现生机的智慧。

庄学与现代人最息息相关的,是他对人与自我疏离的描述,是他对人生的芒昧以及"与物相刃相靡"现象的指控,尤其是由于他对人类"其形化,其心与之然"的现象的深透洞察而不断发出的悲痛呼声,深深地振动着现代人的心灵。庄子的呼声,是诗人的呼声,诗人在任何时代扮演的角色,不是问题的解决者,他的贡献在预见问题,照亮问题,他像一个警钟,惊醒人类的迷梦。

威廉·詹姆斯在其名著《宗教经验之种种》(又名《宗教信仰与现代人》)中,对神秘主义的探讨,也许可以帮助我们了解庄学的限制。詹姆斯认为佛教和印度教用以指高度凝神状态的名词是禅,禅的修习要经过四个阶段:最初把心集中于一点,尽量排除欲望,但不排除识别或判断;第二步理智的功能去了,满意的统一感还在;第三步满意没有了,漠不关心开始了,但还有记忆和自我意识;最后,漠不关心、记忆和自我意识达到圆满。詹姆斯批评道:"在这里,'记忆'和'自我意识',到底何所指很是可疑,这些不会是我们在日常生活所熟知的官能。"禅的修习过程和庄学的工夫过程,大体是一致的,詹姆斯所怀疑的,也可应用于庄学。不论是禅是庄,最高的凝神状态,都是"绝对无所有"的"无观念,也无无观念",这是东方各种神秘主义者的共同归趋,实际上他们是过着一种"心智上的退隐生活",他们要求解脱。照罗素的了解:"求个人解脱的理想,是贵族式的观念。"因此传统神秘主义者的体验和解决现代普遍爆发的疏离问题之间,还有一段差距。在特别的情境和特殊条件下,个人要求虚静和超越,是可能的,但对 20 世纪普遍患有"疏离之病"的人类,就会显得无能为力。

20 世纪的"疏离之病",是由工业化、都市化带来的,对整个人类来说,都是全新的经验,因此要克服此问题,除了参考旧传统,还要靠发挥创造性的智慧。

近代文明尽管为我们带来许多难以忍受的病痛,但它曾高度激发人类的潜能,为人类创造新的福祉,我们绝不应该忘怀。也可以说,今日遭遇的病痛,正是为过去数百年的收获在偿付代价。人类的惰性很大,今日爆发的疏离问题,正好使仍保有科学万能美梦的人清醒过来,并使歌颂现代化的人,同时也能注意其中包含的问题。这些问题并不是不能加以克制或予以防范的。例如现代的大学,由于商业风气的侵蚀,而促使师生之间的疏离,只要在政策上和观念上做大幅度的改变,就不难改正。欧洲的部分大学,至今仍能保持传统式师生亲密关系,足可借鉴。

知识之间的疏离和人变为知识的囚徒,有些是不可避免的,如高深的科学知识,事实上无法使多数人共享。也有些是人为的,如过分强调专业化和专技性的结果,使人在工作以内和工作以外,都同样感到缺乏人际沟通的媒介,人除了工作还有生活,工作可以讲专,生活却不能脱离群体,为了促进人际关系,一个人除了职业性的技能以外,多培养一些职外的兴趣是有必要的。人多一种兴趣,多熟悉一个领域,也就等于为人与人之间多架设了一道桥梁。今日正在发展中的科际性的整合趋势,就是为了要在具有专业性知识的学者之间,架设使彼此能沟通的桥梁。一道道桥梁，能使此岸与彼岸本来隔离的人，渐渐产生休戚相关的一体感。传统时代的人，很少疏离感，主要的原因，就是在观念方面不但常常强调一体感——如孔子所说的"己欲立而立人，己欲达而达人"，如庄子的"天地与我并生，万物与我为一"，尤其是"天人相通"、"天人合一"；在生活团体中和人际关系里，更是以一体感的原理，作为生活的最高准则。近代文明，把人类原有的一体感彻底破坏了，使人变成从整部机器拆下来的零件，于是产生"疏离之病"，要克治此病，传统一体感的原理，仍有必要，不过今日要促进人与人之间的一体感，不能只寄望于神秘主义方式，仍须依赖人的理性力量。

重新塑造人类的自我形象，是克服疏离问题的另一重大努力。自哥白尼、达尔文、弗洛伊德以来，把经过数千年才塑造成的自我形象撕毁了，再加上 20 世纪里已发生了两次世界性的大战，正好为他们的学说提供了新的佐证，于是人类自身的信心与尊严日渐消失，对"我们是谁"的问题的认识也愈来愈模糊。存在主义小说家卡夫卡的《蜕变》，描写一个旅行推销员，一天清晨醒过来，突然发现已不是他"自己"，自己竟变成一条大虫。人变大虫，是象征人与自我极端的疏离。当人与自我产生严重疏离时，"我"变得什么都是，也什么都不是。这就是现代人心理不安的根源。要消除不安，必须重建人的自我形象。

重建之道，不在恢复原有的形象。原有形象既能被撕毁，就表示它本来就不是真实的。"人为万物之灵"和"人是理性的动物"的信念，也许是对人期望过高了些。雅斯贝尔斯说："对人类期望太高，是毁灭人类最好的方法。"人类的历史和对人的信念两相对比，的确是一大讽刺。在历史舞台上出现的人类，并不如自己所想的那样自由、崇高、善良。难怪诗人奥登要大声疾呼："我们仍然还是野蛮人！""我们只有在明了这点的时候，才会开始用功，研究如何克服自己的弱点。"重建人的自我形象，不需要依赖人的骄傲，重点在如何克治人自身的弱点。只有在这方面表现出成绩，人才有权相信人类的命运是掌握在自己手中，才能重获信心和希望。

五四今日的意义①

　　五四在中国现代史上，曾是轰轰烈烈且产生多方面影响的运动，而今对大多数国人而言，已是一历史名词，只有少数知识分子仍在怀念它、讨论它。

　　怀念虽仅是感情上的联系，如果没有这层联系，历史将失去意义。讨论则是要透过感情的层次，更深入地去了解它的功过得失。在近年对五四新文化运动的讨论中，似乎已获得一项新的结论：五四的理想必须肯定，五四的心态必须纠正，五四的复杂而又分歧的影响，必须经由学术的研究予以彻底的厘清。

　　五四的理想是民主与科学，它代表中国文化重建以及中国现代化的基本方向。1920年代科学主义盛行一时，1930年代曾有民主与独裁的大论战，这些史实说明我们在基本的大方向上也曾迷失过。在台湾这三十多年来，科学主义早经学术性的澄清，虽仍有科学如何生根的问题存在，但基础教育已不断改进，基本科学的研究也有进步，其重要性被肯定早已不成问题。三十多年来，民主在台湾从未迷失过方向，一开始就是民主如何在现实社会、现实生活里充分实现的问题，因此争论的焦点一直是在民主实现的程度和速度上。

　　五四心态最为人所诟病的，是反传统，有的学者称之为"全盘性反传统主义"，这种心态在1960年代的台湾曾一度复活，不久在观念上即

---

① 编注：本文原载1986年5月10日台北《中国论坛》，后收入韦著《历史转捩点上的反思》。

已获得纠正,到今天在知识分子当中恐怕已没有人再认为传统与现代化是对立的,但真正的问题并没有因此而获得解决。仅仅改变反传统的态度仍属于消极性的,更积极的工作,是如何去转化传统,使其与现代化接榫。这方面的工作当然很复杂,就心态而言,就是要从传统单元封闭的心态中解放出来,培养出多元开放的心态,这种心态除了多元社会的外缘条件之外,还必须在充分开放的学术环境以及民主的生活方式之中,才有机会逐渐养成。

五四的激烈反传统,是浪漫主义的,两极的另一边主张全盘西化,也属于浪漫主义。五四运动之所以发展成如此特殊的形态,一方面固然与重意志、轻理智的道德传统有密切的关系,另一方面与西方的思潮也是分不开的。曾有学者指出,五四是迎接西方思潮的时代,而当时西方思潮的大背景便是讲究群众、意志与权力的浪漫主义。这种特殊形态的表现,使一向被我们认为代表中国启蒙运动的五四,与西方18世纪的启蒙运动相较,实形似而神非。盖西方的启蒙运动,虽也是从反对中古宗教和旧形上学开始,但它的基本心态却代表理智与理性发展,正因如此,所以哲学家卡西勒(Ernst Cassirer)才断言,这个运动不仅使现代哲学思想获致它的自信与自觉,而且还把理性的自动这个概念深植于知识的每一个领域。很显然,五四运动并没有为我们带来这方面的成就,如果说我们今天应去完成五四启蒙运动未竟之业,主要也是指这一方面。

至于五四复杂的影响,其中一个重要的问题是:一个本以追求自由民主为职志的运动,继起的发展却转折为政治运动,至少就自由主义的立场来看,这是一场"奇怪的挫败",那些把二者之间看成有直接因果关系的众多说词,不免把这段历史看得太简单。这段历史早就应该从学术上加以厘清,可惜由于种种禁忌,这方面的工作始终未能认真进行。

迈出五四的幽灵①

　　最近重读五四时代的文献,我觉得鲁迅的一段话,很值得知识分子们仔细想想。于五四一周年时(1920 年 5 月 4 日),鲁迅写给宋崇义的信中说:"仆以为一无根抵学问,爱国之类,俱是空谈;现在要图,实只在熬苦求学? 惜此又非之学者所乐闻也。"七十年过去了,这些话不但仍具有现实的意义,似乎正击中这一代知识分子的要害。在台湾,至少在最近一二十年来,知识分子大概已不必过"熬苦"的生活,可是这方面的缺点,并未完全改正过来。

　　所谓"熬苦求学",应是指一种"为知识而知识"的专业精神。或夸大点说,它是一种以宗教精神追求真理的情怀。七十年来,无论是学术界或知识界,具备这种精神和情怀的知识分子实在不多,这就是为什么我们始终要在五四的幽灵下追逐,始终被这段历史所感召的根本原因之一。

　　要学术界充分发挥"为知识而知识"的专业精神,政府对待学术的正确态度,学术单位本身的振作与改进,以及学者本身是否能以学术为终生志业,都同样重要。

　　一个有诚意推展民主化的政府,应该了解到,不论是研究机构和大学,在民主化的过程中,终必走向自治、自主的目标,这个目标愈早达成,对学术发展愈有利。在专权的政治体制未彻底改造之前,就要求政

---

① 　编注:本文原载台北《中国论坛》第 327 期,曾收入韦著《立足台湾,关怀大陆》。

府对学术完全不加干预，当然是一种妄想。但在台湾地区民主意识高涨的今天，政府首先应对过去强加干涉的作为有所反省，然后有步骤有决心去改正往日的作风：第一步不再插手于人员的聘用，以表示对学术界的起码尊重；其次，政府经费既来自人民，当然有提供足量经费的义务，而运用经费之权，则由各单位自主；最后应使所有学术单位脱离官僚系统的控制，使其具有民间独立的色彩。

研究机构和大学，也应知学术自由和其他自由一样，要靠自己去争取，争取的方式固然很多，其中最有效的还是要靠研究成果与学术成就，丰富的研究成果、卓越的学术成就，才是抗阻政治干预最有力的筹码。其次，学术性的机构所以异于其他机关和社团，主要在浓厚的学术气氛、合宜的硬体建筑和充足的藏书之外，更重要的乃有赖于学术工作者孜孜不倦的研究与求真的精神。有了这种气氛，不仅使学者能陶醉其中，也可对年轻的追随者产生潜移默化的作用。

比较起来，学者是否能以学术为终生志业，对国家的学术发展，较之上述二点，仍居于关键性的地位。志业与职业不同，职业为了糊口，要把职业转化为志业，须如韦伯所说，使学术成为内心的召唤，"才能把学者提升到他所献身的志业的高贵与尊严"，才能激发奉献的热情。当年轻一辈踏入学术生涯，而又看不到自己的远景时，社会上普遍追名逐利的风气，固然有所影响，但中老年知识分子的曲学阿世、背叛学术，以及学术自身的薄弱，也是难辞其咎的。这方面的缺点如不能加以改善，纵然有一天政治撤退了，并不能保证学术就可以正常发展。

如果我们今后仍不能朝上述三方面去努力，终将无法迈出五四的幽灵，突破学术发展的困境。

人文教育与人的品质[①]

一 引言

近年来,台湾的一个热门话题,是教育改革;大陆的一个热门话题,是人文精神的失落。从表层上看,这两个话题的性质、范围是不相同的,但深一层去看,都可以说是对"人的问题"的关注。海峡两岸的现阶段所以会有这方面的关注,可能是因为正面临着一些共同的问题:

(一)生活品质低落

经济发展是为了提高人民的生活水准,当人民逐渐富裕以后,则希望过一种品质较佳的生活,这才是合理的发展。事实上我们的情况却是:社会愈富裕,生活品质越低落。在台湾,1980 年明德基金会便成立了生活素质研究中心,足见十五年前民间已重视这方面的问题,但至今似乎未见有何具体成效。1990 年春,美国《时代周刊》,称台湾为"贪婪之岛"。根据媒体对台湾 1994 年度生活回顾与展望的民意调查,有关生活品质的部分结果是:(1)社会风气,认为好的占 34%,不好的占 69%;(2)社会治安,认为好的占 36%,不好的占 69%;(3)民众守法情

---

① 编注:本文为韦政通先生 1995 年 10 月参加北京大学哲学系召开的"变迁与调适,观念与行为的省察"学术研讨会所提交的论文,选自韦著《中国思想与人文关怀》,台北,洪叶文化事业公司,2000 年。

形,认为好的占 32%,不好的占 54%;(4)交通秩序,认为好的占 14%,不好的占 76%;(5)自然环境污染,认为严重的占 78%,不严重的占 14%①。媒体调查虽不严格,与一般的观感似相去不远。最近主管文建会的官员说:"没有台湾经验之前,台湾是美丽的宝岛,有了台湾经验之后,台湾反而成为火烧岛,成为猪舍,相当讽刺。"②虽慨乎言之,却也道出许多民众心中的感受。

至于大陆上,部分迅速富裕起来的地区,其生活品质的低落,绝不亚于台湾,在此不必细叙。所以造成上述现象的原因,自非一端,"一切向钱看"的价值观,应是其主要导因。台湾上上下下,只要有机会,为了掠夺财富,无所不用其极。

(二)贪污现象严重

目前大陆上正雷厉风行地在惩治贪污,据报载,今年上半年大小官员因此而下台与被法办的人数,已达四万七千余人③。1989 年,台湾一位经济学者曾说过:如果 19 世纪的狄更斯到今天的台湾来访问,他仍然会写下那历久弥新的名言:"这是最好的时代,也是最恶劣的时代!"但是,他一定也会毫不犹豫地再加上一个最新的注释:"这是一个贪的时代!"贪财、贪权、贪名、贪利,为台湾埋下了腐化的地雷④。据最近英国《经济学人》的调查,台湾在"亚洲四小龙"中,政府官员贪污索贿最为严重。

(三)既得利益集团成为进步的障碍

去年(1994 年)10 月,在广州出版的《传统与现代》杂志,做了"社会变迁中的人文精神"专题讨论,在《人文精神在中国:从根救起》一文中,

---

① 1994 年 12 月 25 日台北《联合报》第 6 版。
② 陈其南、南方朔对谈:《台湾经验再定位:文化篇》,1995 年 7 月 24 日台北《联合报》第 6 版。
③ 1995 年 8 月 6 日台北《中国时报》第 9 版。
④ 高希均文集:《优势台湾》,台北,天下文化出版社,1994 年,第 266—267 页。

作者说:"没有坚实的经济基础,人文精神云云,多半会沦为知识分子怨天尤人的激愤或不实际的空想。"因此他对下海的知识分子不但同情,且寄以厚望:"他们中会出现一大批有远见卓识的'儒商'。他们会创建出可与福特基金会、哈佛大学媲美的基金会与大学,这些弄潮儿给人文学科研究和人文精神培育的回报必然是丰厚的。"①

任何一位具有人文关怀的知识分子,都不能不承认这是一个很美丽的希望,假如由台湾一位具批判眼光的知识分子,与大陆这位作者去对话,依据"台湾经验"会告诉他,这种估计不但过于乐观,这种希望恐怕终将落空。在目前的台湾,"最令人忧心的是由贫穷转变为富裕的过程中,那些既得利益集团为维护已经到手的出乎意外的庞大好处,反而成了进步的障碍,对于广大民众的需要,冷漠不关心,甚至于到了践踏他人人性与尊严的地步"②。在台湾,有钱的富豪确实不少,有些人在世界富豪排名中名列前矛,他们"回馈"社会的方式,是要累积更多的财富,所以有的办医院,有的开学店,绝没有人肯不计利润,捐出财富创办一所高水准的人文学院,更不用妄想造福人类的福特基金会了。

(四)重理工、轻人文,形成教育上的本末倒置

这本是20世纪因工业化和市场经济迅速发展,许多所谓先进国家共有的现象,为了使工业不断升级,为了使市场经济蓬勃发展,于是科技的实用价值特别受到重视,使数千年来重视人文教育的传统完全改观。像中国这样一个在工业化和市场经济都属后进的国家,为了克服贫穷,为了赶上先进国家,追求经济成长遂成为最高的价值,学术与教育都被纳入这一讲求功利、讲求速效的目标之下,还有多少人肯去思考国家存在的理想,以及人自身的意义这类严肃的问题? 台湾在追求成长的过程中,人文学和人文精神,虽未完全遭到摧毁,但人文学显然被

---

① 王宾:《广东的文化危机——人文精神的失落》,文见1994年10月广州出版的《现代与传统》第五辑,第9页
② 柴松林:《"富裕"的台湾,典型只在凤昔?》,1995年7月14日台北《联合报》第11版。

短视的政府和社会所忽视，人文精神也日渐稀薄，则为不争的事实。

（五）人际关系丧失伦理

最近台北一家大报，在"台湾经验再定位"这个题目下，分别就经济、文化、社会等方面进行座谈与对谈，从检讨的内容来看，"台湾经验"中可以肯定的似乎越来越少，遭诟病的地方却越来越多，人际关系便是其中之一。参与对谈的知识分子中，有人认为台湾社会的人际关系，"充满野蛮、粗暴、计较"①。有人认为，"表面上人与人相处是一套作为，背地里你整我、我整你，无所不用其极"②。有人认为"台湾是一个最缺乏伦理的社会"，并举"最近大家都可以看到许多父杀子、子弑父、杀夫、杀亲生子女等现象"为例③。古人说"伦常乖舛"，今日台湾似乎已沦落到这种地步。这种现象，在过去是由政治主导，现在则是由经济主导。在市场经济的大潮下，婚姻关系的不稳定，也已步上台湾的后尘。

（六）年轻一代自我的失落

1950 和 1960 年代的台湾，所谓"无根的一代"、"失落的一代"，曾在年轻知识分子间流行。而今这一代的青年，被传播媒体称之为"新新人类"，已成为热门话题。"新新人类"的口头禅是："只要我喜欢，有什么不可以。"据一项民意调查，在二十岁至三十九岁的受访者中，有 61% 认为，现在年轻人有道德危机，他们不知道什么是对的，什么是错的。他们严厉批评他人，却疏于反省自己④。要深入探讨两岸年轻一代自我失落的原因，有历史的、有政治的、也有社会、文化的，但更直接的原因，应该是在教育，只要有上述本末倒置的教育，便足以导致这种后果。

以上六点，未涵盖所有有关"人的问题"，但已足以说明，我们的确

---

① 陈其南、南方朔对谈：《台湾经验再定位：文化篇》，1995 年 7 月 24 日台北《联合报》第 6 版。
② "社会，从拒变转为俱变"座谈中高承恕发言，1995 年 7 月 31 日台北《联合报》第 6 版。
③ "社会，从拒变转为俱变"座谈中瞿海源发言，1995 年 7 月 31 日台北《联合报》第 6 版。
④ 1995 年 3 月 29 日台北《联合报》第 39 版。

面临"人文精神失落"①的危机,解救危机最直接有效的途径,有赖于重整人文教育。要做到这一点,单靠现有教育体制,显然相当困难。

二 人文教育的意义和目的

我们现行的教育制度,是由欧美引进的。这种教育背后的基本理念是"实证主义"、"工具理性",落实在教育实践中,很容易将教育活动化为"技术性"的问题,只讲求实用,强调效率,只关心达成目的的手段,而对目的视为理所当然,不再加以思考批判。近几十年来的台湾,经济成长是最高目标,因此教育成为经济发展的工具,忽略了教育过程中价值和意义的创造②。到今天,终于使整个社会付出极大的代价,迫使我们必须面对以上所提的那些问题。

那些问题,归根究底是一个"人的品质"的问题。而人的品质主要决定于教育的品质。台湾长期以来,由于教育的本末倒置,不仅忽略了人文教育。已有学者指出,目前的教育品质,已阻碍了政治、经济的进一步发展,如不能大力提升我们的教育品质,很难使台湾地区发展(包括政经成就及社会转型)更上一层楼③。近年由中研院院长李远哲所领导的"教育改革审议委员会",就正是针对这些问题谋求对策。我们希望在这一波教改运动中,除了增加高等教育的供给、改革高等学府的分类、彻底改善联合招生制度等问题外,也能重视重整人文教育的问题,俾使未来在努力改善教育品质的过程中,同时也使提升人的品质有一个重要的着力之点。

人文教育所根据的基本理念,不是实证主义,而是理想主义;不是

---

① 1994年3月起,北京《读书》杂志,一连五期刊登了四人一组,共十六位学者对这一话题的对谈记录。

② 以上参考伍振、陈伯璋:《我国近四十年来教育研究之初步检讨》,见《海峡两岸学术研究的发展》,台北,《中国论坛》社,1988年,第569—570页。

③ 吕俊甫:《教育品质阻碍政经发展》,1995年7月7日台北《中国时报》第11版。

工具理性,而是价值理性。它的重点在凸显个性、发挥潜力、创造自我,是一种以人为主体的教育历程。要实现这些价值,学校教育只具有激励、启发、唤醒的作用,除此之外,有赖于持之终身的自我实践、自我教育才能完成。因此,它不可能是技术性的问题,它是超越实用的;它也不可能是"效率"导向,而是"意义"导向或"理想"导向的。也因此教育本身就是目的,不应是经济发展或政治发展的工具。

从以上简单的对比中,可以看出现有教育体制与人文教育,在观念上确有相当大的冲突,这也是人文教育在现有教育中未能获得重视的根本原因。在科技当令、经济挂帅的时代里,倾向实用、强调效率、重量不重质、视教育实践为技术性的实行教育,仍将持续发展,这是重整人文教育者必须了解、必须接受的现实。在现阶段,只希望能在现有教育体制中,多贯注一些理想主义的精神,并为人文教育争取更多的自主性和更大的活动空间。中国人文教育的振兴,恐怕仍须寄望于体制外的民间力量,使民间自由讲学之风复兴起来,这是中国历史上,为了延续人文教育、发扬人文精神的书院传统,曾经走过的路。

人文教育为什么是"意义"导向的? 因为人文教育最重要的目的,是启发青年寻求人生意义。要启发青年这方面的追求,首先应知每个人人生的意义或人生之路都是独特的,且愈有意义的路愈是独特的,一个伟大人物之所以伟大,往往就是因为他能赋予人生以新义,并开出人生的新路。人生的意义或人生之路所以独特,是因每个个体的生命都是独特的。因此,在人文教育中,个体必须受到尊重,个体受到尊重,才容易凸显其个性,而个性是寻求人生意义不可或缺的条件。被誉为当代三大传记作家之一的卢德威克(Emil Ludwig)说:"在我的研究中,我发觉不管是现在还是过去,我常常发现有许多很有才华的人因缺乏个性而失败,却很少发现有强烈个性的人,因缺乏才华而无法前进。"[1]其实,富有创造潜力的个性,往往就是他才华的表征。强烈的个性,正表

---

[1]   林衡哲译:《廿世纪智慧人物的信念》,台北,志文出版社,1968年,第138页。

露生命的强大动力。追求人生的意义如逆流而上,远比其他的追求更艰难,有时候可能被孤立、被冷落,甚至因此而陷入困境,这时候是否仍能坚持下去,个性的力量有很大的作用。个性的培养,单靠被尊重是不够的,他必须在自由的环境中学习,并且在学习的过程中真正感受到学习的乐趣,人在充满生机、活泼、愉快的心智生活中,个性才能自动显露、充分成长。

人文教育的另一重点,是发挥潜力。一个人成就的大小,是由发挥潜力的多少来决定的。发挥潜力的方式也许很多,我认为至少要做到两点:其一,要尽量做到自做主宰。说"尽量"不说"完全",是因人要做到完全主宰自己是不可能的。自做主宰,是创造自我的工夫,从深的一方面说,它属于古人成圣成贤的工夫,从浅的一方面说,只要求人不要完全被环境所决定,不做命运的奴隶。人如有向命运挑战的勇气,人是可以改造命运,甚至创造命运的。从历史上许多杰出人物的奋斗历程来看,把不利的环境化为有利,把不幸的人生转为幸运,是绝对可能的。愈有意义的生活,所遭遇到的险阻也可能越多,因此人生意义的大小,就可以从人能克服险阻的多少而知。克服的险阻越多,就表示自做主宰的程度越高,发挥的潜力也越大。

其二,人生要有前瞻性。人有前瞻性,有愿景,才能使当前的努力通向未来的理想。愈具有前瞻性的工作,愈能激发潜力,人生的意义也必因此而愈丰富。就前瞻性而言,人生的问题永远是:向何处去? 人应时常用这个问题来考问自己,以免生活盲目迷失目标。人生的目标有短程、中程、长程之别,短程目标多半是着重实际利益的考量,理想成分较少;愈需要长时间才能达成的目标,理想的成分可能愈高,发挥的潜力也愈多。问题是个人人生目标的远近,无人可代为抉择,必须自做判断,成败得失也要由自己承担。

人文教育的第三个重点,是创造自我。创造自我在"意义"导向之外,还必须加强"理想"导向,因为创造自我的过程,切实说来,就是为理想而献身的过程。

　　一个有志追求真理的青年,我们说他是个有理想的人。走向真理之路,永无止境,所以没有人能拥有真理、独占真理,同样的,也没有人能完全实现理想。只要人对理想有向往,只要对眼前的生活感到有意义,便开始有了理想。对青年而言,有所向往是重要的,这样可借以散发热力、勇于尝试,至于将来究竟能实现多少理想,则不必操心。一个利害得失心很重的人,只适合追求短程目标,因利害得失的计较,会过早地自我设限,对潜力雄厚的人是很不利的。历史上许多伟大人物受人崇敬,并不是因为他们完全实现了他们的理想,而是因为他们的理想与人类全体的福祉息息相关,并且能自始至终坚持理想。

　　理想给人的感觉常是虚无飘渺的,但我们为理想而不厌不倦地工作,因工作完成而感到满足时,会对理想有一种真实的感受。所以理想在个体的生活里,往往只是一种奋发向上的精神状态,也是创造自我的精神状态。有的画家(如梵高)为完成一件杰作,可以不眠不休连续工作好几天,其他从事创造性工作的人,也会有类似的经验,这是生命之火高度燃烧。一个常在燃烧中的生命,是正在创造自我的生命,也是最接近理想的。

三　人文教育的特性:体验重于思辨

　　我在这里所以要提出"体验重于思辨"的主张,主要是针对人文教育的特性而言,所以它并不表示轻视思辨。在中国特重体验的人文传统里,这种主张是多余的,可是现在,连人文教育,也只重视知识的灌输和理论思辨的训练,而忽略了人文教育更重要的意义与目的,这种主张就有重提的必要。

　　所谓人文教育的特性,可由李亦园教授的一段话来了解,他在《人文学的性质》一文中,谈到人文学的教育意义时说:"因为现代社会的实用趋势,使许多教育机构都着重于专门性,甚至职业地训练人才,其专门性质已使学习者对自己本身以及他人存在的意义与价值完全失去认知。人文学在这里所表现的非专门性、非职业性的知识，就是一种重要的教育课程；人文学的重要性在于提供专门技术之外的一种通识的教育，使学习者在作为一个人，作为一个公民的过程中更为成熟、丰富，使学习者更富于文化的涵养，而不是一个科技怪物，使学习者更能有技能与能力发展自己的内在潜力，欣赏自己而至于忍耐别人的差异，欣赏异己之见，而与他人和谐相处。"①其中最重的，是培养通识与文化涵养，以及发展内在潜力。培养通识是要对人生百态、世事变幻具有洞察力，文化涵养可提升人的品味，发展内在潜力才能促使人真正成长，这三者都直接有助于提升人的品质，甚至可以说是评估人的品质的三个指标。目前重实用、重效率，把教育活动化为"技术性"的问题，不但不能达成这些人文教育的任务，连认识也是不足的。要达成这些任务，在方法上必须重新了解体验的重要。

什么叫体验？19世纪对人文学理论很有贡献的德国哲学家狄尔泰（Wilhelm Dilthey）认为，"生命"或"精神"所创造出来的世界，就是"精神世界"，而构成精神世界的基本细胞乃是体验②。他根据这个观点，发展出一套体验的理论。不管他的理论如何深奥，他无非是要告诉世人，要进入生命世界或精神世界，体验乃不二法门。

假如用同一个问题，去问不擅长以理论思辨方式回答问题的中国传统思想家，最可能的回答是：你要了解体验，就必须自己去体验，所谓"如人饮水，冷暖自知"，不亲自去体验，你将无法真正了解体验，因为体验是一种真实的感受，是一种精神的投入，是"我与对象"之间同感共鸣的活动。学者常说，我们对那些见解相左的著作，特别是在时空上与我们相去甚远的古典，要有"同情的了解"，体验在这种了解中，是一种直接而有效的助力。体验是实实在在、活生生的具体经验，体验的理论化工作，是将这些复杂的具体经验，及其相关的因素，经由理智的反思，加

---

① 李亦园：《文化的图像（上）》，台北，允晨文化公司，1992年，第410—411页。
② 张旺山：《狄尔泰》，台北，东大图书公司，1986年，第278页。

以分析,予以抽象化、概念化,使其呈现出可供人理解的理论。这是训练专业哲学家和其他人文学专家应努力的方向。但在非专门性的人文教育上,传统那种要人直接去体验的方法,仍不失为有效的方法。依照这种方法来设计人文教育的课程,与其读哲学概论,不如读大哲学家的传记,与其读文学概论,不如读大文豪的作品。从《红楼梦》和托尔斯泰的作品中,绝对可以体验到对人生百态、世事变幻的洞察力;读哥德的传记和他的对话录,读朱熹的语录和书札,可以使人实际体验到具有高度文化涵养的人物是怎样的人物;读王船山和梵高的传记,会惊人地发现到,他们在极端的贫困中,仍能充分发展精神的潜力。人文教育绝不可像目前台湾各大学中所实施的通识教育,仅有提供皮毛知识的作用,它多少必须发挥改善气质、提高精神境界的作用。要达到这个目的,只有学习人文的典范。每一个伟大的典范,都有其丰富的精神世界,人的一生中,不要多,只要有一二位典范常活在心中,将其精神世界的意义或内容逐渐消化,从"与我同在",到最后则化为己有,必可增加识见,提高品位,扩大生活的精神空间。

前文提过,中国传统的思想家,是不擅长于理论思辨的,他们的思维方法,正如日本学者中村元在《东方民族的思维方法》一书中所说:"中国人高度重视个体,并且按照他们的思维方法,来具体叙述表象的内容;所以他们自然爱好以具体形式表现的复杂多样性。他们信赖感觉和依附感觉的立场,使他们对现象的复杂多样性尤为敏感,而替代了对事物法则的把握,替代了对事物抽象地孕育着的统一性的把握。"[①]他所说的"个性",应是指具体性和特殊性,所说的"感觉"(如果不是翻译上的问题)如易为"体验"就更贴切。由于这种思维方法的运用,如缺乏体验,根本无法进入中国思想家所发展的人文世界或人格世界。

孔子说:"知之者,不如好之者,好之者,不如乐之者。"[②]孔子的一套

---

① 中村元:《东方民族的思维方法》,台北,结构群出版社,1989年,第150页。
② 《论语·雍也》。

学问,是成德之学,所以其中的"之",应是就成德而言,成德是目的,
"知"只是手段。但孔子指出的人生追求的三种境界,可不限于成德,也
适用于知识、艺术的追求。在"知"的阶段主要靠思辨,由"知"而"好"就
不能没有体验。就追求知识而言,由"知"而"好",是全心投入心智活
动,并从工作中得到乐趣和满足;如能再进一步,由"好"而"乐",那就已
达到"站在巨人的肩膀上"的境界。就追求成德而言,由"知"而"好",是
超越思辨,进入实践工夫的阶段,再进一步,由"好"而"乐",便达到与道
德实体合而为一的境界。不论是知识的追求或道德的追求,要提升境
界,能不能体验是一大关键。人文教育的过程,如仅止于"知之"的阶
段,是没有多大意义的,必须至少达到"好之"的阶段,对提高人的品质,
才能起实质的作用。

中村元能看出"中国人高度重视个体"的思维方式,是很敏锐的观
察。林毓生教授在《中国人文的重建》一文中,曾建议人文重建所应持
有的观念是"特殊"与"具体",他说:"我们要认清人文科学与社会科学
在研究或创造的时候,其基本意图是不同的。人文科学最关注的是具
体的特殊性,而不是普遍的通则。(下文以文学为例,略)我们用什么办
法追求具体的特殊性呢? 我们为什么可以追求人文中各个特殊性呢?
因为人的心灵中有一种特别的能力……因为他有一项本领,这项本领
能使他产生设身处地的同一之感(empathy),这种本领能使他感受到别
人的感受,当你从事人文活动,有这种感受的时候,你的活动就比较有
生机,而不是口号式的与形式主义的了。"①他这里所说的"设身处地的
同一之感",与我在前面所说的"体验"完全相同。追求"普遍的通则",
或如中村元所说追求"对事物法则的把握",需要高度的思辨技巧;追求
人文世界中"具体的特殊性",或如中村元所说追求"以具体形式表现的
复杂多样性",则有赖于体验。由此看来,中国特重体验的人文传统,因
其不重视纯智性的分析,也缺乏系统化的步骤,所以在理论思辨方面,

---

① 林毓生:《思想与人物》,台北,联经出版事业公司,1983 年,第 29—31 页。

有很大的缺点，但与人文教育的特性，倒是很相应的，今后重整人文教育，体验的方法，应予特别重视。

四　人文教育的扎根与普及

要重整我国(包括台湾与大陆)的人文教育，除了对人文教育的意义、目的有确切的认识，方法有所改善之外，为了丰富人文教育的内容，且能不断更新，为了使人文教育在未来能成为社会的一种新风气，甚至发展成一个新的运动，有两方面的工作，有待我们去努力，一是提高人文研究的水准，一是复兴民间社会自由讲学的风气。

中国大陆，在文革之前的近三十年中，在政治挂帅下，学术在教条框框中进行，根本缺乏独立自主的人文研究，这里可以撇开不谈。就台湾而言，长久以来人文教育之疲弱不振，固与社会流行的价值观，以及当局教育政策的短视、偏差有很大关系，但人文学界自身不争气、自我矮化、缺乏专业精神，人文研究做不出可观的成绩，也难辞其咎。不论古今，不论是自然科学、社会科学、人文学科，蓬勃的研究风气，都有赖于有杰出成就的人才来带动，四十多年来，完全由本土教育教出的人文杰出人才，能有几人？

台湾四十多年的人文研究中，比较起来，成绩最好的是史学，这一方面是因史学在中国有深厚优秀的传统，另一方面中研院除有史语所研究古史之外，还有近代史研究所。培养高级学术人才，的确要靠专业的研究机构。

文学方面(广义的)，如果博士论文可作为重要指标，根据龚鹏程教授对 149 篇文学博士论文内容与方法的研究，就指出"在内容上多半陈陈相因，罕能突破"，"研究'问题'的论文极少，分析性的研究方法，也难得一见"，"由于缺乏方法论的自觉，所以在分析和思考架构的安排上，趋于机械，而无从抉发深刻的思想性问题"。中国有辉煌的文学传统，所以沦落衰竭到今天这个地步，不禁使我想到多年前王尔敏教授在《人文教育的重要》一文中说过"教师浅薄，学生无知"①的话，并非无的放矢。一个青年拿到博士学位，取得大学教职后，除少数还做点研究外，大多数都可以鬼混到退休，这种养老院式的制度，真害人不浅。

与文、史相比，台湾在哲学方面的成绩，也乏善可陈。傅佩荣教授在《台湾哲学教育的三大危机》②一文中，所说的三大危机是：(1)在教材上西化；(2)在学术上孤立；(3)在社会上无用。哲学的重要，诚如傅文所说，"哲学是学问之母，对于各门学科的基本预设都有直接间接的关系"。但哲学本身，在任何时代、任何社会，本不具实用价值，具实用动机的人，并不适合走这条路。研究哲学的人，要有"高谈哲学，忘怀一切"③的精神和气质，哲学上的创见对历史现实产生影响，往往要经过较长时间，所以这种人才的培养，主要靠政府的研究机构。至于在学术上孤立，傅文似乎抱怨"哲学界在整个学界扮演的角色之重要与所受待遇之低劣，实在不成比例"，并未反省哲学界对整个学术界的贡献在哪里？关于教材的西化，其他课程且不说，"连伦理学都不能回归中国传统，哲学教育的失败可就相当彻底了"。多年来，因中研院不设哲学研究所，常为哲学界所诟病，近年来已成立了文哲研究所，上述情况应可逐渐改善。

要提高人文研究的水准，大学的研究环境不如中研院，而研究院本身也有许多问题。去年(1994 年)初，杜正胜教授在《对李远哲的期待》④一文中，就提到学术未能在本土生根，"人文社会学界长年以来存在着小山头主义"，"没有学者社区的构想，所以这个地方一直缺乏孕育深思、涵泳熟虑的气息"，"最近几年来，本末倒置，总办事处成为一个组织最庞大的衙门，各所负责人也感染一般行政机关的流弊，疲于开会，无法思考学术发展的大方针"等等。所以要提高人文研究水准的希望完全寄托于此，不一定靠得住。我的理想(相信也是许多学者的理想)，

---

① 王尔敏：《解醒集》，台中，蓝灯文化公司，1977 年，第 36 页。
② 台北《中国论坛》第 291 期(1987 年 11 月 10 日)。
③ 这是贺麟对哲学教授沈有鼎的形容，见贺著《当代中国哲学》，第 43 页。
④ 1994 年 1 月 10 日台北《联合报》第 6 版。

希望将来中国的富豪中，也有像西方富豪一样，捐出巨资，办一所经济上完全独立的人文学院，以高薪聘请在人文研究上已有杰出成就者，共聚一堂，共同努力培养有人文理想、有潜力的年轻学子，重质不重量，数十年后，有一批批新的人才。人文研究是人文教育的源头活水，充沛的水源才能丰富下游的人文教育，才能使人文知识和人文智慧不断更新。

以上所说，是人文教育的扎根工作，下面再谈人文教育普及的构想。

中国历史上的人文思想和人文教育的活力，主要来自民间的私人讲学，而非朝廷，朝廷只知利用民间已成气候的学说，以"缘饰"专制、巩固皇权。民间之学一旦升为官学，除了成为统治的一部分之外，也变为士人博取功名利禄的工具，因而导致活力的停滞、僵化，形成人文传统发展的桎梏。汉代的经学，宋代的理学，都曾经过这一起伏的历程，所以章太炎说："中国学术自下倡之则益善，自上建立则日衰。"①孔子是中国人文教育的开创者，他不但创立了私人讲学方式，也提供了教育的内容。在孔子的影响下，先秦诸子都在试验他们自己的教育理论，所以在秦统一之前，中国已有相当蓬勃的私人讲学传统。西汉私人讲学的情形比较少，东汉私人讲学的规模便已可与政府公立教育相比拟。魏晋南北朝的门第社会造成私人讲学的中衰，佛教的传入与兴盛使山林讲学的传统复振。山林讲学孕育了书院的原始理想，宋代的书院发展成为中国人文教育史上最伟大的传统，促进此一发展的，以理学家朱熹贡献最大。朱熹因感到当时人文教育的衰落，是因士子功利之心太盛，于是本诸孔子私人讲学的精神，先后曾创设寒泉精舍、武夷精舍、竹林精舍，并重建白鹿洞书院、岳麓书院，一生之中曾在二十四所书院讲学，弟子遍及中国各地②。由于朱熹推动书院私人讲学的运动，才能使孔子人

---

① 韦政通：《民间之学：传统中国学术的源头活泉》，见氏著《历史转捩点上的反思》，第3页。
② 以上对中国人私人讲学传统的了解，是根据下面两篇文章：(1)李弘祺：《绛帐遗风——私人讲学的传统》，见"中国文化新论"学术篇《浩瀚的学海》，台北，联经出版事业公司，1981年，第353—410页；(2)陈荣捷：《朱子与书院》，见《朱子新探索》，台北，台湾学生书局，1988年，第478—513页。

文教育的理想,落实到社会人群之中,对社会教化产大巨大的影响。

从孔子到朱子的人文教育传统,他们所以能开创新局,在个人方面最重要的因素,是由于他们的道德修养,以及由深厚修养而发出的人格光辉,这是他们在人文教育上能做得相当成功的最大保证。现代教育的重点与古代不同,对现代人文教师的品德要求,已不能像古人那么苛求,但也不可不知,人文教育毕竟是一种改造人的教育,如缺乏榜样,缺乏身教,仍很难收效,这个道理是古今不变的。

要使人文教育成为社会的新风气,显然不能只靠体制内的教育,发扬体制外的书院传统,应是可行之道。目前台湾终身教育的理念,似已形成共识,终身教育当然不再是为了资格和文凭,正可以使它落实在书院之中。设立书院要比办一所理想的人文学院简单容易得多,规模不必大,暂时也不必有固定的房舍,文化中心的一角,学校的一间教室,办公大楼中的一个小会议室,甚至咖啡屋,都可以作为自由讲学的场所。重要的是要有一个机构或基金会来募集资金,详细规划,热心推动,聘请富有人文理想和丰富的人文知识的教师,定期的以小众的方式,进行讲学,所讲的内容,要能切合人文教育的意义与目的。以时下社会发展的阶段,推动民间讲学运动的时机已经成熟。另一方面,社会也确实有此需要,大家生活逐渐富裕了,可是精神空虚,心里苦闷,生活既无意义又不快乐,其中总有一些人有提升生活品质的渴望,这应是有利的条件。

无论如何,我们得承认,中国人(包括台湾和大陆)的品质已低落到令人十分忧心的地步,如仍只一条鞭地追求经济发展,结果养成的都是一些如一位广东学者所说的"现代化的野蛮人"①,那将是一种多么可怕的景象。要如何改变,我的构想很粗糙,我敢于提出来,是希望乘这次两岸学者共聚一堂的难得机会,可以在我讨论的基础上,再向前推进,

---

① 王宾:《广东的文化危机——人文精神的失落》,1994 年 10 月广州出版的《现代与传统》第五辑,第 21 页。

为我们严重的人文教育问题,共谋对策。

五　结语

在引言中,为了凸显"人的问题",所描绘的几乎是一幅"丑陋的中国人"的形象,这当然是片面而非全面,容易引起读者不平衡的心理,甚至产生"这样的中国,还有什么希望"的错觉。就在我写这篇文章的同时,我读到新闻工作者唐光华先生的文章,他的观察和分析,恰可补上述的缺陷。

他从社会心理或精神面貌,看出解严后的台湾可分为两个截然不同的精神世界:一是"显性台湾",也就是外国观察家所称的"贪婪之岛"、"赌博共和国"、"最粗暴的民主"的台湾;一是"隐性台湾","无数不认同拼斗、金权为人生最高价值的台湾人,在不同宗教和道德的指引、鼓舞下,虽然信仰有别,皆不认同物质价值高于精神价值,皆强调博爱、慈悲、正义、公道、智慧、谦让、详和,这近八百万虔诚的佛教徒、道教徒、基督徒所形成的精神力量,经过十年来的成长,已有逐渐和拼逐金权的力量相抗衡乃至压过的迹象"[①]。的确,台湾如没有这股力量,则多年来,在政客下流卑鄙、金融弊病百出、社会一片乱象的情形下,仍能富庶繁荣,一般百姓的生活依旧安然有序,就很难理解。这股潜在的力量,才是台湾希望之所寄,也必将成为社会、文化、教育不断更新的动力。

大陆近四五年来,虽说知识分子纷纷"下海",但在整个学界和知识界,毕竟还是少数,仍有不少学者,以"君子固穷"的精神,在为学术、为教育,坚守岗位,辛勤耕耘。这几年中,南北的几个大都会,如广州、上海、北京,知识性的刊物如雨后春笋般出现,销售的数量虽不及八十年代"文化热"时期,刊物的数量则已超过。市场经济的大潮,显然已带动了社会和思想的开放,文化上"百花齐放"的景象,已隐然可期,这当然

---

①　唐光华:《陈履安和"隐性台湾"》,1995 年 8 月 19 日台北《中国时报》第 11 版。

是一大进步。

其次，重整人文教育，虽是提升人的品质最直接而有效的途径，但改善人的品质——人的改造，自古以来，都是最复杂、最困难的工作，因为人的改造，必须在现实社会中进行，所以人的改造与社会的改造是一体而不能分的。改造中国（包括台湾和大陆）社会的理想，是希望建立起一个开放社会。一个享有吃、喝、玩乐自由的社会，只有开放社会的表象，真正的开放社会，它的基础建构是法治、民主与自由，三者不可分割。它们之间的关系：自由是开放社会追求的目标，民主是实现目标的程序，法治是要保证这个程序在公平的秩序中进行。只有在开放社会的理想逐渐实现时，前文所说凸显个性、发挥潜力、创造自我的人文教育的目标，才有充分实现的机会。为了改善中国人的品质，这应该是21世纪两岸人民共同努力的一大目标。

伦理、民主、科学的三结合[①]
——树立中国文化新模式

伦理、民主、科学是重建中国文化的三块基石,本章重点在说明三者的精神特性及其交互关系,并强调三者有其共通的精神基础,仅注重其中任何一个单项,都不足以促成中国文化的新生,必须使三者的精神互相渗透、互依并进,才能促使中国文化整体性的发展。

所谓"文化模式",在这里是指一种文化的特征,这种特征渗入文化的各个部分,形成文化中具有支配性的力量。就中国传统而言,伦理道德是儒家的文化模式,自然主义是道家的文化模式,儒、释、道三教合一是宋、明以降的文化模式。民主政制的理念于19世纪后期由西方传入中国,西方近代的科学(以天文学为主)早于17世纪前后(明末清初)即由耶稣会士传入,在当时曾产生了一些影响,但未能持久,到19世纪中叶,始再度传入。此后百余年间,尤其是在变法维新以后,科学几乎获得了全国一致的崇信[②]。然而迄今科学是否已在中国生根,仍然是一问题。树立中国文化的新模式,就是要求把民主、科学的活动整合到传统

① 编注:本文选自韦著《伦理思想的突破》第十章,该书于1982年在台北大林出版社初版,1988年四川人民出版社出版简体字版有所删改,本文选自简体字版。
② 1923年,胡适说:"这三十年来,有一个名词在国内几乎做到了无上尊严的地位,无论懂与不懂的人,无论守旧和维新的人,都不敢公然对他表示轻视或戏侮的态度。那个名词就是'科学'。这样几乎全国一致的崇信,究竟有无价值,那是另一问题。我们至少可以说,自从中国讲变法维新以来,没有一个自命为新人物的人敢公然毁谤'科学'的。"见《科学与人生观序》,载《胡适文存》第二集,台北,远东图书公司,1953年,第121页。

的模式中去,希望有一天能经由伦理、民主、科学的三结合而形成中国文化的新特征。这一天什么时候能到来,无人能预知,但我们的目标已经是确定的,问题在于我们朝向这一目标努力的过程中,需要一些清晰的观念来引导。本章将分三个部分阐述:(一)民主与伦理;(二)科学与伦理;(三)民主与科学。希望通过三者交互关系的理解,对文化新模式之所以为新,树立一个清晰的观念,因而坚定我们的信心与理想,这将有助于中国文化新模式的发展。

一　民主与伦理

民主如仅当作一种政治形式来理解是不够的,因为这种形式照样可以为极权或独裁政治所冒用,如有些国家,也有宪法、议会和选举,但它的宪法只反映少数统治者的需求,以收"以法统治"之效,它的议会不过是欺骗人民的政治样板,选举则完全在统治者的控制之下,这样的国家只是冒用民主之名,毫无民主之实。

一个真正的民主国家,不只是徒具民主的政治形式,最重要的,它必须从全民的民主性格中反映出来,这些性格包括思想与行动的自主、独立和自由,而且习惯于尊重个性、容忍异见。这就是说,民主必须成为一种普遍的生活方式,它才算生根。民主的生活方式如何培养? 始于开放的家庭。所谓开放的家庭,就是以自主、独立、自由为伦理准则、伦理教养的家庭,在这样的家庭里,每一个成员,都把这些价值认为是无可争辩的权利。因此,所谓民主的性格,就是这些伦理准则内化的结果。在这个意义上,民主不只是一种政治活动,它也是一个伦理问题。

在一个民主国家里,民主对家庭会产生怎样的影响呢? 根据托克维尔在美国的观察,他首先注意到的是,家庭里父子间的距离已经缩短,做父亲的已自觉到自己的权威有限。某种程度的权威依然存在,但权威不是来自传统,不是来自习俗,也不是依赖任何性质的制度,在一个民主的家庭里,父亲所能运用的权力,只有感情和阅历做后盾。可以看得出,只有这样的家庭,才有利于培养下一代独立自主的性格。独立自主的性格,不但不会促使两代之间的关系疏离,恰恰相反,托克维尔认为:"风气与法律越民主,父子的关系也越亲热。如果仍有疏离的现象,那不是因为独立自主的性格,而是由于其他的原因。民主的家庭使父母那种严格的、因袭的合法权威没有了,围绕着壁炉的是一种平等的气氛,这种气氛对培养孩子的健全心理和性格是必要的。"①

开放或民主的家庭,与中国传统家庭表现的若干特征相比,其间有显著的不同,造成不同的原因,主要是这两种类型家庭所依据的伦理原则不同。

中国传统家庭的特征可由下列各点理解一个大概:

(1)父系、父权、父治。在这样的家庭里,家庭的权力操之在父,子女要受父亲的支配,父亲享受传统给予的合法权威,任何向这种权威挑战的行为都将成为不可饶恕的罪行。

(2)父子认同。在这种关系中,一方面父亲对儿子有无尽的责任和义务,另一方面做儿子的对父亲必须事事服从。

(3)两性疏远。这种现象乃由人为的礼教所造成,礼教对男女不但有尊卑之分,且有贵贱之别,在这种区分下,纵然是夫妇,在大庭广众之前,也很难有自然亲密的表现,结果男人与男人形成一个生活的天地,女人与女人形成一个生活的天地,男人与女人都分别向同性寻求情感的慰藉。

(4)重视孝道。父权、父治的父系家庭,在世界各地相当普遍,但制度化的孝道,则为中国传统所特别强调,而孝道正是中国传统家庭所依据的主要伦理原则②。"父子有亲"本也说明我们的先哲早就体认到在这种关系里存在着自然的感情纽带,这种感情在没有约束的情形下会自然流露出来;制度化的孝道,其目的之一,可能是希望借它来强化这

---

① 参看托克维尔著,李宜培、汤新楣译:《美国的民主》,下册,香港,今日世界出版社,1968年,第180—183页。
② 参看韦政通:《中国文化概论》,台北,水牛出版社,1968年,第303页。

种感情,结果效果上适得其反。这正如托克维尔所说:"要是试图使它们(指人类自然的感情)更加强烈,反而会使它们失去原来的力量!因为它们只有在不受干扰时才最为强烈。"①由此可知,只有在充满平等气氛的民主家庭里,才能把这种自然的感情充分解放出来。

将民主家庭与我们的传统家庭对比,用心理学家佛洛姆的观念来区分,民主家庭里所奉行的一套伦理属于"人文伦理",这种伦理强调人本位,而且认为人唯有跟他的其他同胞水乳交融、团结一致,才能得到快乐与满足。我们传统家庭里所奉行的则是典型的"权威伦理",因为它在各种关系上都特别强调服从,并且经由礼教使这些服从合理化。在儒家的伦理思想或伦理精神中,原也强调人本位及民胞物与之情,但传统的社会结构和由礼教建立的一套价值系统,使人文伦理的理想无从落实。要使人文伦理的理想落实到生活中来,我们必须学习重视以自由、自主、独立为主的价值观念,把我们的家庭改造成民主的家庭,这样的家庭不但可以改善伦理关系,也可以陶养民主的性格。

中国百年来在西潮冲击下已历经巨变,上述的那种权威伦理早已式微,至少它的效力已远不如前。民主虽很早就成为我们努力的目标,但很少有人注意到民主与伦理之间的密切关系,于是我们只把民主看作可以独立于伦理的一套政治运作,换言之,我们只知道搬演民主政治的形式,并不重视它依据的精神,我们的社会到今天并未实现真正的民主,其中的原因固然很复杂,就这里讨论的论题来说,一个显著的原因,是我们虽向往民主,但伦理教育仍坚持传统的一套,它们之间的矛盾与冲突早已存在,我们却不能正视它。在正常的情形下,应该有正确而又清晰的观念引导我们的社会变迁,可是在现代中国,尤其是三十年来的台湾,社会变化得很快,主导的观念却赶不上社会变迁,于是社会问题丛生,却又弄不清问题的症结何在。每一位教师和每一个家庭的父母,都为社会变迁带来的伦理关系的变化,在中西新旧价值观念的交织下,

①　参看托克维尔著,李宜培、汤新楣译:《美国的民主》,下册,第185页。

感到困惑而无所适从。这里面临的一个重要问题是,传统不能扬弃,新的观念又不能拒绝。

传统不能扬弃,是因为我们仍然生活在其中,没有一个民族没有它的传统,现代社会并不与传统对立,所有的现代社会都是由传统社会转化而来,转化是一个事实,但转化得好不好,要靠人的智慧和创造力。百年来的中国一直在转化中,我们的智慧和创造力却没有得到充分发挥,因此转化得并不理想。在转化的过程中必须加入智慧与创造力,才能引导传统走向创造性的变革。以伦理为例,传统的伦理观念与伦理关系多半仍可保持,要改变的是观念的内涵和关系的性质,而且要朝有利于民主科学的发展方向去改变。凡是有助于这方面的思考和行动,都应该受到积极的鼓励,不应因表面与传统的不合而受到阻抑。在社会的巨变之前,不加批判地固守伦理传统,只表示我们对巨变缺乏适应力,这如何能激发我们的智慧与创造力!要建立中国文化的新模式,必须经由创造性的变革,而其根本上是一精神的变革。

1946 年 3 月,由美国伊利诺伊大学校长斯托达(C. D. Stoddard)率领的 27 人美国教育考察团,应占领军总司令部之邀,到日本考察,经一个月的视察和研议,提出了一份报告书,报告书中对日本原有的"修身"课程提出如下的建议:"在过去日本教育课程里的为培养服从心的'修身'课,现在应加以另一种解释,使其成为自由的国民生活中的一个普遍的东西,例如促进平等的礼仪做法、促进民主政治的协调精神以及促进日常生活的合理的科学精神,均可称为广义的'修身'。这种做法和精神,应在民主性学校的各种计划或活动中设法使之成长,更进而使之实践。"[①]日本的"修身"课,相当于台湾小学的"伦理与生活"和中学的"公民"。美国专家对某些问题的看法不免本位主义,但这里对"修身"课的解释,我们认为不是本位主义的观点,而是得之于近代文化发展的

---

① 见帕新著,刘焜辉、洪祖显译:《日本的现代化与教育》,台北,幼狮文化事业公司,1973 年,第 254 页。

经验。这个经验告诉我们,修身不能仅限于个人的内省,民主、科学的活动中同样包含着修身之道,而且修身的目的,也不只是为培养服从心,而是要国民认同人人平等的价值。

四年半后(1950年9月),为了检讨上述报告实施的效果,麦克阿瑟元帅再度邀请一个教育考察团访日,其中五个团员是第一次考察团的团员,经过一个月的视察和研讨,又提出了一份很长的报告书,报告书最后一部分是有关"道德教育与精神教育"的。该考察团在日期间,屡次听到父母和教师们提到:新教育未能提供在人格的发展上所必须的道德以及精神的支柱。对新教育的疑虑,显然是由于他们对道德教育与精神教育的看法仍囿于传统的方式。

报告书对疑虑的答复是:提到这种意见的父母和教师们似乎忽略了,和平与幸福应该是孩子们在父母与教师的辅助下自由锻炼出来的这个道理。该考察团一致认为,人间的改善是全体的,换句话说,是全人格的改善。因此,该团进一步强化了他们前次的建议:如果认为道德教育仅可学自社会学科之教学,那是错误的。道德教育必须通过全教育课程来说明,而且不能和青少年们在家庭里或在宗教团体、社会团体中所受到的陶冶分开来想。民主性陶冶的目标,是建立理想的社会秩序。民主的教育可高扬自由的气氛,而在这种气氛之中,道德精神最可得以发扬①。

我们引上面的例子来说明民主与伦理密不可分的关系。这种关系在我们的社会仍不易被人理解,我们一向自豪于有一个伟大的伦理传统,因此在现代化过程中也特别不容易改变,这方面不进行创造性的变革(上述建议已对这方面如何进行创造性的变革指出了可行的方向),不但使道德与精神教育的问题得不到合理的解决,在民主建设的过程中,尤其会困难重重。

---

① 见帕新著,刘焜辉、洪祖显译:《日本的现代化与教育》,第268页。

二　科学与伦理

在民初新文化运动前后二三十年间,科学主义风行一时,在科学主义者看来,科学不仅与伦理有关,而且文化中的所有部分都受科学支配,伦理当然也包括在其中。科学主义代表着对科学的热望,由过度的热望转出对科学偶像式的崇拜,他们只是一群科学的宣传家,不是真正的科学家。这种对科学的强烈信仰,在当时就引起了传统主义者的反击,传统主义承袭了儒家的道德主义,结果形成科学主义与道德主义的对决。科学主义是把科学的有限原则予以普遍应用,使它成为文化定理的一种信念①;道德主义所表现的信念也正相同,二者都同样无法理解科学与伦理之间究竟包含着怎样的关系。

曾任美国哈佛大学校长的康南特是举世闻名的化学家,也是一位教育家,由他来探讨科学与伦理道德的关系,应是很适当的人选。他在1952年出版的《现代科学与现代人》一书中,用很多的篇幅讨论了这个问题。他指出科学的概念成了生活在我们文明中的人们日用工具的一部分,其程度之深,已使今天的男男女女在做我们称为伦理或道德的决定时,不但自觉地使用这些科学概念,而且还不知不觉地运用了它们。康南特还要大家想一想我们的饮食与卫生习惯,检讨一下自己在一两天内的行动举止,然后把那些根据近百年来科学家的发现而做的决定开列出来,看看这些至少应该是半自觉的决定究竟有多少②。更具体的例子是,由科技的工业文明制造出来的大量消费品,增进了现代社会救急扶危的力量,康氏说:"如果说'爱邻如己'这句话里面包含了整个的宗教观,那只有当你的邻舍在痛苦或患难中,你尽力帮助他们时,拿这

---

① D. W. Y. Kwok(郭颖颐):*Scientism in Chinese Thought*,1900—1950,Yale University Press,1965,p.21.

② 康南特著、明君译:《现代科学与现代人》,台北,今日世界出版社,1969年,第71页。

句话当做一个行为的原则,才有它的意义。"①

康南特的陈述很清楚地说明了科学成果对现代人的伦理或道德生活产生了影响这一事实,但他不像科学主义者,认为科学足以支配伦理道德。就上面那个例子说,现代人具有较丰裕的物质条件去增进与邻人的关系,但人决定这样去做,却不是靠物质的条件,而是依顺人独有的自由意志,自由意志才是伦理道德的根源。另一方面,我们今天思考伦理道德问题,也不能像以往那样单纯。生活在现代社会,影响这方面的因素要远比过去为复杂,尤其是科学的进展,其影响无可估量,如医疗的进步减少了人类许多肉体上的痛苦,心理分析到心理治疗这门学问的建立,也相当程度地消除了情绪和精神上的痛苦,这些方面科学的进展,对伦理道德有着直接的影响。科学的主题是发现真实,如果将来对复杂人性的真相有更多的发现,也必定会改变我们的伦理观念。

科学史家布鲁诺斯基(J. Bronowski)是另一位探讨科学与伦理关系的名家,他在《科学与人文价值》一书中论述了二者的差别:对伦理学,哲学家们认为,这方面的观念应该是维持不变的,因为它们是天赋的灵感,是借着诚信、权威,或是不证自明的,因而超越了挑战和考验;科学方面的情形不同,它重视经验,而"经验乃是用以试验,并改正观念的"。科学家不迷信权威,就连欧几里德公理,也被认为它既不能不证自明,也并非必然是确实的。布氏称这是两种不同的寻求真理的方法。但科学上的观念和伦理学及价值上的观念是否真是属于不同的世界呢? 一般的理解总以为科学讲求"实然",伦理道德则讲求"应然",布氏问道:是否讲述"事实如何"的世界便要接受试验,而那认为"应该如何"的世界则不必经过试验呢? 他坚决地表示:"我不相信是这样的。"②布氏的努力,就是要沟通这两个在现代文明中逐渐分裂的世界,就科学活动和人文精神的本质,说明科技心灵与人文心灵本属一体,说明科学上

① 康南特著、明君译:《现代科学与现代人》,第95页。
② 以上参看布鲁诺斯基著,陈扬瑛、蔡仁坚译:《科学与人文价值》,第68—70、76页。

的不确定原理即伦理学中的容忍原理，说明人文方面所崇尚的独立、自由、容忍、尊严等价值，也同样是科学的价值，这些价值在科学活动中也可以导发出来。这个论点是帮助我们去了解为什么科学与民主差不多同时产生于近代西方的一条重要线索。由上述论点，必然引起对科学中立说的怀疑：科学是不是中立或中性的？对这个争论已久的问题，布鲁诺斯基的看法是："科学上的发现，在道德论上是中性的，而科学的活动则否；那些认为科学在道德上是中性的人，便是把这两者互相混淆了。"①

　　根据以上理解，科学与伦理的关系，一是科学对我们日常生活中的伦理道德已产生影响，二是两者有共通的价值与精神。就本章的论点来说，后者比前者还重要，因此，推动民主与科学的发展，价值与精神自觉的改造是最基本的工作，传统的伦理也必将在这样的自觉改造过程中获得重建。

三　民主与科学

　　自由、独立是民主社会所崇尚的价值，在西方近代史中，这种价值观是推动民主运动的主要动力之一。由于有心灵独立的要求，于是近代人惊人的创造力得以释放；由于有自由的要求，于是被传统的教条主义和权威主义僵化了的求真习性得以唤醒。"创造力"和"独立性"正是科学家存在的内在需要，而"不墨守成规"和"自由"又正是科学家存在的外在需要。自由、独立是民主精神的标记，也是科学实践的条件，因此，科学家必定渴望一个民主的社会。

　　科学史家郭正昭先生在《也谈"两种文化"》②一文中，提到李约瑟对科学与民主之间密切关联的两点说明：第一，科学是面对自然的，而自

---

① 布鲁诺斯基著，陈扬瑛、蔡仁坚译：《科学与人文价值》，第99页。
② 布鲁诺斯基著，陈扬瑛、蔡仁坚译：《科学与人文价值》，《附录》。

然之前人人平等，没有尊卑贵贱之分。研究自然的人只要有能力，至于他的年龄、性别、肤色、种族、信仰，都无关紧要。中外自古以来，就有这样共同的理解：第一，徒有权威，即使贵如一国之君也没有用，仗恃武力，并不能达到目的，即使君主和圣人都不能违抗自然，也不能改变自然之道。第二，科学的诞生，有赖于学者与技工彼此的沟通，科学理论传统与技术实用传统的结合，是伽利略以来科学革命结构的特征，也是民主社会的一种基本动力①。

---

① 布鲁诺斯基著，陈扬瑛、蔡仁坚译：《科学与人文价值》，第 207 页。